本書の特長＆使い方

① 教科ごとの番号

② 単元の名前

③ 学習日

④ 点　数

１回目と２回目があります。

⑤ ページ番号

このドリル全体の通し番号です。

⑥ 教科名

⑦ 解答ページ

この問題の解答があるページです。

⑧ チェックボックス

まちがえた問題には✓チェックを入れましょう。

⑨ 配　点

問題ごとの点数を書いています。
基本的に記号１つあたりで点数がつくように配点しています。

１回１枚、切り取って使える！

各教科１回１枚ずつ取り組むと、約１か月で予習・復習できます。

やさしく学べて、成績アップ！

教科書レベルの内容が、しっかり身につきます。

苦手がわかる、チェック式！

まちがえた問題にチェックを入れると、苦手を知れて対策できます。

両面に問題を収録！ 問題数NO.1！（※当社比）

学期や学年末の総まとめとして、さまざまな問題に取り組めます。

もくじ＆点数表

このもくじは、学習日と点数を記録する表になっています。
点数は、１回目だけでなく、２回目の点数も書けます。
１回目：今の実力の点数
２回目：１回目でまちがえた問題を解きなおし、100点を目指した点数
２回目は解答を確認しながらでもいいので、まちがえをそのままにせず、解きなおしをして苦手をなくしましょう。

理科	学習日	1回目	2回目
1 発芽の条件①	/	点	点
2 発芽の条件②	/	点	点
3 種子のつくり	/	点	点
4 植物の成長と日光・養分	/	点	点
5 雲と天気の変化①	/	点	点
6 雲と天気の変化②	/	点	点
7 天気の変化のきまり	/	点	点
8 季節と天気・台風	/	点	点
9 メダカの飼い方	/	点	点
10 メダカのたんじょう	/	点	点
11 けんび鏡の使い方	/	点	点
12 ヒトのたんじょう①	/	点	点
13 ヒトのたんじょう②	/	点	点
14 花のつくり①	/	点	点
15 花のつくり②	/	点	点
16 受粉①	/	点	点
17 受粉②	/	点	点
18 流れる水のはたらき	/	点	点
19 流れる水と土地の変化①	/	点	点
20 流れる水と土地の変化②	/	点	点
21 川とわたしたちのくらし	/	点	点
22 もののとけ方	/	点	点
23 水にとけるものの量①	/	点	点
24 水にとけるものの量②	/	点	点
25 水よう液の重さ	/	点	点
26 とけているものをとり出す	/	点	点
27 ふりこのきまり①	/	点	点
28 ふりこのきまり②	/	点	点
29 電磁石の性質①	/	点	点
30 電磁石の性質②	/	点	点
31 電磁石のはたらき	/	点	点
32 電源そう置・電流計	/	点	点

社会	学習日	1回目	2回目
1 六大陸・三大洋と日本の国土	/	点	点
2 都道府県名①	/	点	点
3 都道府県名②	/	点	点
4 日本の川と平地	/	点	点
5 日本の山地と山脈①	/	点	点
6 日本の山地と山脈②	/	点	点
7 高い土地と低い土地の人々のくらし	/	点	点
8 日本の気候	/	点	点
9 あたたかい地域と寒い地域	/	点	点
10 米づくりのさかんな地域	/	点	点
11 米づくりのさかんな地形と仕事	/	点	点
12 米づくりのくふう	/	点	点
13 これからの米づくり	/	点	点
14 野菜・くだものづくり	/	点	点
15 野菜・くだもの・ちく産のさかんな地域	/	点	点
16 海流と漁業のさかんな地域	/	点	点
17 とる漁業から育てる漁業へ	/	点	点
18 育てる漁業と200海里問題	/	点	点
19 これからの漁業	/	点	点
20 これからの食料生産①	/	点	点
21 これからの食料生産②	/	点	点
22 工業と工業地域	/	点	点
23 工業地帯と工業地域	/	点	点
24 自動車づくり	/	点	点
25 大工場と中小工場	/	点	点
26 工業生産と貿易①	/	点	点
27 工業生産と貿易②	/	点	点
28 くらしと情報	/	点	点
29 自然災害と情報	/	点	点
30 公害と四大公害病	/	点	点
31 森林の働き	/	点	点
32 自然を守る・世界遺産	/	点	点

国語	学習日	1回目	2回目
1 読解：米の品種改良（「ゆめぴりか」ができるまで）	/	点	点
2 漢字①	/	点	点
3 読解：カラスの行動	/	点	点
4 漢字②	/	点	点
5 読解：ヒーローラッツ	/	点	点
6 言葉と文①（品詞・単文・重文・複文）	/	点	点
7 読解：アゲハチョウの秘密ワザ	/	点	点
8 漢字③	/	点	点
9 読解：人手不足でネコの舌（？）も借りたい	/	点	点
10 漢字④	/	点	点
11 読解：地熱発電のこれから	/	点	点
12 言葉と文②（文図と敬語）	/	点	点
13 読解：おいしい米づくり	/	点	点
14 漢字⑤	/	点	点
15 読解：レンコンの穴は何のため	/	点	点
16 漢字⑥	/	点	点
17 読解：つばめの話	/	点	点
18 言葉と文③（文図と和語・漢語・外来語）	/	点	点
19 読解：おじいさんのランプ	/	点	点
20 漢字⑦	/	点	点
21 読解：本番で自分の力を出すために	/	点	点
22 漢字⑧	/	点	点
23 読解：一房の葡萄	/	点	点
24 言葉と文④（要点と指示語）	/	点	点
25 総合：ド根性大根の秘密	/	点	点
26 総合：いのちを守る森	/	点	点
27 総合：和食の基本「だし」	/	点	点
28 総合：人口減少する社会に必要なものは？	/	点	点
29 総合：ひがたからのエール	/	点	点
30 総合：アンパンマンはどうして生まれたか	/	点	点
31 総合：マララさんのスピーチ	/	点	点
32 総合：マンデラさんの考え方	/	点	点

英語	学習日	1回目	2回目
1 アルファベット大文字・小文字①	/	点	点
2 アルファベット大文字・小文字②	/	点	点
3 初対面のあいさつをしよう！	/	点	点
4 好きなものを話そう！	/	点	点
5 持ちもの、ほしいものを話そう！	/	点	点
6 時間わりについて話そう！	/	点	点
7 どんなものが好きかたずねよう！	/	点	点
8 たん生日について話そう！	/	点	点
9 できることを話そう！	/	点	点
10 何がどこにあるかを話そう！	/	点	点
11 道案内をしよう！	/	点	点
12 お店で話そう！	/	点	点

英語には、音声がついています。
下記HPの商品ページから
ダウンロードしてください。
スマホやパソコン、タブレット
からお聞きいただけます。
（音声は無料ですが、通信料がかかります）

▶下記からダウンロード
http://foruma.co.jp/sankousyo/sankousyo6466

解答は、157ページから！

1 整数と小数（小数のしくみ）

学習日 ／

1回目 ／100点 → 2回目 ／100点

答えは157ページ

1 □にあてはまる数字をかきましょう。 （①②…各3点　③…4点）

① 473＝100×□＋10×□＋1×□

② 9.05＝1×□＋0.1×□＋0.01×□

③ 10×6＋0.1×4＋0.01×2＋0.001×8
＝□

2 次の数は、0.001を何こ集めた数ですか。 （各3点）

① 0.007（　　　）　② 0.053（　　　）

③ 6.215（　　　）　④ 5.8（　　　）

3 次の数をかきましょう。 （各3点）

① 4.3の10倍（　　　）　② 0.21の10倍（　　　）

③ 3.59の100倍（　　　）　④ 0.76の100倍（　　　）

⑤ 0.34の1000倍（　　　）　⑥ 2.386の1000倍（　　　）

4 次の数を求めましょう。 （各3点）

① 584÷10（　　　）　② 584÷100（　　　）

③ 584÷1000（　　　）　④ 5.8の$\frac{1}{10}$（　　　）

⑤ 46.7の$\frac{1}{100}$（　　　）　⑥ 35.53の$\frac{1}{1000}$（　　　）

5 次の数を（　）の単位で表しましょう。 （各3点）

① 43cm →　　（m）　② 500g →　　（kg）

③ 0.59m →　　（cm）　④ 0.02kg →　　（g）

⑤ 2.1km →　　（m）　⑥ 2.7L →　　（mL）

6 次の□に右のカードをあてはめて、いろいろな大きさの数をつくりましょう。 （各4点）

□□.□□□

1　7　2　5　9

① つくれる数で、一番小さい数（　　　）

② つくれる数で、２番目に大きい数（　　　）

③ つくれる数で、80に一番近い数（　　　）

2 直方体や立方体の体積 ①

学習日 ／

1回目 ／100点

答えは157ページ

2回目 ／100点

できた！

1 次の立体の体積を求めましょう。 (各10点)

①
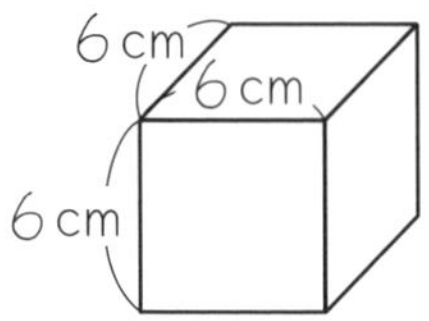

式

答え

②
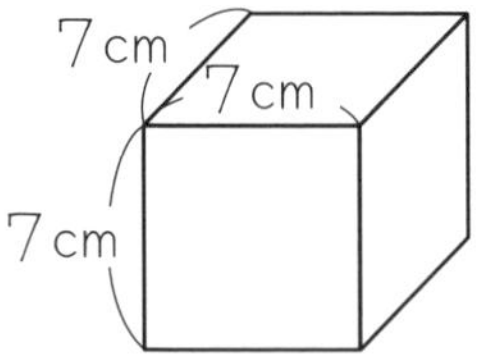

式

答え

③
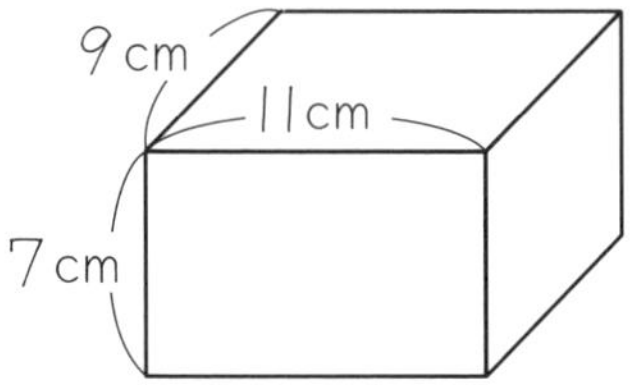

式

答え

④
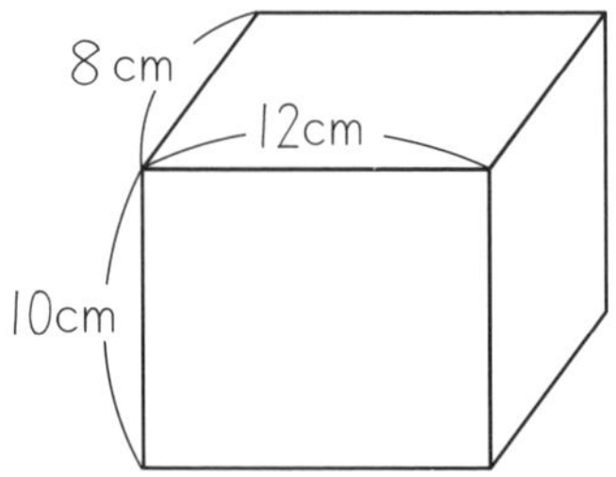

式

答え

2 次の立体の体積を求めましょう。(答えはm^3) (各15点)

①
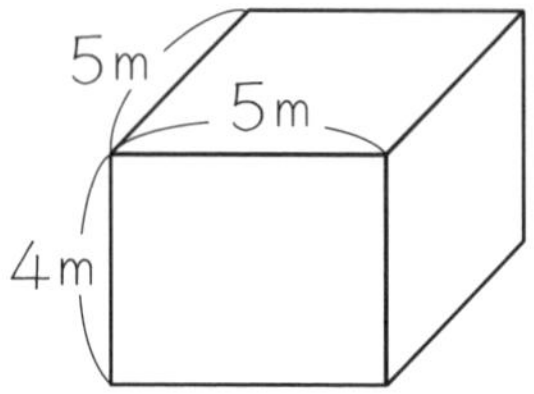

式

答え

②
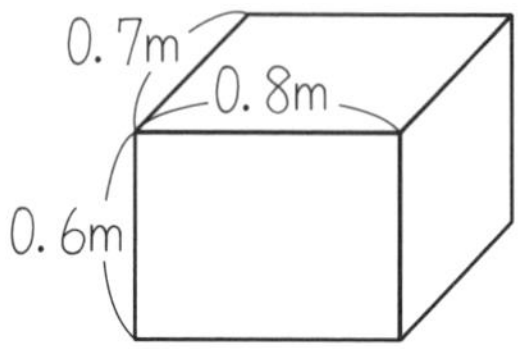

式

答え

③
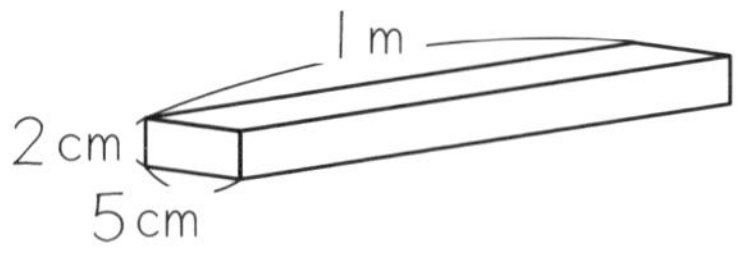

式

答え

④ たて1m20cm、横30cm、高さ20cmの直方体。

式

答え

3 直方体や立方体の体積 ②

学習日 ／

1回目 ／100点

答えは157ページ

2回目 ／100点

できた！

1 次の立体の体積を求めましょう。（単位はcm）

（各15点）

①

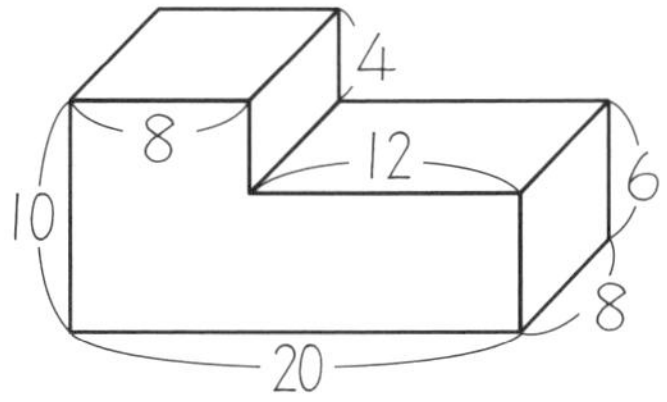

式

答え ＿＿＿＿＿＿

②

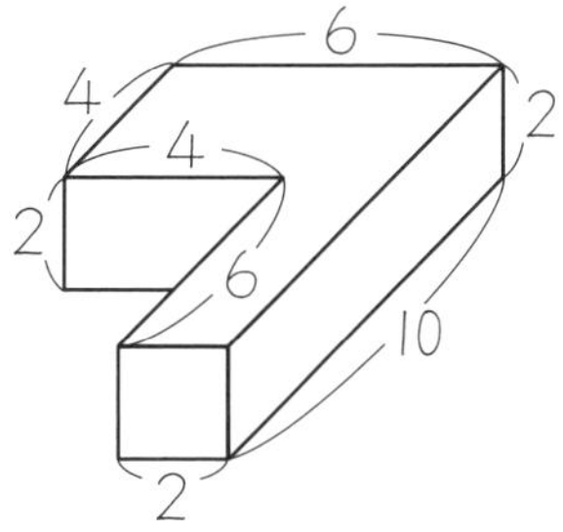

式

答え ＿＿＿＿＿＿

③

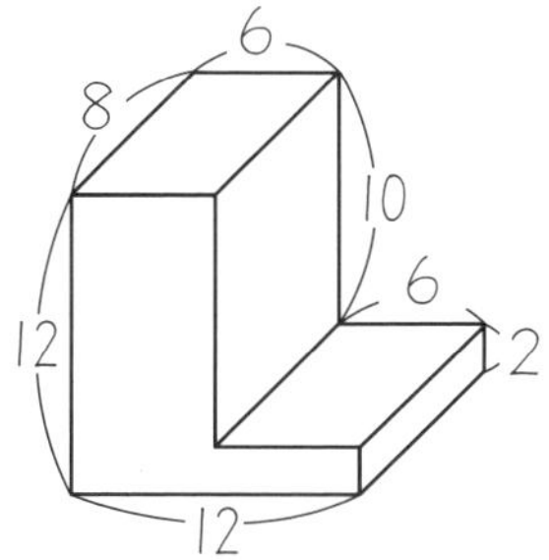

式

答え ＿＿＿＿＿＿

④

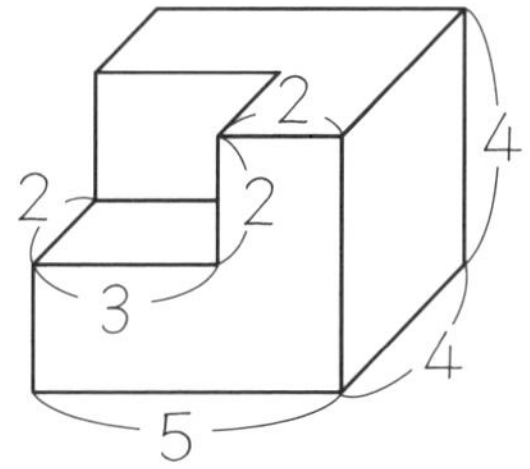

式

答え ＿＿＿＿＿＿

2 次の立体の体積を求めましょう。（単位はm）

（各20点）

①

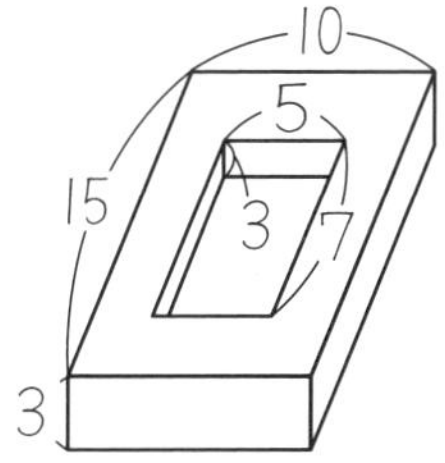

式

答え ＿＿＿＿＿＿

②

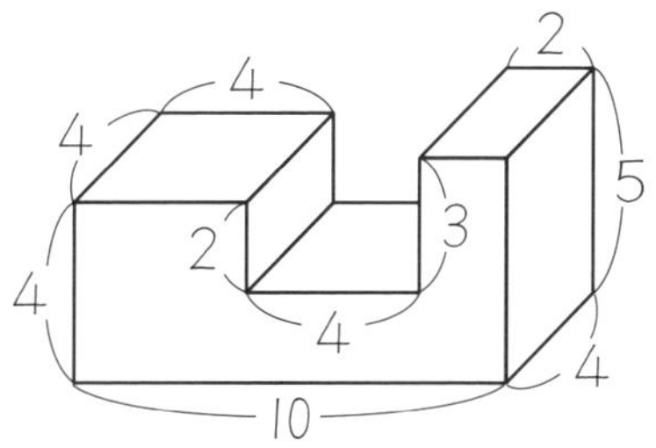

式

答え ＿＿＿＿＿＿

4 直方体や立方体の体積 ③

学習日 ／

1回目 ／100点

答えは157ページ

2回目 ／100点

できた！

算数

1 たてと横がそれぞれ7mで、高さ12mの直方体の建物の体積は、何m^3ですか。 (10点)

式

答え

2 次の図は直方体の展開図《てんかいず》です。
この直方体の体積を求めましょう。 (10点)

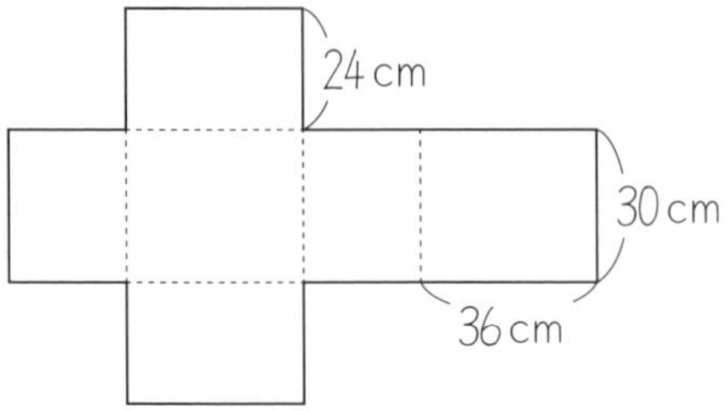

式

答え

3 たて8cm、横15cm、高さ6cmの直方体があります。
この直方体よりも、たて、横、高さともに2cm大きい直方体を作ると、体積は何cm^3大きくなりますか。 (20点)

式

答え

4 内のりのたてが15cm、横が20cmの容器《ようき》の中の水に、石をしずめたら、水面が2.5cm上がりました。
石の体積を求めましょう。 (20点)

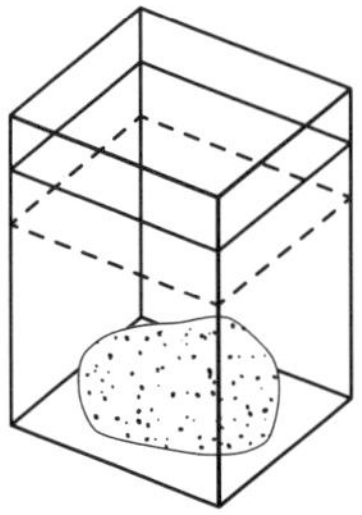

式

答え

5 内のりが図のような容器に、45Lの水を入れます。
深さは何cmになりますか。 (20点)

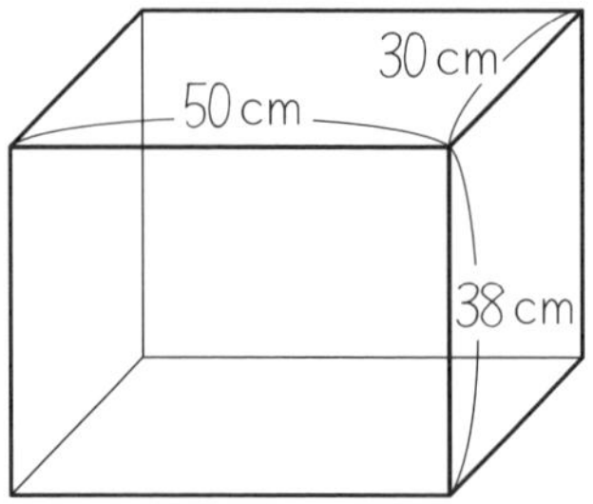

式

答え

6 厚《あつ》さ1cmの板でできた容器に水を満たすと、水は何cm^3入りますか。 (20点)

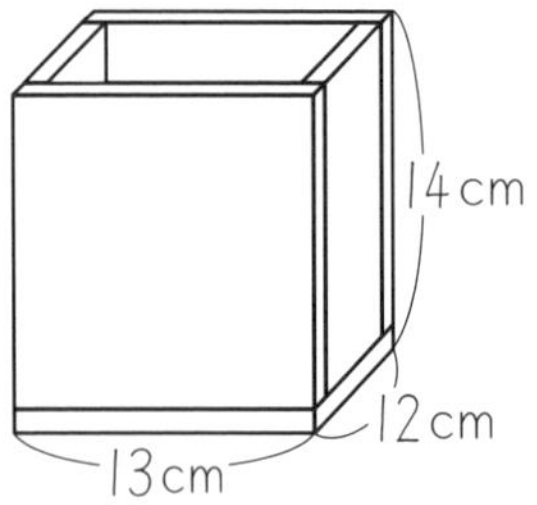

式

答え

5 直方体や立方体の体積 ④

学習日 ／

1回目 ／100点　答えは157ページ　2回目 ／100点　できた！

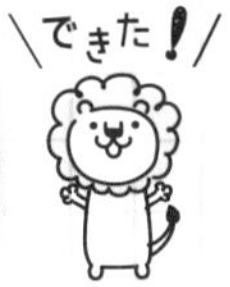

1 厚《あつ》さ１cmの板で、次のような容器《ようき》を作りました。そこへ２Lのペットボトルの水を入れようとしましたが、全部入りませんでした。何mL入りませんでしたか。（20点）

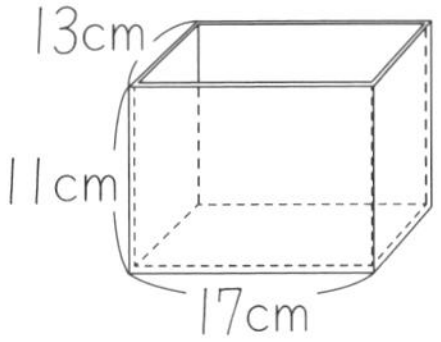

式

答え＿＿＿＿＿＿＿＿

2 内側の辺の長さが図のような水そうに、水を36L入れました。

① 水の深さは、何cmになりますか。（20点）

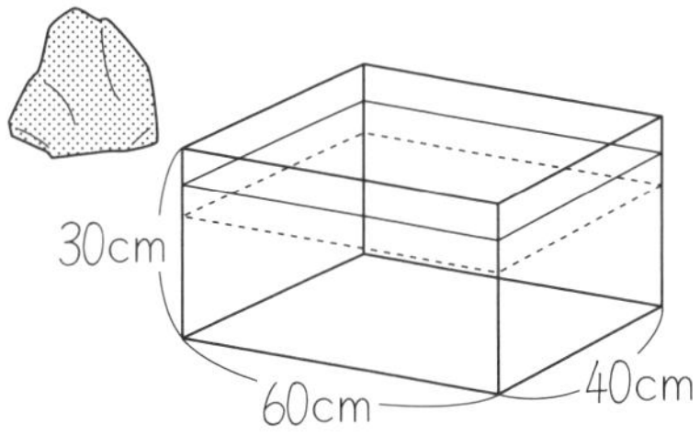

式

答え＿＿＿＿＿＿＿＿

② ①に石をしずめると、水の深さは21cmになりました。石の体積は何cm³ですか。（20点）

式

答え＿＿＿＿＿＿＿＿

3 図のような正方形の画用紙の４すみを正方形に切り取って、箱を作ります。

切り取る正方形（□）の大きさによって、箱の容積は変わります。

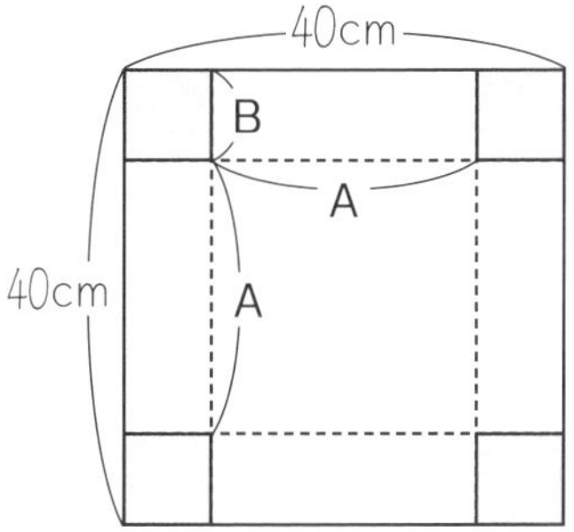

① □の１辺が５cm、７cm、10cmのときの容積を求めましょう。（各10点）

㋐ ５cm

式

答え＿＿＿＿＿＿＿＿

㋑ ７cm

式

答え＿＿＿＿＿＿＿＿

㋒ 10cm

式

答え＿＿＿＿＿＿＿＿

② ①で求めた容積の中で一番大きいときと小さいときの差は何cm³ですか。（10点）

式

答え＿＿＿＿＿＿＿＿

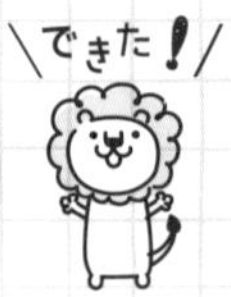

6 比例

1 次の表を見て、比例《ひれい》しているものには○、比例していないものには×を(　　)にかきましょう。（各6点）

① 同じ大きさのくぎをはかるときの、くぎの本数とその重さ

(　　)

くぎの本数（本）	0	1	2	3	4	5
重　さ　　（g）	0	3	6	9	12	15

② 1日の中で、起きている時間とねている時間

(　　)

起きている時間（時）	0	1	2	3	4	5
ねている時間　（時）	24	23	22	21	20	19

③ 同じ大きさのはがきのまい数と重さをはかるとき

(　　)

はがきのまい数(まい)	0	1	2	3	4	5
重　さ　　　(g)	0	2.8	5.6	8.4	11.2	14

④ 大きさがちがうりんごの個数《こすう》と重さ

(　　)

りんごの数（個）	0	1	2	3	4	5
重　さ　　（g）	0	100	196	286	375	470

⑤ 1m120円の布《ぬの》の長さとねだん

(　　)

布の長さ（m）	0	1	2	3	4	5
ねだん　（円）	0	120	240	360	480	600

2 次の表の2つの量は比例しています。あいているところに数をかきましょう。また、その関係を表す式を(　　)にかきましょう。（式…各10点　㋐～㋙…各3点）

① 厚紙《あつがみ》のまい数○と重さ□

厚紙の数（まい）	1	㋐	3	4	5
重　　さ（g）	7	14	㋑	28	㋒

(　　　　　　　　)

② 水そうに水を入れるときの、時間○とたまった水の深さ□

時　　間（分）	1	2	㋔	4	5
深　　さ（cm）	㋓	12	18	24	30

(　　　　　　　　)

③ 同じ太さのはり金の、長さ○と重さ□

長　　さ（cm）	㋕	2	3	4	5
重　　さ（g）	10	20	30	㋖	50

(　　　　　　　　)

④ 1m70円のリボンを買うときの、長さ○と代金□

長　　さ（m）	1	2	3	4	5
代　　金（円）	㋗	㋘	210	㋙	350

(　　　　　　　　)

7 比例・ともなって変わる量

学習日 ／

1回目 ／100点　答えは157ページ　2回目 ／100点　できた！

1 次の２つの量で、比例《ひれい》するものは○、しないものには×をつけましょう。また、比例するものには、□と○を使って比例の式をかきましょう。　（○×…各３点　式…各10点）

①（　　）１日の中で、起きている時間○とねている時間□

（　　　　　　　　　）

②（　　）１まいが3.5gの絵はがきのまい数○と重さ□

（　　　　　　　　　）

③（　　）１m140円の布《ぬの》の長さ○とねだん□

（　　　　　　　　　）

④（　　）１日の気温○と時こく□

（　　　　　　　　　）

2 円周の長さは直径にともなって変わります。直径を○cm、円周を□cmとして、その関係を表にしました。

①　表の㋐～㋓にあてはまる数をかきましょう。　（各３点）

○（cm）	1	2	3	4	5
□（cm）	3.14	㋐	㋑	㋒	㋓

②　関係を表す式をかきましょう。　（10点）

（　　　　　　　　　）

3 右のように、長さの等しいぼうで正方形を作り、ならべていきます。

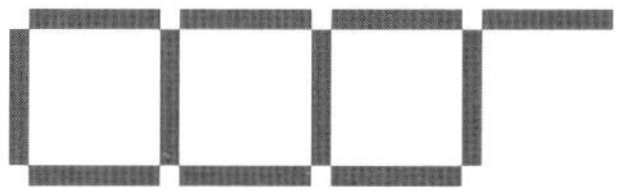

①　表の㋐～㋓にあてはまる数をかきましょう。　（各３点）

正方形の数（個《こ》）	1	2	3	4	5	……	10
ぼうの数　（本）	4	7	㋐	㋑	㋒	……	㋓

②　正方形が１個増《ふ》えると、ぼうの数は何本増えますか。　（７点）

（　　　　　　　　　）

③　正方形15個のときのぼうの数は何本ですか。　（７点）

（　　　　　　　　　）

4 次の図のように、三角形の底辺を変えずに高さを変えるとき、面積はどのように変わりますか。

高さを○cm、面積を□cm^2として式に表しましょう。（18点）

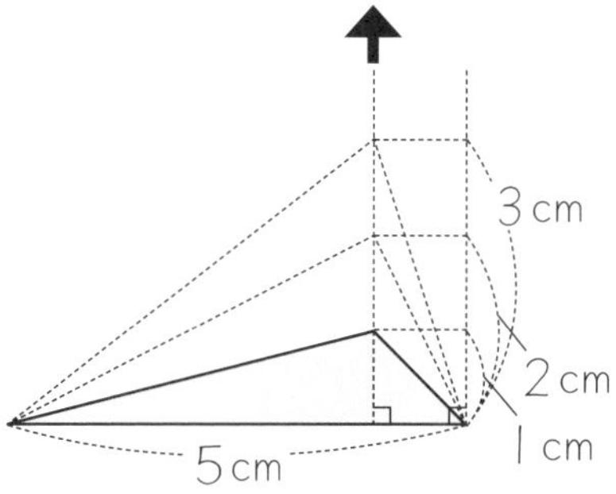

答え＿＿＿＿＿＿＿＿＿＿

8 小数のかけ算 ①

学習日 ／

1回目 ／100点　答えは157ページ　2回目 ／100点

1 次の計算をしましょう。 （各6点）

① 2.3×8.7

② 3.7×8.4

③ 4.6×6.8

④ 6.3×6.4

⑤ 6.5×3.9

⑥ 5.4×9.5

⑦ 2.8×4.8

⑧ 2.9×7.8

⑨ 3.5×9.6

2 次の計算をしましょう。 （各2点）

① 6×0.7　② 4×0.5

③ 0.8×9　④ 0.3×0.2

⑤ 0.6×0.5

3 次の計算をしましょう。 （各6点）

① 1.89×6.7

② 2.67×9.8

③ 5.79×9.7

④ 2.79×9.4

⑤ 17.9×0.87

⑥ 15.8×0.79

9 小数のかけ算 ②

学習日 ／

1回目 ／100点

答えは158ページ

2回目 ／100点

1 次の計算をしましょう。 （各5点）

① 6.9 × 4.7

② 7.4 × 2.8

③ 8.7 × 9.2

④ 2.5 × 7.6

⑤ 3.7 × 5.7

⑥ 4.7 × 6.4

⑦ 16.9 × 4.6

⑧ 36.9 × 2.3

⑨ 17.8 × 0.78

2 次の計算をしましょう。 （各7点）

① 6.9×8.3

② 8.7×6.7

③ 4.6×7.9

④ 57.9×7.9

⑤ 38.9×0.68

3 たてが4.07m、横が7.4mの長方形の畑の面積は、何m^2ですか。 （20点）

式

答え ＿＿＿＿＿＿＿＿

10 小数のかけ算 ③

学習日 ／

1回目 ／100点

答えは158ページ

2回目 ／100点

できた！

1 1辺が3.4mの正方形の花だんの面積を求めましょう。（15点）

式

答え

2 1mの重さが3.24kgのパイプがあります。このパイプ4.6mの重さは何kgですか。（15点）

式

答え

3 たてが6.35m、横が8.5mの長方形の土地の面積は、何m^2ですか。（15点）

式

答え

4 1Lの重さが1.36kgのはちみつがあります。このはちみつ0.8Lの重さは、何kgですか。（15点）

式

答え

5 たての長さが2.45mの長方形の土地があります。横の長さは、たての長さの3.6倍です。

① 横の長さは、何mですか。（20点）

式

答え

② この長方形の面積を求めましょう。（20点）

式

答え

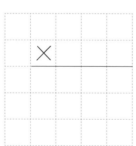

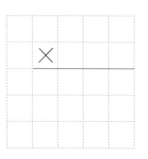

11 小数のかけ算④

学習日　／

1回目　／100点　答えは158ページ　2回目　／100点

1 右の表は赤のリボンの長さ1.2mをもとにした、ほかのリボンの長さの割合《わりあい》です。

色	倍
赤	1
青	2.5
黄	0.75

① 青のリボンの長さは、何mですか。(10点)

式

答え ＿＿＿＿＿＿

② 黄のリボンの長さは何mですか。(10点)

式

答え ＿＿＿＿＿＿

2 赤のテープの長さは、4mです。

① 白のテープは、赤のテープの3.2倍の長さです。
白のテープは何mですか。(10点)

式

答え ＿＿＿＿＿＿

② 黄のテープは、白のテープの0.7倍の長さです。
黄のテープは何mですか。(10点)

式

答え ＿＿＿＿＿＿

3 1m²の畑から3.45kgの豆がとれました。
2.5m²の畑からは何kgの豆がとれますか。(20点)

式

答え ＿＿＿＿＿＿

4 6じょうの部屋は、長方形です。何m²ですか。(20点)

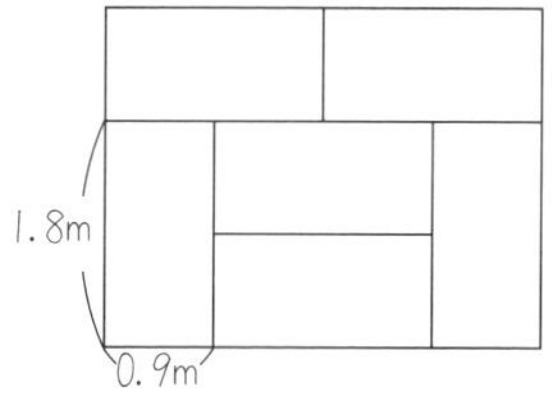

式

答え ＿＿＿＿＿＿

5 11.7にある数をかけるのを、まちがってその数を引いてしまったので、答えが7.8になってしまいました。
このかけ算の正しい答えを求めましょう。(20点)

式

答え ＿＿＿＿＿＿

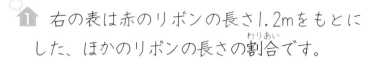

12 小数のわり算 ①

学習日 ／

1回目 ／100点

答えは158ページ

2回目 ／100点

1 次の計算をしましょう。 （各5点）

① 1.8)72

② 1.5)75

③ 1.3)91

④ 1.8)6.3

⑤ 5.2)7.8

⑥ 2.5)4.5

⑦ 3.4)1.7

⑧ 1.6)9.44

⑨ 2.5)9.75

2 商は$\frac{1}{10}$の位まで求め、あまりも出しましょう。 （各8点）

① 2.8)9.65

② 1.9)8.66

③ 2.5)9.92

3 商は小数第2位を四捨五入《ししゃごにゅう》して、小数第1位までのがい数で求めましょう。 （各10点）

① 1.4)2.6

② 1.7)2.6

4 商が一番大きいものに○をつけましょう。 （11点）

① （　　）4.2÷1.2

② （　　）4.2÷2.8

③ （　　）4.2÷1

④ （　　）4.2÷0.7

13 小数のわり算 ②

学習日 ／

1回目 ／100点　答えは158ページ　2回目 ／100点　できた！

1 次の計算をしましょう。（各5点）

① 2.5)17.5

② 2.6)15.6

③ 3.6)2.88

④ 1.6)9.12

⑤ 2.3)6.44

⑥ 3.5)9.1

2 商は小数第2位を四捨五入《ししゃごにゅう》して、小数第1位までのがい数で求めましょう。（各10点）

① 2.6)5.9

② 4.7)7.2

3 わり切れるまで計算しましょう。（各10点）

① 0.8)5.4

② 0.45)5.67

4 商は $\frac{1}{10}$ の位まで求め、あまりも出しましょう。（各10点）

① 1.4)2.6

② 6.8)8

5 商が7より大きくなるものに○をつけましょう。（10点）

① （　　）$7 \div 2.7$

② （　　）$7 \div (1.7 - 0.7)$

③ （　　）$7 \div (1 - 0.7)$

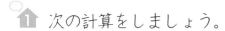

14 小数のわり算 ③

学習日 ／

1回目 ／100点 答えは158ページ 2回目 ／100点

1 面積が16.92m^2の長方形の花だんがあります。たての長さは、3.6mです。横の長さは何mですか。 (20点)

式

答え

2 赤いリボンの長さは10.4mで、青いリボンの長さは6.5mです。赤いリボンの長さは、青いリボンの何倍ですか。 (20点)

式

答え

3 25.7kgのみかんを0.7kgずつふくろに入れると、ふくろは何ふくろいりますか。(はんぱもふくろがいります) (20点)

式

答え

4 20mのロープから2.6mのロープが何本とれて、何m残りますか。 (20点)

式

答え

5 2.8Lの油の重さをはかったら、2.4kgありました。この油1Lの重さは、何kgですか。四捨五入《ししゃごにゅう》して上から2けたのがい数で求めましょう。 (20点)

式

答え

15 小数のわり算 ④

学習日 ／

1回目 ／100点

答えは158ページ

2回目 ／100点

できた！

1 4.5Lのガソリンで42.3km走った自動車は、1Lのガソリンで何km走れますか。（15点）

式

答え ＿＿＿＿＿＿＿＿

2 6じょうの部屋の面積は、9.72m²です。たての長さが2.7mなら、横の長さは何mですか。（15点）

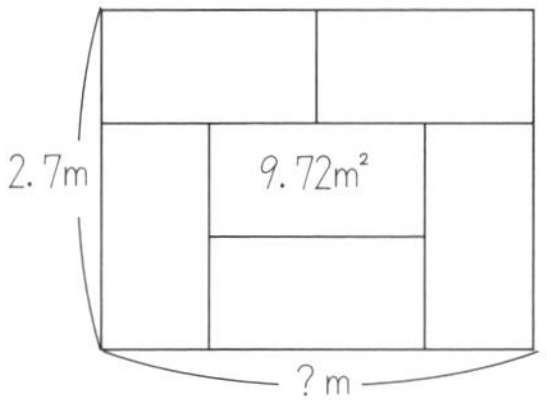

式

答え ＿＿＿＿＿＿＿＿

3 赤いリボンの長さは、9.52mです。これは、白いリボンの長さの3.4倍です。白いリボンの長さは、何mですか。（15点）

式

答え ＿＿＿＿＿＿＿＿

4 長さ8mのテープを75cmずつ切ります。テープは何本できて、何cmあまりますか。（25点）

式

答え ＿＿＿＿＿＿＿＿

5 今年は430.1kgの米がとれました。しかし、今年は不作で、去年の0.85倍でした。去年のとれ高は、何kgでしたか。（30点）

式

答え ＿＿＿＿＿＿＿＿

16 合同な図形 ①

学習日　／

1回目　／100点

答えは158ページ

2回目　／100点

できた！

算数

1 合同な図形を３組見つけて、記号で答えましょう。（各８点）

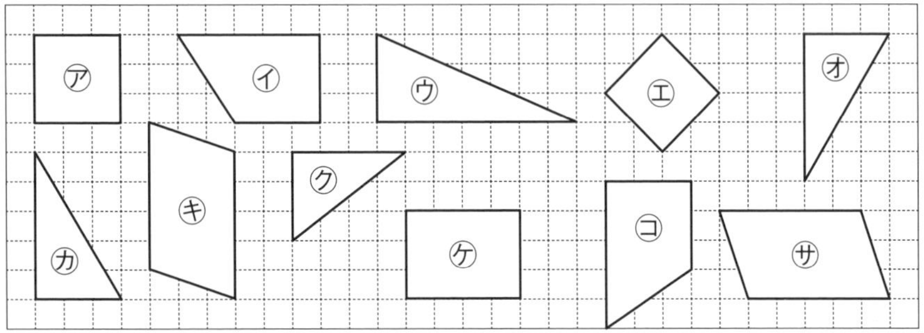

（　と　）　（　と　）　（　と　）

2 次の２つの三角形㋐と㋑は合同です。対応《たいおう》するちょう点、辺、角を答えましょう。（各４点）

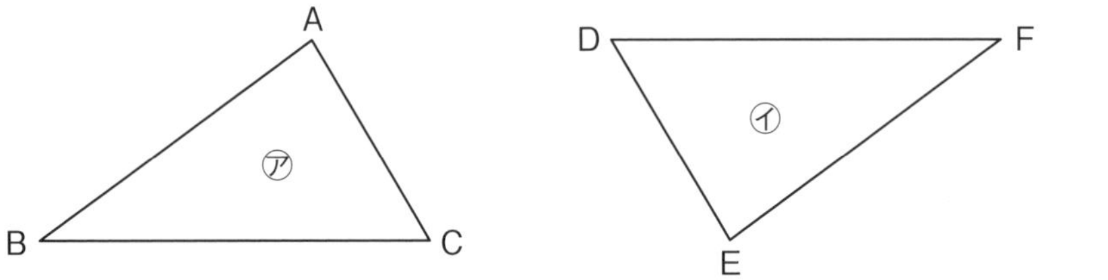

① ちょう点A
（ちょう点　）

② ちょう点B
（ちょう点　）

③ 辺DF
（辺　）

④ 辺AC
（辺　）

⑤ 角B
（角　）

⑥ 角E
（角　）

3 次の図の中で、点線で切って２つに分けたとき、２つが合同な図形になるものに○を、合同にならないものに×を（　）にかきましょう。（各４点）

①（　）

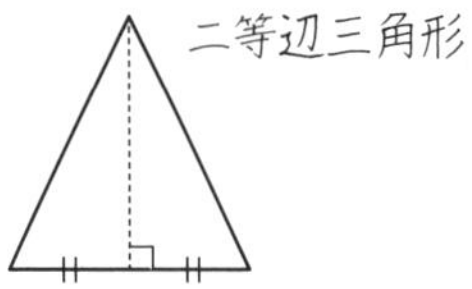

②（　）

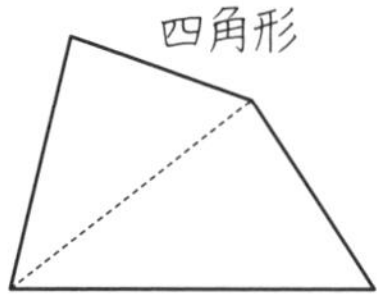

③（　）

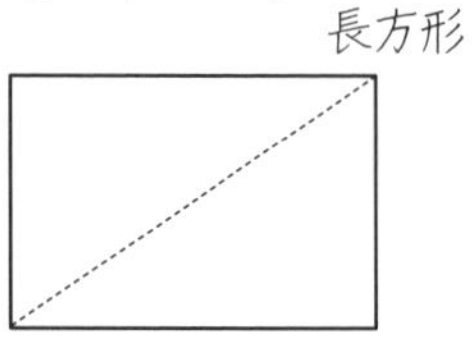

④（　）

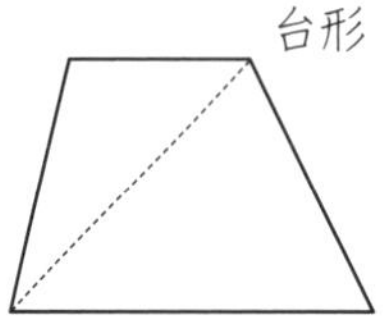

⑤（　）

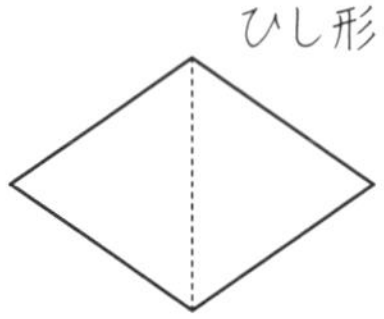

⑥（　）

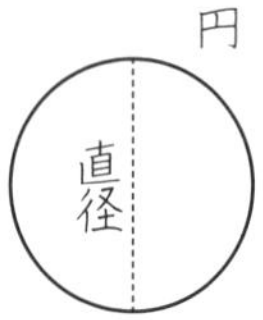

4 次の２つの三角形と合同な三角形をかきます。図に示《しめ》された辺の長さや角の大きさのほかに何がわかればかけますか。㋐～㋗の記号で答えましょう。（各７点）

①

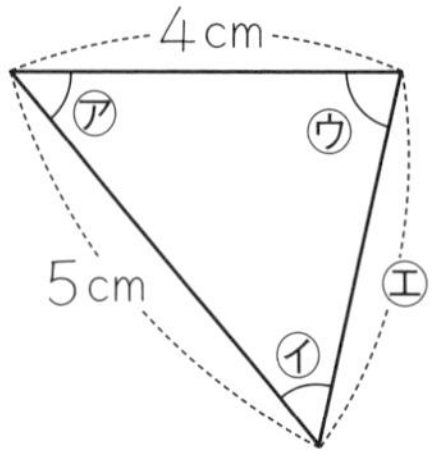

（　）または、（　）

②

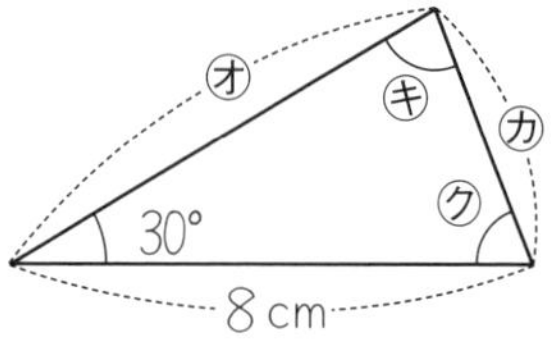

（　）または、（　）

17 合同な図形 ②

学習日 ／

1回目 ／100点　答えは158ページ　2回目 ／100点

できた！

1 次の２つの四角形㋐と㋑は合同です。

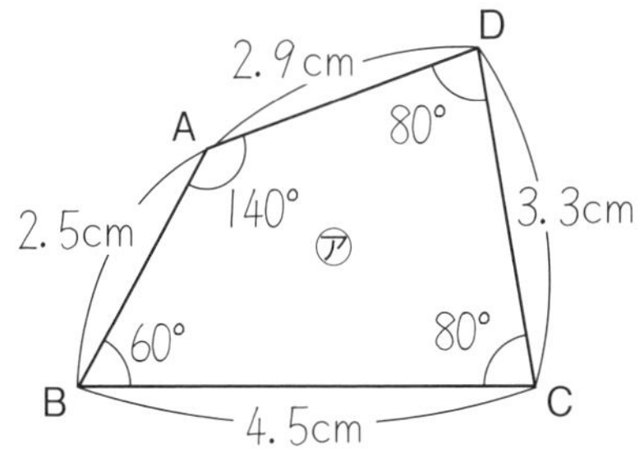

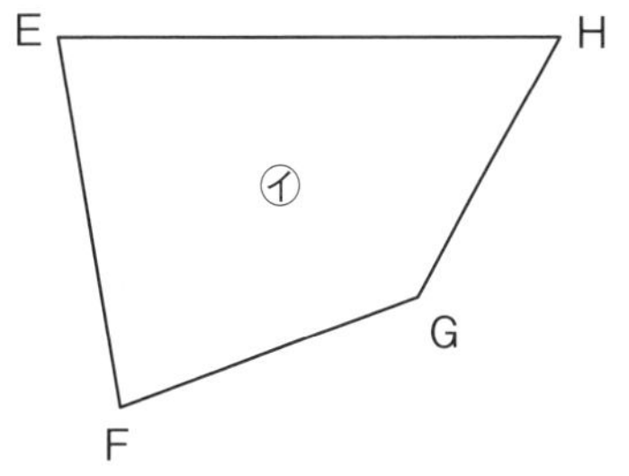

① ちょう点B、ちょう点Dに対応《たいおう》する点はどれですか。 （各５点）

㋐ ちょう点B…ちょう点 （　　　）

㋑ ちょう点D…ちょう点 （　　　）

② 辺EF、辺GH、辺EH、辺FGの長さは何cmですか。 （各５点）

㋐ 辺EF （　　　）　㋑ 辺GH （　　　）

㋒ 辺EH （　　　）　㋓ 辺FG （　　　）

③ 角E、角F、角H、角Gの大きさは何度ですか。 （各５点）

㋐ 角E （　　　）　㋑ 角F （　　　）

㋒ 角H （　　　）　㋓ 角G （　　　）

2 次の図の合同な図形をかくとき、かけるものとかけないものがあります。かけるものには○を、かけないものには×を（　　）にかきましょう。 （各４点）

① （　　）

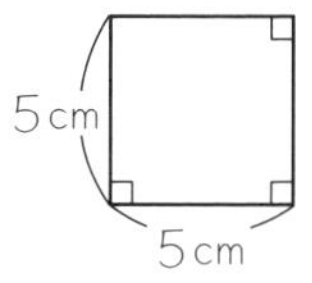

② （　　）

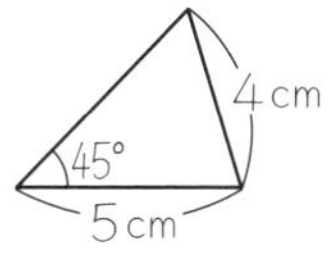

③ （　　）

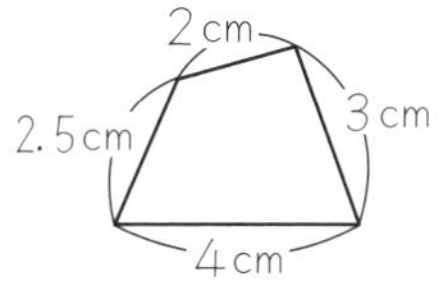

④ （　　）

⑤ （　　）

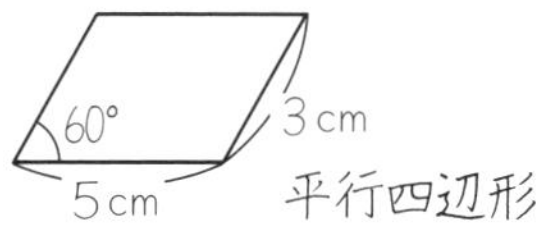

3 次の図形をかきましょう。 （各15点）

① ２つの辺の長さが５cmと４cmその間の角が50°の三角形

② 平行四辺形

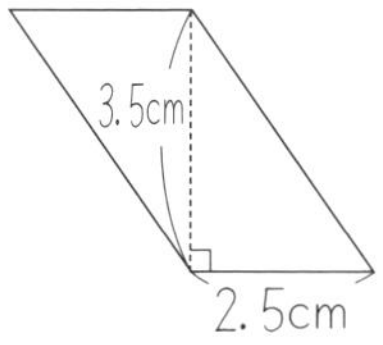

4cm

2.5cm

18 倍数・約数 ①

学習日　／

1回目　／100点　→　2回目　／100点

答えは158ページ

1 次の数を偶数《ぐうすう》と奇数《きすう》に分けましょう。（各８点）

0　19　36　48　53　304　407　661

① 偶数　（　　）（　　）（　　）（　　）

② 奇数　（　　）（　　）（　　）（　　）

2 次の組み合わせは、偶数と奇数のどちらになりますか。
偶数なら ㋐、奇数なら ㋑ を□にかきましょう。（各２点）

① 偶数×偶数＝□　② 偶数×奇数＝□

③ 奇数×奇数＝□　④ 偶数＋偶数＝□

⑤ 奇数＋偶数＝□　⑥ 奇数＋奇数＝□

3 次の数の倍数と公倍数を小さい方から順にかきましょう。

(1) 倍数を５つ。（各５点）

① ６の倍数　（　　）（　　）（　　）（　　）（　　）

② ９の倍数　（　　）（　　）（　　）（　　）（　　）

(2) ６と９の公倍数を３つ。（各４点）

（　　）（　　）（　　）

4 次の問いに答えましょう。

① 12の約数をすべて○で囲《かこ》みましょう。（○１つ…１点）

1　2　3　4　5　6　7　8　9　10　11　12

② 18の約数をすべて○で囲みましょう。（○１つ…１点）

1　2　3　4　5　6　7　8　9　10　11　12　13　14　15　16　17　18

③ 12と18の公約数をかきましょう。（各３点）

（　　）（　　）（　　）（　　）

5 色紙を１人に４まいずつ配っていきます。

① 色紙のまい数を表にかきましょう。（各２点）

人数と色紙の数

人　　数（人）	1	2	3	4	5	6	7	8
色紙の数（まい）	4							

② 色紙の数は、何の倍数ですか。（６点）

（　　）

③ 12人に配ると、色紙は何まいになりますか。（６点）

（　　）

19 倍数・約数 ②

学習日　／

1回目　／100点

答えは159ページ

2回目　／100点

1 次の数の倍数をかき出し、最小公倍数を求めましょう。

(あい…各1点　う…4点)

① あ　2の倍数（　　,　　,　　,　　,　　）

　い　5の倍数（　　,　　,　　）

　う　2と5の最小公倍数（　　）

② あ　3の倍数（　　,　　,　　,　　,　　）

　い　5の倍数（　　,　　,　　）

　う　3と5の最小公倍数（　　）

2 次の(　　)の中の最小公倍数を求めましょう。

(各4点)

①（ 6, 10 ）　□

②（ 4, 14 ）　□

③（ 12, 36 ）　□

④（ 42, 14 ）　□

⑤（ 10, 15 ）　□

⑥（ 16, 40 ）　□

3 たてが15cm、横が20cmのタイルをすきまなくしきつめ、できるだけ小さい正方形を作ります。

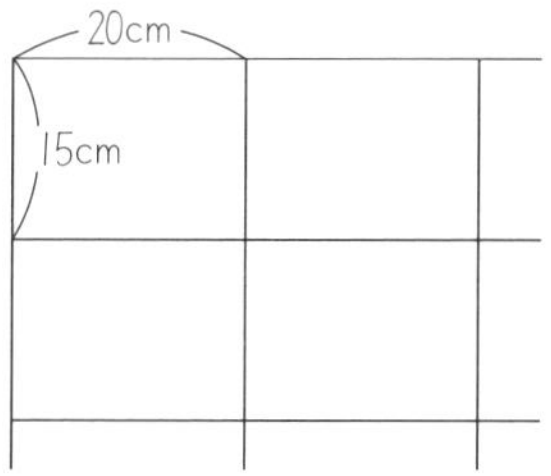

① 正方形の1辺は何cmですか。(16点)

答え＿＿＿＿＿＿

② タイルは何まいいりますか。(10点)

答え＿＿＿＿＿＿

4 電車は8分おきに出発し、バスは12分おきに出発します。

① 午前6時ちょうどに電車とバスが同時に出発しました。次に同時に出発するのは午前何時何分ですか。(16点)

答え＿＿＿＿＿＿

② 午前6時ちょうどから午前8時ちょうどのあいだに合計何回、同時に出発しますか。(6時も1回にふくみます。)

(10点)

答え＿＿＿＿＿＿

20 倍数・約数 ③

学習日 /

1回目 /100点　答えは159ページ　2回目 /100点

できた！

1 次の数の約数をすべてかき出し、最大公約数を求めましょう。 （あい…各１点　う…４点）

① あ　10の約数（　　，　　，　　，　　）

い　15の約数（　　，　　，　　，　　）

う　10と15の最大公約数（　　）

② あ　６の約数（　　，　　，　　，　　）

い　18の約数（　　，　　，　　，　　，　　，　　）

う　６と18の最大公約数（　　）

2 次の(　　)の中の最大公約数を求めましょう。 （各４点）

① (5, 20)　□

② (6, 8)　□

③ (10, 15)　□

④ (30, 24)　□

⑤ (18, 42)　□

⑥ (48, 60)　□

3 12個《こ》のりんごと、18個のみかんがあります。これらを何げんかの家に、あまりが出ないように、同じ数ずつ配ります。

① 最も多くの家に配ることができるのは何げんですか。 （15点）

答え ＿＿＿＿＿＿

② そのとき、りんごとみかんはそれぞれ何個ずつになりますか。 （10点）

答え ＿＿＿＿＿＿

4 たて60cm、横45cmの長方形の画用紙があります。画用紙にあまりが出ないように最も大きい正方形のカードを作ると、その１辺は何cmになりますか。また、正方形のカードは何まいとれますか。 （25点）

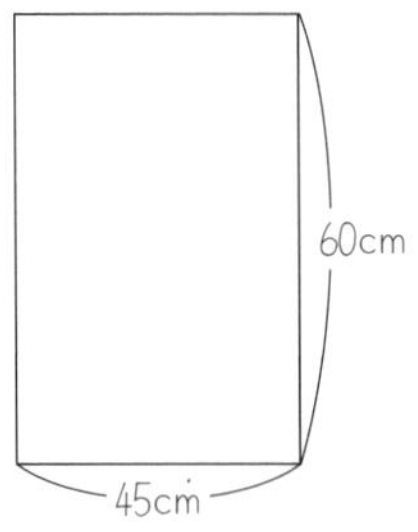

答え ＿＿＿＿＿＿

学習日 ／

1回目 ／100点 答えは159ページ 2回目 ／100点

できた！

1 男子が36人、女子が27人います。各グループの男子の数と女子の数を同数とする2つ以上のグループに分けます。

① 何グループに分けられますか。すべてかきましょう。（10点）

答え

② 最もたくさんのグループができるとき、1グループの男女の人数は何人ですか。（10点）

答え

2 1箱に6個《こ》入りのカキと、1箱に14個入りのクリが売られています。最も少ない数でどちらも同じ数だけそろえるには、カキを何箱、クリを何箱買えばよいですか。（25点）

答え カキ　　クリ

3 おかし屋さんで、おかしの箱を積んでいます。
高さが6cmの箱と、高さが8cmの箱です。
最初に高さが同じになるのは、何cmのときですか。（25点）

答え

4 みんみんぜみ12ひきとあぶらぜみ20ぴきを、それぞれ同じ数ずつ虫かごに入れます。どちらもあまりなく分けられる最大の虫かごの数は何個ですか。
また、それぞれのせみは何びきずつですか。（30点）

答え 虫かご　　個
みんみんぜみ　　ひき
あぶらぜみ　　ひき

22 分数のたし算・ひき算①

学習日 ／

1回目 ／100点

答えは159ページ

2回目 ／100点

1 次の□にあてはまる数をかきましょう。（各4点）

① $\frac{5}{6}=\frac{\square}{18}=\frac{25}{\square}$　② $\frac{7}{8}=\frac{21}{\square}=\frac{\square}{48}$

③ $\frac{16}{40}=\frac{4}{\square}=\frac{\square}{5}$　④ $\frac{48}{60}=\frac{\square}{20}=\frac{8}{\square}$

2 次の分数を約分しましょう。（各4点）

① $\frac{9}{12}$　② $\frac{16}{24}$　③ $\frac{44}{36}$

3 次の分数を通分しましょう。（各6点）

① $\left(\frac{2}{5},\ \frac{5}{7}\right)=\left(—,\ —\right)$

② $\left(\frac{5}{12},\ \frac{3}{8}\right)=\left(—,\ —\right)$

③ $\left(\frac{5}{14},\ \frac{10}{21}\right)=\left(—,\ —\right)$

④ $\left(\frac{11}{24},\ \frac{5}{36}\right)=\left(—,\ —\right)$

4 次の計算をしましょう。（各6点）

① $\frac{2}{9}+\frac{5}{12}=$

② $\frac{5}{12}+\frac{3}{8}=$

③ $1\frac{9}{20}+2\frac{1}{15}=$

④ $\frac{1}{2}+\frac{1}{3}+\frac{1}{4}=$

⑤ $\frac{11}{14}-\frac{8}{21}=$

⑥ $\frac{17}{16}-\frac{11}{24}=$

⑦ $5\frac{1}{6}-3\frac{4}{9}=$

⑧ $\frac{1}{2}-\frac{1}{6}-\frac{1}{9}=$

23 分数のたし算・ひき算 ②

学習日 ／

1回目 ／100点

答えは159ページ

2回目 ／100点

1 $\frac{3}{4}$と大きさの等しい分数を○で囲《かこ》みましょう。（各5点）

① $\frac{6}{8}$　② $\frac{8}{12}$　③ $\frac{10}{14}$　④ $\frac{12}{16}$

⑤ $\frac{18}{20}$　⑥ $\frac{24}{32}$　⑦ $\frac{46}{64}$　⑧ $\frac{72}{96}$

2 次の分数で大きい方を○で囲みましょう。（各6点）

① $\left(\frac{2}{3}, \frac{5}{7} \right)$　② $\left(\frac{9}{16}, \frac{7}{12} \right)$

③ $\left(\frac{7}{6}, \frac{17}{15} \right)$

3 次の分数を通分しましょう。（各7点）

① $\left(\frac{5}{6}, \frac{3}{8} \right) = \left(\text{—}, \text{—} \right)$

② $\left(\frac{4}{15}, \frac{7}{12} \right) = \left(\text{—}, \text{—} \right)$

4 次の計算をしましょう。（各6点）

① $\frac{3}{8} + \frac{1}{6} =$

② $\frac{5}{12} + \frac{8}{15} =$

③ $1\frac{2}{9} + 2\frac{5}{12} =$

④ $\frac{13}{12} - \frac{7}{8} =$

⑤ $1\frac{7}{18} - \frac{11}{12} =$

⑥ $\frac{1}{3} + \frac{2}{5} + \frac{1}{6} =$

⑦ $\frac{5}{7} + \frac{1}{2} - \frac{3}{4} =$

⑧ $\frac{7}{12} - \frac{3}{8} + \frac{1}{6} =$

24 分数のたし算・ひき算③

学習日　／

1回目　／100点

答えは159ページ

2回目　／100点

1 なすが$\frac{5}{6}$kg、ピーマンが$\frac{2}{9}$kgあります。

① なすとピーマンは、あわせて何kgありますか。 (10点)

式

答え ＿＿＿＿＿＿

② ピーマンは、なすより何kg少ないですか。 (10点)

式

答え ＿＿＿＿＿＿

2 ペットボトルのジュースを$\frac{5}{6}$L飲みました。残りは$\frac{13}{24}$Lです。

はじめに何Lありましたか。 (20点)

式

答え ＿＿＿＿＿＿

3 さくらんぼが$\frac{1}{6}$kgの箱に、$\frac{7}{10}$kg入っています。

全体の重さは、何kgになりますか。 (20点)

式

答え ＿＿＿＿＿＿

4 家から森林公園まで$2\frac{1}{6}$kmあります。今、家から$\frac{8}{15}$kmの地点にいます。残りの道のりは、何kmですか。 (20点)

式

答え ＿＿＿＿＿＿

5 本を昨日は$2\frac{3}{5}$時間、今日は$1\frac{3}{4}$時間読みました。

昨日は、今日より何時間多く本を読みましたか。 (20点)

式

答え ＿＿＿＿＿＿

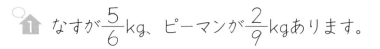

25 分数のたし算・ひき算④

学習日 ／

1回目 ／100点　答えは159ページ　2回目 ／100点　できた！

答えは159ページ

1 牛にゅうが$\frac{4}{3}$L入っています。$\frac{3}{7}$L飲むと何L残りますか。（15点）

式

答え ＿＿＿＿＿＿

2 野菜畑は$\frac{5}{6}$a、花畑は$\frac{7}{10}$aです。どちらが、どれだけ広いですか。（15点）

式

答え ＿＿＿＿＿＿

3 クリがふくろに$\frac{8}{15}$kg、ネットに$\frac{3}{10}$kg入っています。
クリは、あわせて何kgありますか。（15点）

式

答え ＿＿＿＿＿＿

4 山田さんの家の畑は、全体の$\frac{5}{12}$は豆畑で、全体の$\frac{3}{8}$は、いも畑で、残りは小麦畑です。

① 豆畑といも畑をあわせると、畑全体のどれだけになりますか。（15点）

式

答え ＿＿＿＿＿＿

② 小麦畑は、畑全体のどれだけになりますか。（20点）

式

答え ＿＿＿＿＿＿

③ 豆畑といも畑の広さのちがいは、畑全体のどれだけになりますか。（20点）

式

答え ＿＿＿＿＿＿

26 平均とその利用

1 次の平均《へいきん》を求めましょう。 (各10点)

① 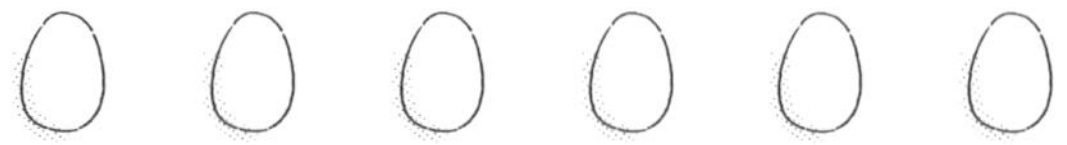
(たまご1個《こ》の重さ)

57g　58g　60g　62g　61g　62g

式

答え ＿＿＿＿＿＿＿＿

② 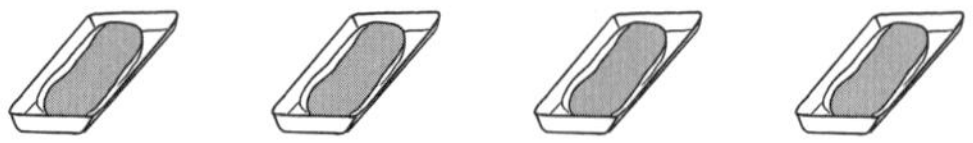
(牛肉1パックのねだん)

748円　774円　740円　762円

式

答え ＿＿＿＿＿＿＿＿

2 山田さんのクラスでは、次の表のように欠席者がでました。1日に平均何人が欠席したことになりますか。 (15点)

曜日	月	火	水	木	金
欠席人数	4	0	3	2	3

式

答え ＿＿＿＿＿＿＿＿

3 たまご1個分の平均の重さは60gです。全部で3kg分あるとき、たまごは何個ありますか。 (20点)

式

答え ＿＿＿＿＿＿＿＿

4 大原さんは漢字テストを4回受けました。5回の平均点を96点にするには、5回目に何点とればいいですか。 (20点)

回	1	2	3	4	5	平均
点数	92	93	100	95		96

式

答え ＿＿＿＿＿＿＿＿

5 1歩の歩はばを使って、学校と家の道のりを求めます。

① 次の表を見て、1歩の歩はばの平均は何mですか。 (10点)

回	1	2	3	4
10歩の長さ	6m21cm	6m18cm	6m17cm	6m24cm

式

答え ＿＿＿＿＿＿＿＿

② ①の歩はばで学校から家まで875歩でした。家までの道のりは約何mですか。
答えは、小数点以下を四捨五入《ししゃごにゅう》して答えましょう。 (15点)

式

答え ＿＿＿＿＿＿＿＿

27 単位量あたり①

学習日 ／

1回目 ／100点

答えは160ページ

2回目 ／100点

1 プールの面積と人数を調べました。どちらがこんでいるといえますか。

プールの面積と子どもの人数

	面積（m^2）	人数（人）
A	450	36
B	540	40

① Aのこみぐあいを求めましょう。（10点）

式

答え　1人あたり＿＿＿＿

② Bのこみぐあいを求めましょう。（10点）

式

答え　1人あたり＿＿＿＿

③ AとB、どちらがこんでいますか。（5点）

（　　　　）

2 南店のだんごは3個《こ》225円で、北店のだんごは5個360円です。どちらの店の方が安いですか。（15点）

式

答え＿＿＿＿

3 4m^2のかべをぬるのに12.8dLのペンキを使いました。かべ全体22m^2をぬるのに、何dLいりますか。（20点）

式

答え＿＿＿＿

4 5cm^3で15gのすながあります。重さ51gのすなの体積は、何cm^3ですか。（20点）

式

答え＿＿＿＿

5 1Lのガソリンで14.5km走る自動車Aと、25km走る自動車Bがあります。290kmを同じ道で走るとき、使ったガソリンの差は何Lですか。（20点）

式

答え＿＿＿＿

28 単位量あたり ②

学習日 /

1回目 /100点

答えは000ページ

2回目 /100点

できた！

1 5両の電車に440人乗っています。
1両あたりに何人が乗っていることになりますか。 (10点)

式

答え

2 3.5m分のねだんが4900円のカーテンがあります。
このカーテン1mあたりのねだんは、何円ですか。 (10点)

式

答え

3 1mあたりの重さが28gのはり金があります。
このはり金4.5mの重さは、何gですか。 (20点)

式

答え

4 1分間に80まい印刷できるコピー機があります。
2000まい印刷するのに何分間かかりますか。 (20点)

式

答え

5 10本入り1500円の色えんぴつと、12本入り1680円のえんぴつがあります。1本あたりのねだんは、色えんぴつとえんぴつのどちらが何円高いですか。 (20点)

式

答え

6 4Lのガソリンで52km走る自動車Aと、9Lで108km走る自動車Bがあります。ガソリン1Lあたりでは、どちらがよく走りますか。 (20点)

式

答え

29 単位量あたり③

答えは160ページ

1 右の表は、日本と韓国《かんこく》の人口と面積を四捨五入《ししゃごにゅう》して表したものです。

	日本	韓国
人口（百万人）	127	51
面積（千km^2）	378	98

① 日本の人口密度《みつど》を求めましょう。（小数第１位四捨五入）（10点）

式

答え

② 韓国の人口密度を求めましょう。（小数第１位四捨五入）（10点）

式

答え

③ どちらの国の方がこみあっていますか。（10点）

（　　　　）

2 右の表で米がよくとれたのは、A、Bのどちらの田ですか。１aあたりのとれた米の重さで比《くら》べましょう。（20点）

田の面積ととれた米の重さ

	面積（a）	とれた重さ（kg）
A	11	570
B	14	680

式

答え

3 観光バスをレンタルするには１人あたり1040円が必要です。

① 34人では、バス代はいくらですか。（10点）

式

答え

② 当日、２人欠席しました。参加した人だけで①の代金をはらうと、１人あたり何円になりますか。（15点）

式

答え

4 １分間に８個《こ》の折りづるをつくります。

① 4.5分間では、何個の折りづるができますか。（10点）

式

答え

② 180個つくるには、何分間かかりますか。（15点）

式

答え

30 速さ①

学習日 ／

1回目 ／100点 → 2回目 ／100点

答えは160ページ

できた！

算数

1 次の(　)に、速さ・道のり・時間のどれかを入れて、式をつくりましょう。 （各８点）

① 速　さ＝(　　　　　)÷(　　　　　)

② 道のり＝(　　　　　)×(　　　　　)

③ 時　間＝(　　　　　)÷(　　　　　)

2 それぞれの速さを求めましょう。 （各８点）

	すみれ号	たんぽぽ号	さくら号
走った時間	６秒	４秒	３秒
進んだ長さ（きょり）	7.2m	7.2m	5.1m
速さ（秒速）	1.2m		

① たんぽぽ号

式

答え

② さくら号

式

答え

3 それぞれの道のりを求めましょう。 （各10点）

① 時速55kmの観光バスが、２時間で進む道のり。

式

答え

② 分速32mで７分走る道のり。

式

答え

③ 秒速6.5mで30秒進む道のり。

式

答え

4 次の表の時間を求めましょう。 （各10点）

	Ⓐ	Ⓑ	Ⓒ
きょり	24m	600m	31.5km
速さ	秒速３m	分速80m	時速10.5km
時間	秒	分	時間

Ⓐ 式

答え

Ⓑ 式

答え

Ⓒ 式

答え

31 速さ ②

学習日 ／

1回目 ／100点　答えは160ページ　2回目 ／100点

1 次の表のあいているところを求めましょう。（各３点）

	時速	分速	秒速
マグロ	km	m	60m
新幹線《しんかんせん》	252km	km	m
飛行機	km	15km	m

2 時速4.2kmで走っている秋田さんと、分速72mで走っている春山さんとでは、どちらが速いですか。（15点）

式

答え

3 時速48kmの自動車が20分間走ると、何km進みますか。（17点）

式

答え

4 台風が時速45kmで進んでいます。この速さのままで225km進むのにどれくらいの時間が、かかりますか。（15点）

式

答え

5 プロ野球の試合で、ある投手が時速156kmのボールを投げました。分速は何kmになりますか。（15点）

式

答え

6 分速500kmのロケットが、月までの道のり約384000kmを飛ぶと、約何時間かかりますか。（20点）

式

答え

32 速さ ③

学習日 ／

1回目 ／100点

答えは160ページ

2回目 ／100点

1 かたつむりは、28m進むのに35分かかりました。かたつむりは分速何mですか。 (15点)

式

答え ________

2 1周5kmのコースを分速250mで2周しました。何分かかりましたか。 (15点)

式

答え ________

3 かみなりが光ってから9秒後に音を聞きました。かみなりは、何mはなれたところで光りましたか。（音の秒速は340mです。） (15点)

式

答え ________

4 船底から音を出すと、海底にあたって4秒後に船底までもどってきました。船底から海底まで何kmですか。（水中での音の速さは秒速1.5kmです。） (15点)

式

答え ________

5 遠足で山登りに行きました。最初の1.5時間は分速60mで歩きましたが、残りの40分は分速45mでした。ちょう上まで何kmありましたか。 (20点)

式

答え ________

6 車体の長さが80mの電車が、秒速20mの速さで、長さ120mのトンネルに入りました。完全にぬけ出るまでに何秒かかりますか。 (20点)

式

答え ________

答えは161ページ

33 図形の角 ①

1 次の問いに答えましょう。

① 三角形の３つの角の和は、何度ですか。（5点）

（　　　　　）

② 四角形の４つの角の和は、何度ですか。（10点）

（　　　　　）

③ 三角形、四角形、五角形などのように直線で囲《かこ》まれた図形を何といいますか。（5点）（　　　　　）

2 次の図のあ～くの角度を計算で求めましょう。（各10点）

①
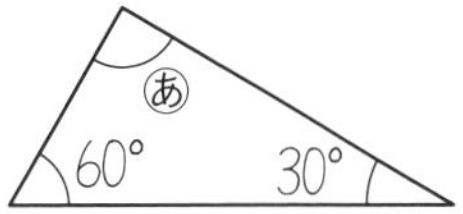

式

答え＿＿＿＿＿＿

②
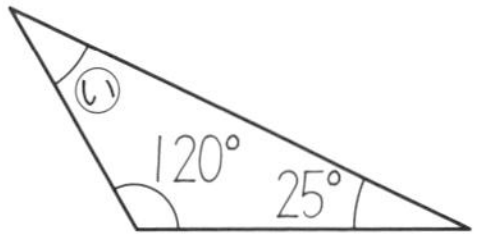

式

答え＿＿＿＿＿＿

③
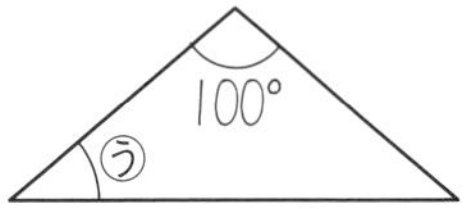

二等辺三角形

式

答え＿＿＿＿＿＿

④
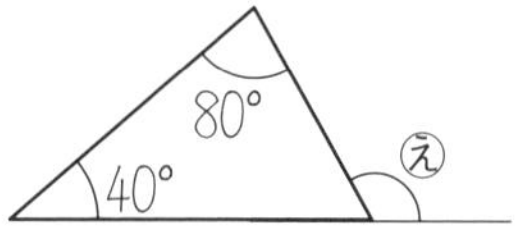

式

答え＿＿＿＿＿＿

⑤

式

答え＿＿＿＿＿＿

⑥
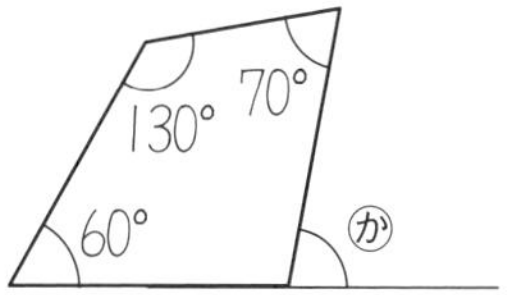

式

答え＿＿＿＿＿＿

⑦ 平行四辺形
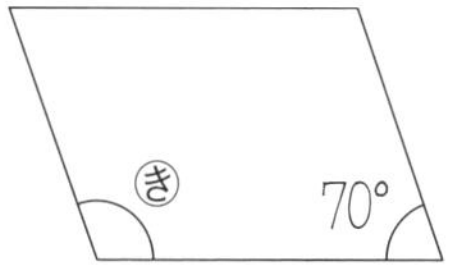

式

答え＿＿＿＿＿＿

⑧
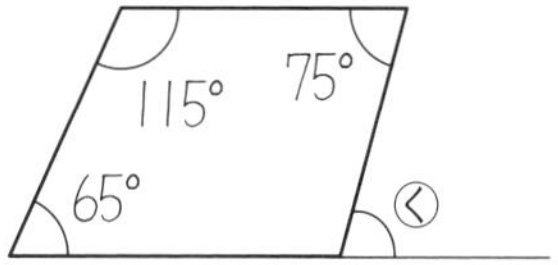

式

答え＿＿＿＿＿＿

34 図形の角 ②

1 図形の１つのちょう点から対角線をひいて、三角形に分け、内角の和を調べました。下の表のあいているところをうめましょう。（各３点）

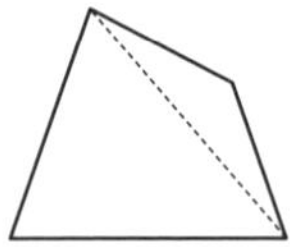

	四角形	五角形	六角形	七角形
三角形の数	2	①	4	②
内角の和	③	④	720°	⑤

2 次の図のあの角度は、何度ですか。（10点）

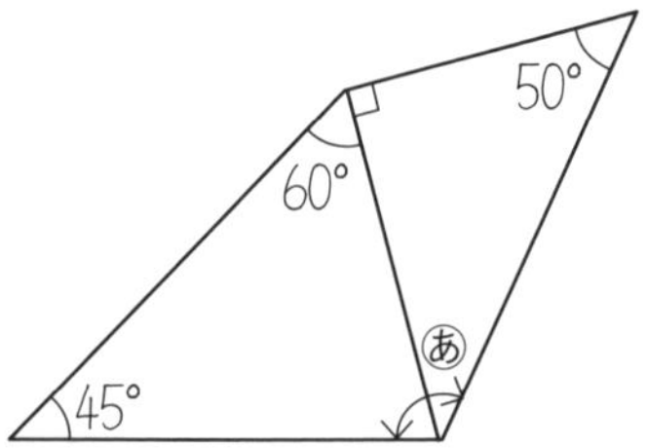

式

答え

3 右の四角形ABCDは、正三角形と二等辺三角形を組み合わせたものです。あといの角度は何度ですか。（あい…10点）

式

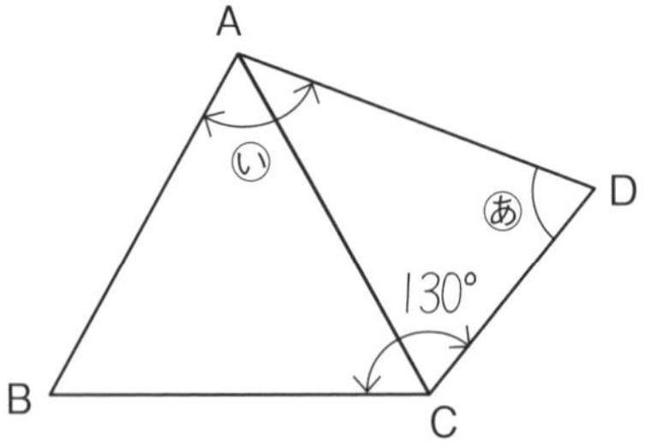

答え あ

い

4 次の図は三角定規《じょうぎ》を組み合わせてできたものです。

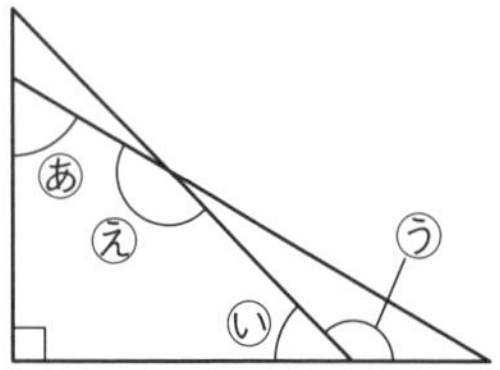

① あといの角度は、それぞれ何度ですか。（各５点）

あ（　　　　）　い（　　　　）

② うの角度は何度ですか。（10点）

式

答え

③ えの角度は何度ですか。（10点）

式

答え

5 正六角形のちょう点に１つおきに対角線をひいて２個《こ》の三角形を作りました。

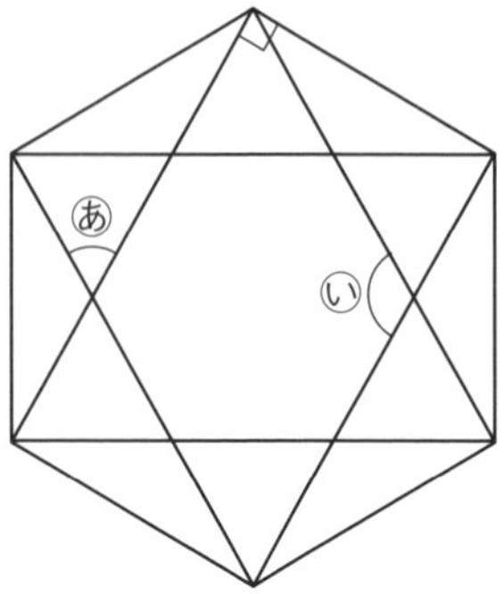

① この２個の三角形はどんな三角形ですか。（５点）

（　　　　）

② あといの角度は角度は何度ですか。（各10点）

あ（　　　　）　い（　　　　）

35 図形の面積 ①

1 次の平行四辺形の面積を求めましょう。 （各10点）

①

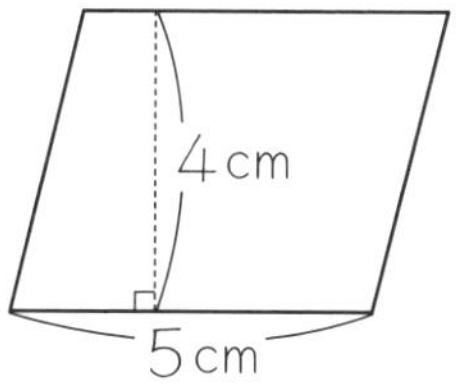

式

答え

②

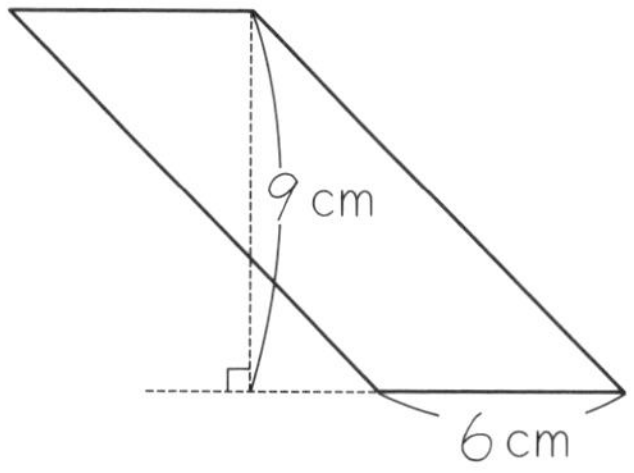

式

答え

2 次の三角形の面積を求めましょう。 （各10点）

①

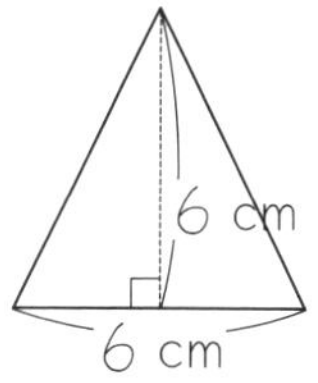

式

答え

②

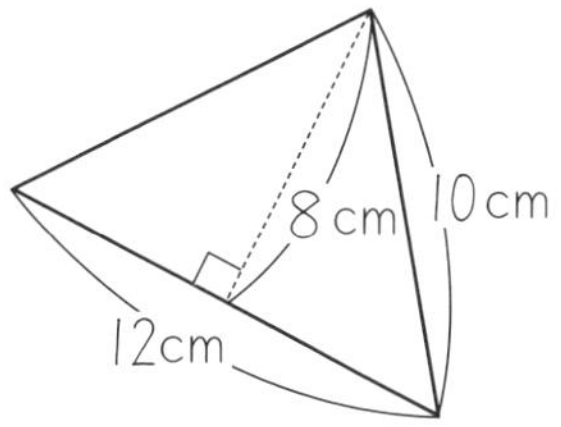

式

答え

3 次の台形の面積を求めましょう。 （各15点）

①

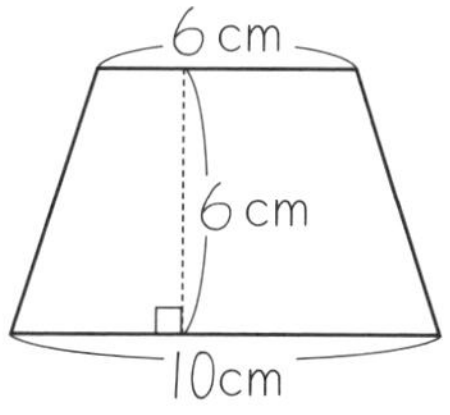

式

答え

②

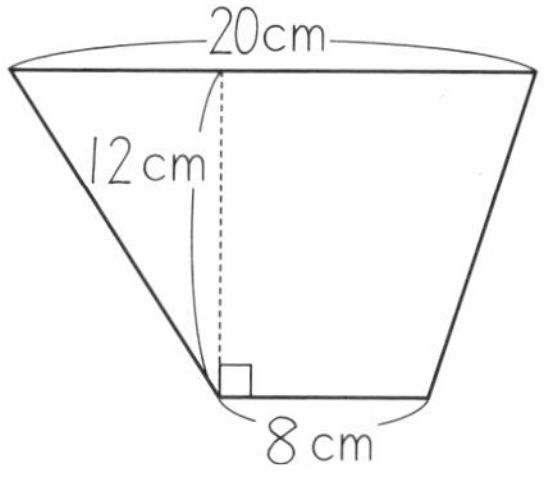

式

答え

4 次のひし形の面積を求めましょう。 （各15点）

①

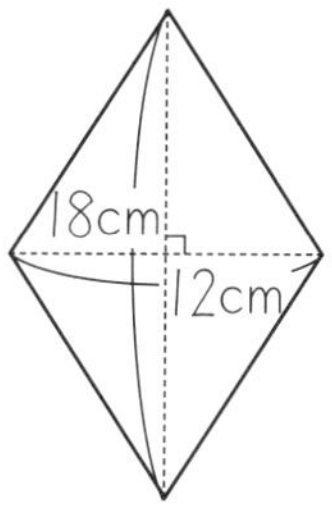

式

答え

②

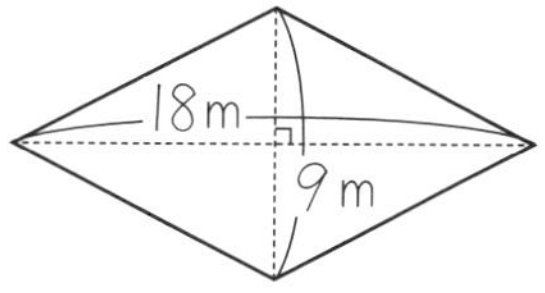

式

答え

36 図形の面積 ②

学習日 ／

1回目 ／100点

答えは161ページ

2回目 ／100点

1 次の図形の面積を求めましょう。 (各10点)

①

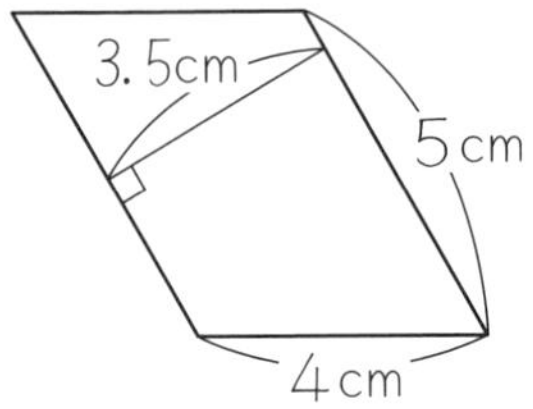

式

答え

②

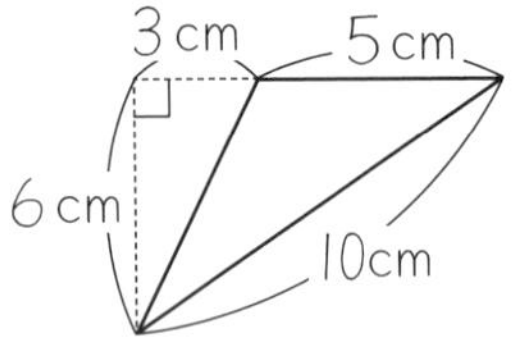

式

答え

③

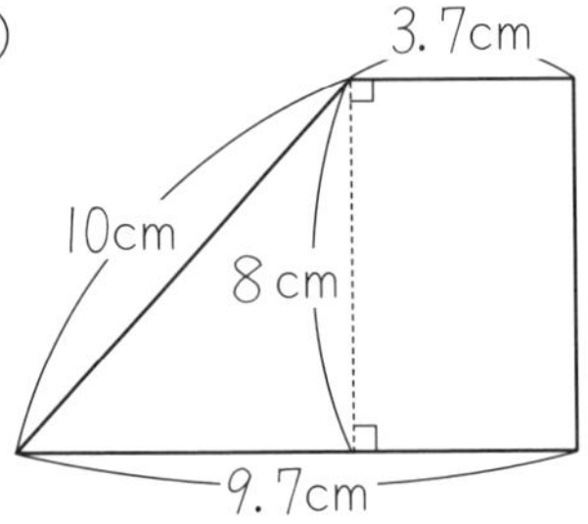

式

答え

④

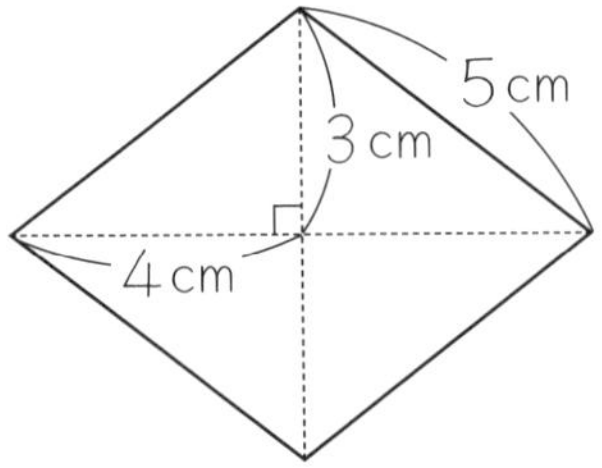

式

答え

2 次の多角形の面積を求めましょう。 (各15点)

①

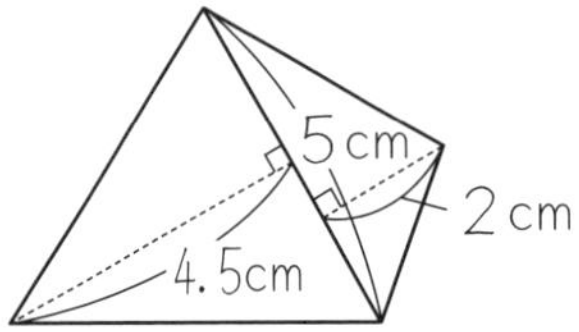

式

答え

②

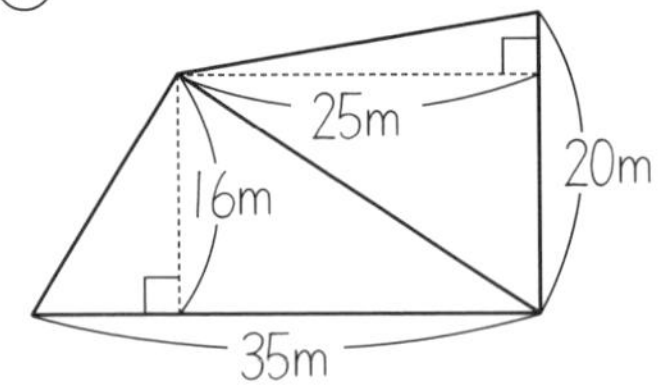

式

答え

3 次の図形の高さを求めましょう。 (各15点)

① (平行四辺形)

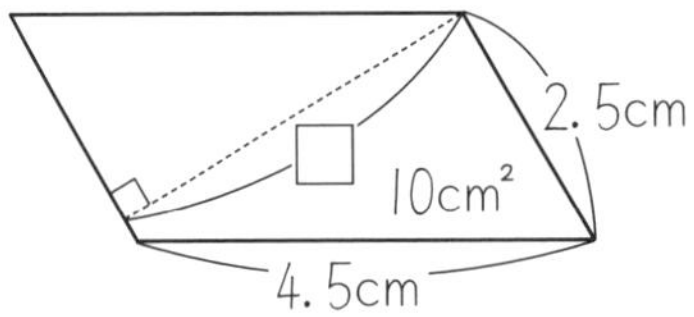

式

答え

② (直角三角形)

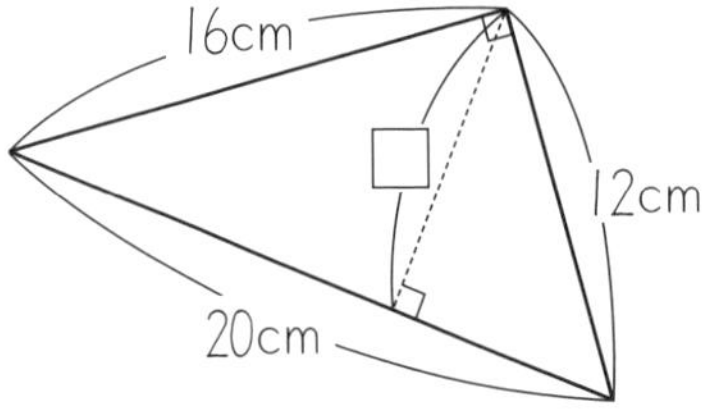

式

答え

37 図形の面積 ③

学習日 ／

1回目 ／100点

答えは161ページ

2回目 ／100点

できた！

1 次の平行四辺形の□の部分の面積を求めましょう。（各15点）

①

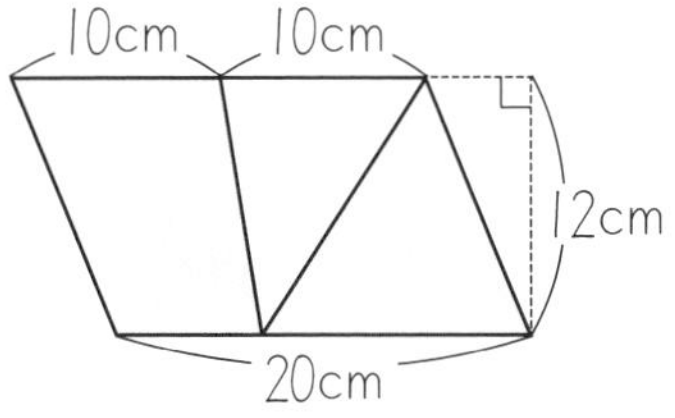

式

答え

②

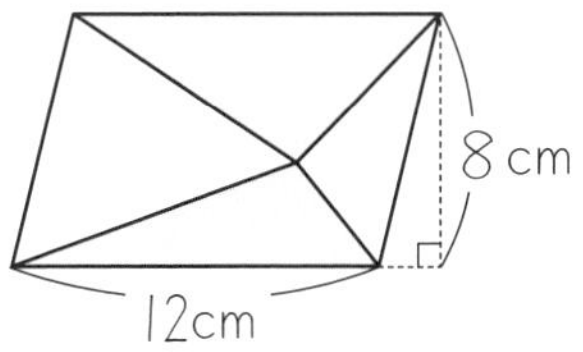

式

答え

③ 平行四辺形の花だん

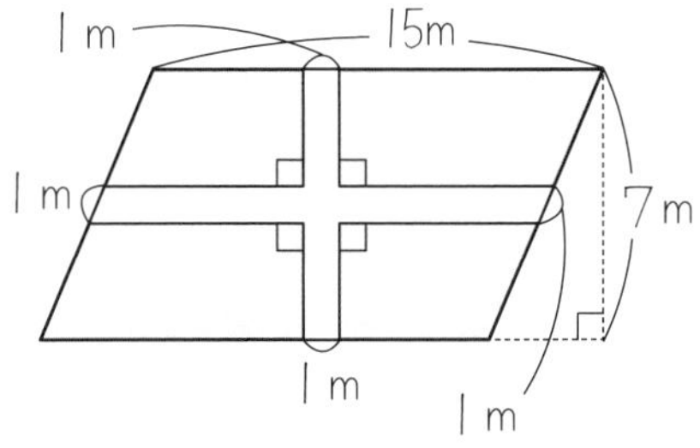

式

答え

2 次の図の三角形ABCの面積は$32cm^2$です。

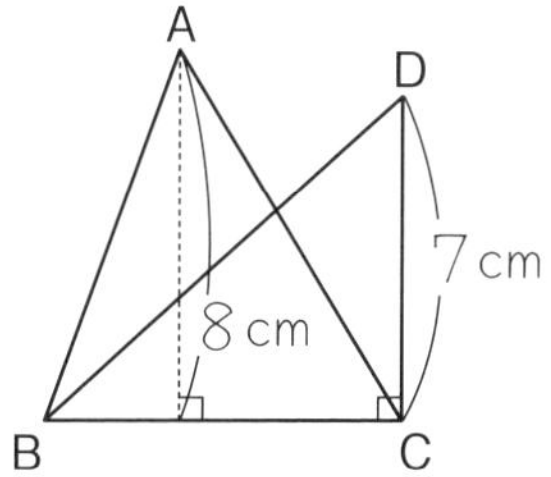

① 底辺BCの長さは何cmですか。（10点）

式

答え

② 三角形DBCの面積は何cm^2ですか。（15点）

式

答え

3 右の三角形を使って、四角形ABCDを作りました。（各15点）

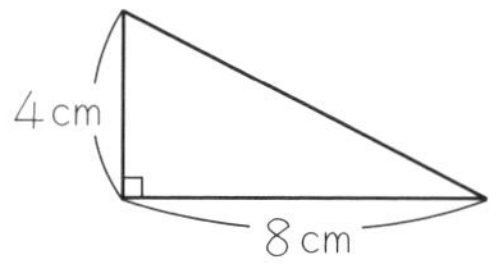

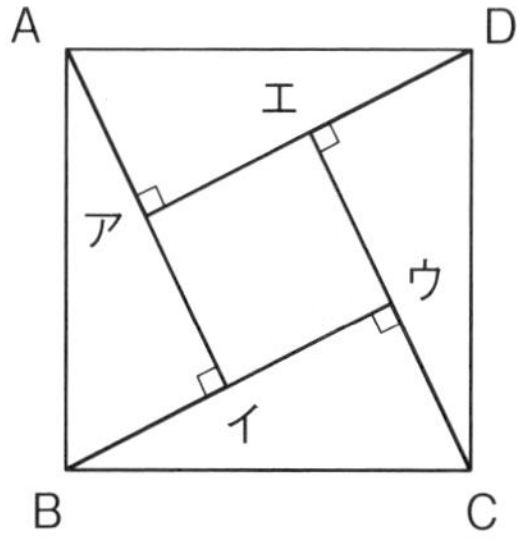

① 四角形**アイウエ**の面積を求めましょう。

式

答え

② 四角形ABCDの面積を求めましょう。

式

答え

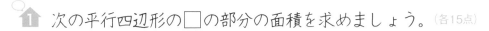

答えは161ページ

38 割合とグラフ ①

1 次の表の割合《わりあい》を小数、百分率《ひゃくぶんりつ》、歩合《ぶあい》で表しましょう。（各２点）

小　数	百分率	歩　合
0.7	①	②
0.34	③	3割4分
④	40%	⑤
⑥	57%	⑦
0.6	⑧	6割
⑨	⑩	8割2分

2 定員120人の電車に、102人乗っています。
乗客は、定員のどれだけにあたりますか。
小数、百分率、歩合で表しましょう。（式…10点　答え…15点）

式

答え　小数　　　百分率　　　歩合

3 定価《ていか》4600円のシューズを定価の75%で売っています。
シューズは何円で売っていますか。（15点）

式

答え

4 A小学校の5年生で犬が好きなのは84人です。これは5年生全体の4割にあたります。5年生は、何人ですか。（20点）

式

答え

5 ペンケースの定価は845円です。これは仕入れのねだんの130%にあたります。仕入れのねだんは、何円ですか。（20点）

式

答え

答えは161ページ

割合とグラフ②

1 南農園の28%は、しいたけをさいばいしています。その広さは70m^2です。農園全体の面積は、何m^2ですか。 (20点)

式

答え ＿＿＿＿＿＿

2 1カ月で集めた空きかんのうち、45%はアルミかん306個《こ》です。

① 集めた空きかんは、全部で何個ですか。 (10点)

式

答え ＿＿＿＿＿＿

② アルミかん以外の空きかんは、何個ありますか。 (10点)

式

答え ＿＿＿＿＿＿

3 定価《ていか》2500円のズボンを2割《わり》8分《ぶ》引きで売っています。ズボンは何円で売っていますか。 (20点)

式

答え ＿＿＿＿＿＿

4 240m^2の土地の75%は、畑です。残りは、池です。池は、何m^2ですか。 (20点)

式

答え ＿＿＿＿＿＿

5 500mLのジュースが180mL残っています。飲んだのは、全体の何割何分ですか。 (20点)

式

答え ＿＿＿＿＿＿

40 割合とグラフ③

学習日 ／

1回目 ／100点 → 2回目 ／100点

答えは161ページ

1 次の帯グラフは、ある小学校の図書室の本の種類の割合《わりあい》を表しています。この図書室全体で5000さつの本があります。

図書室の本の種類

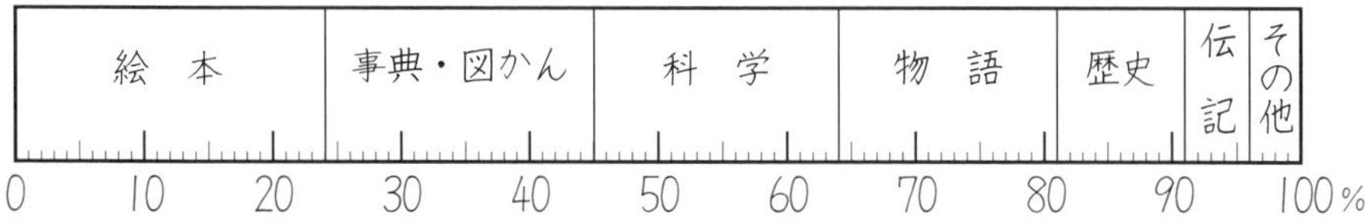

① 絵本の割合は、何%ですか。（5点）

答え

② 物語の割合は、何%ですか。（5点）

答え

③ 事典・図かんと科学をあわせると、全体の何%になりますか。（10点）

式

答え

④ 図書室に絵本は、何さつありますか。（10点）

式

答え

⑤ 図書室に物語の本は、何さつありますか。（10点）

式

答え

2 次の表は、子ども80人の「好きな食べ物」を表しています。

① 百分率《ひゃくぶんりつ》を求めましょう。（各6点）

食べ物	人数（人）	百分率（%）
カレーライス	28	㋐
ハンバーグ	20	㋑
スパゲッティー	12	㋒
オムライス	4	㋓
そ　の　他	16	㋔
計	80	100

② ①の表を帯グラフにしましょう。（15点）

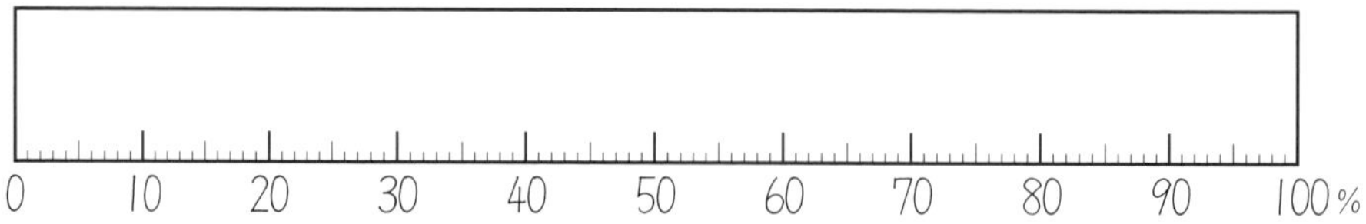

③ ①の表を円グラフにしましょう。（15点）

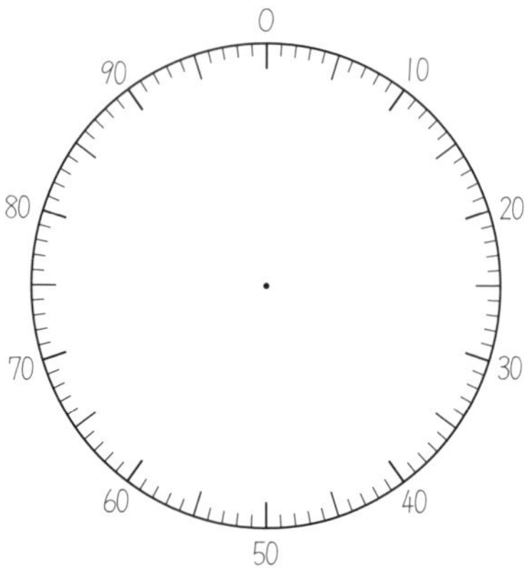

41 割合とグラフ④

学習日 ／

1回目 ／100点 　 2回目 ／100点

答えは162ページ

できた！

1 小数で表した割合《わりあい》は百分率《ひゃくぶんりつ》に、百分率で表した割合は、小数に表しましょう。 （各3点）

① 0.35（　　　　　）　② 1.54（　　　　　）

③ 27%（　　　　　）　④ 220%（　　　　　）

2 次の問いに答えましょう。 （各10点）

① 4.5gは、15gの何割ですか。

式

答え

② 300人の140%は、何人ですか。

式

答え

③ 2400円のカバンの3割引きは、何円ですか。

式

答え

3 350円のおかしに、10%の消費税《しょうひぜい》を加えて代金をはらいました。いくらはらいましたか。 （15点）

式

答え

4 次の帯グラフは、ある町の土地利用のようすを表したものです。これを見て、後の問いに答えましょう。

土地利用の割合

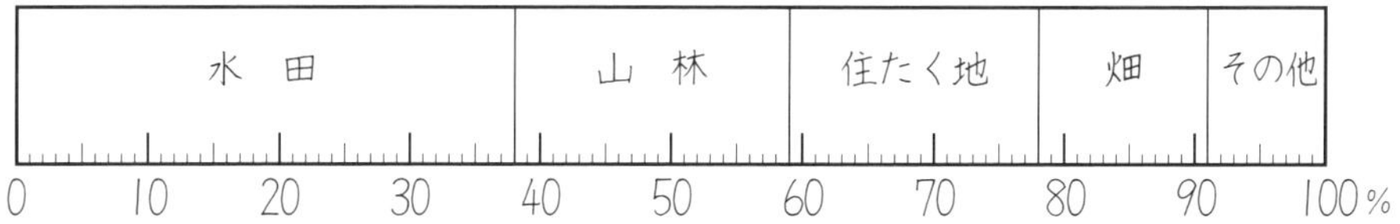

① 住たく地の面積の割合は、全体の何%ですか。 （6点）

答え

② 山林の面積は、全体の約何分の1ですか。 （7点）

答え

③ 水田の面積は、畑の面積の約何倍ですか。 （15点）

式

答え

④ この町の面積は24km²です。水田の面積は、約何km²ですか。$\frac{1}{10}$の位までのがい数で表しましょう。 （15点）

式

答え

42 正多角形と円周の長さ ①

答えは162ページ

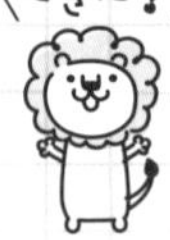

1 次の図は、円の中心角を等分した図です。

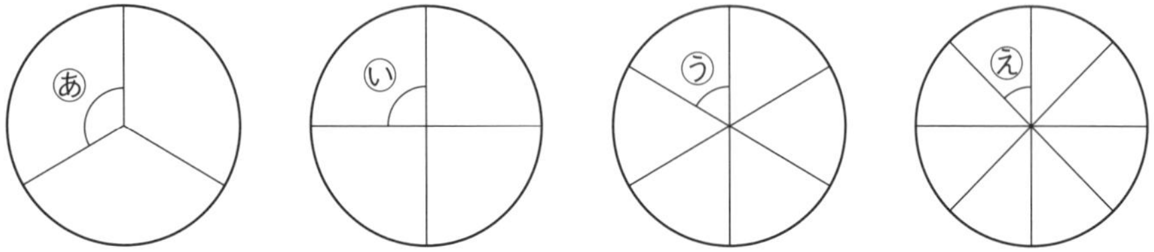

① あ～えの角度は、何度ですか。（各５点）

あ（　　　）い（　　　）う（　　　）え（　　　）

② 半径が円周と交わる点を直線でつなぐと、どんな正多角形ができますか。（各５点）

あ（　　　　　　）い（　　　　　　）

う（　　　　　　）え（　　　　　　）

2 次の円を使って、正六角形をかきましょう。（15点）

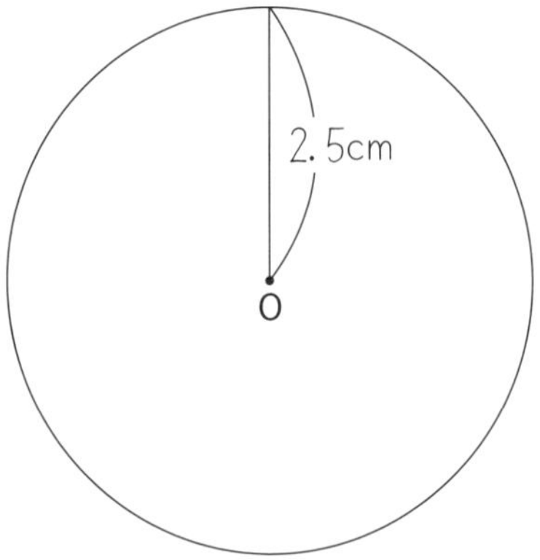

3 直径がア１cm、イ２cm、ウ３cmの円を１回転させました。１回転したときに進んだ長さはそれぞれ何cmですか。（各５点）

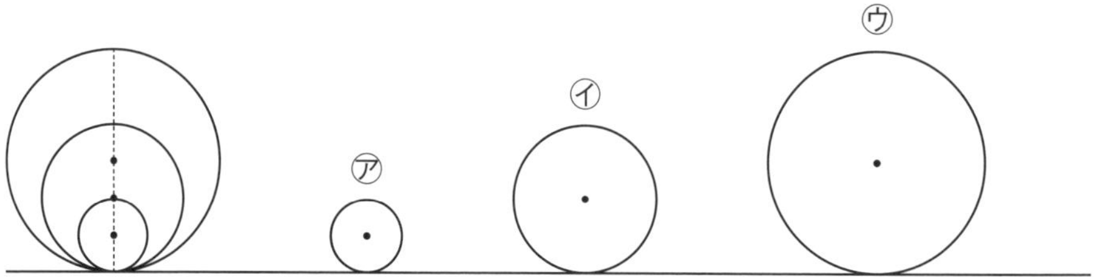

ア（　　　　　）イ（　　　　　）ウ（　　　　　）

4 まるい柱のまわりの長さをはかったら、およそ190cmでした。この柱の直径はおよそ何cmですか。

四捨五入《ししゃごにゅう》して、一の位まで求めましょう。（15点）

式

答え

5 直径50cmの車輪の自転車があります。

100m進むのに車輪はおよそ何回転しますか。

四捨五入《ししゃごにゅう》して、一の位まで求めましょう。（15点）

式

答え

43 正多角形と円周の長さ ②

学習日 ／

1回目 ／100点

答えは162ページ

2回目 ／100点

できた！

1 次の長さを求めましょう。（円周率は3.14） （各5点）

① 直径3cmの円の円周

式

答え ＿＿＿＿＿＿

② 半径5cmの円の円周

式

答え ＿＿＿＿＿＿

③ 円周が15.7cmの円の直径

式

答え ＿＿＿＿＿＿

④ 円周が314mの円の半径

式

答え ＿＿＿＿＿＿

2 次の図で、外側の円の円周の長さは、内側の円の円周の長さより何cm長いですか。 （15点）

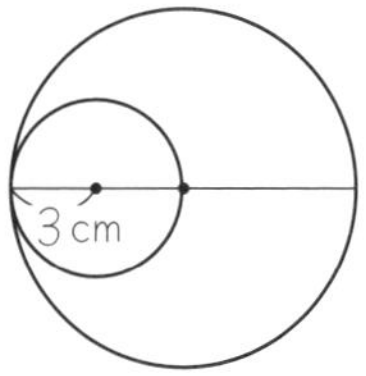

式

答え ＿＿＿＿＿＿

3 次の図のまわりの長さを求めましょう。 （①…10点 ②…15点）

①

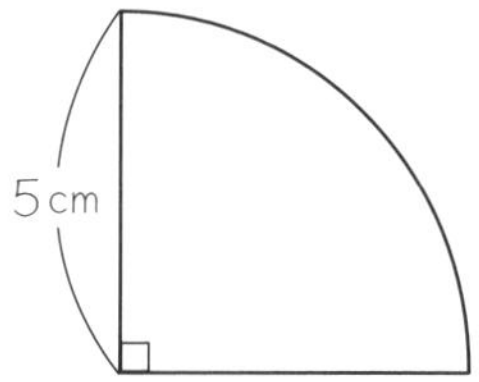

式

答え ＿＿＿＿＿＿

②

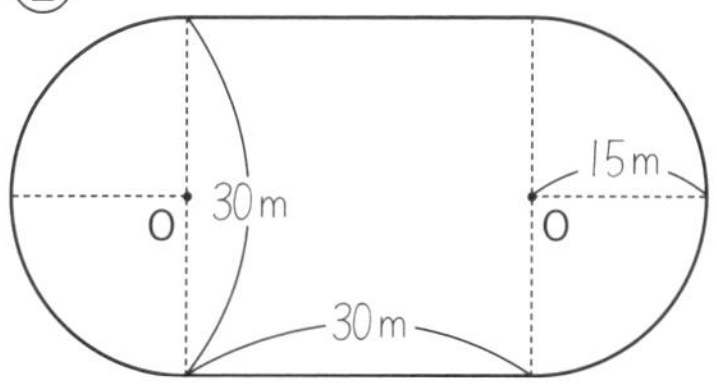

式

答え ＿＿＿＿＿＿

4 次のかげをつけた形のまわりの長さを求めましょう。（各20点）

①

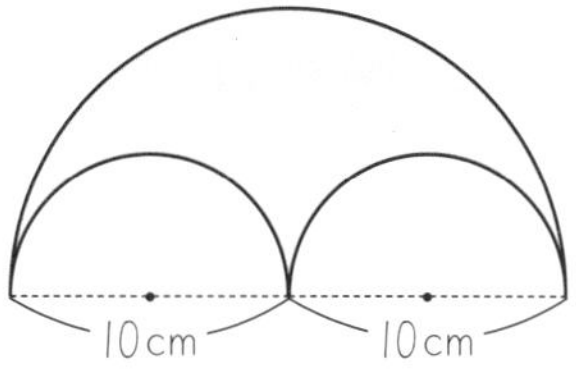

式

答え ＿＿＿＿＿＿

②

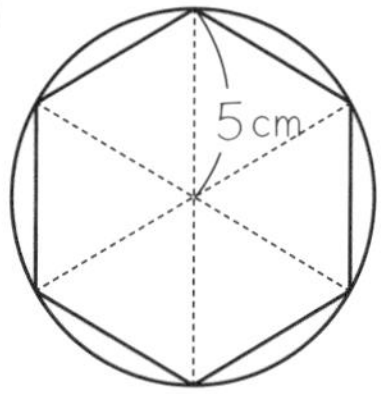

式

答え ＿＿＿＿＿＿

44 分数と小数、整数の関係

学習日　／

1回目　／100点　→　2回目　／100点

答えは162ページ

できた！

1 次の□にあてはまる数をかきましょう。（各3点）

① $\frac{3}{4}=\square\div4$　② $\frac{8}{3}=8\div\square$

③ $\frac{11}{6}=\square\div\square$　④ $5\div7=\frac{\square}{7}$

⑤ $2=\frac{\square}{2}$　⑥ $0.7=\frac{7}{\square}$

2 次の数を分数で答えましょう。（各4点）

① 20gは、15gの何倍ですか。（　　倍）

② 7mは、12mの何倍ですか。（　　倍）

③ 8dLは、5dLの何倍ですか。（　　倍）

④ 4Lは、7Lの何倍ですか。（　　倍）

3 次の小数を分数になおしましょう。（各3点）

① 0.6=　② 0.07=　③ 0.23=

④ 1.4=　⑤ 5.1=　⑥ 3.14=

4 次の分数を小数か整数で表しましょう。（各3点）

① $\frac{3}{5}=$　② $\frac{1}{4}=$　③ $\frac{16}{8}=$

④ $\frac{7}{5}=$　⑤ $\frac{27}{9}=$

5 5mのロープをもとにすると、①～③のロープは、5mのロープの何倍ですか。□にあてはまる分数と小数をかきましょう。（各6点）

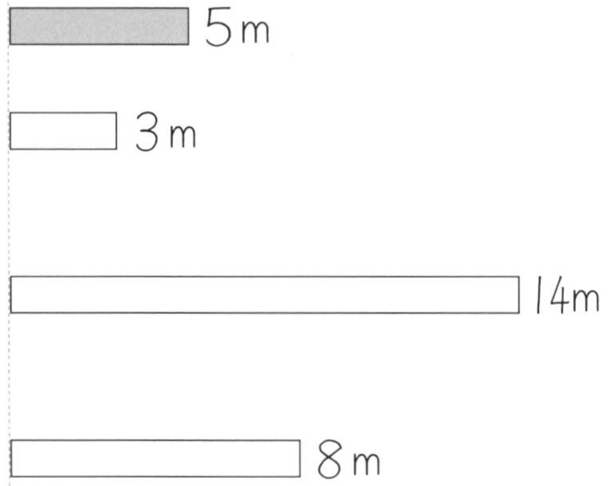

	分数		小数
①	$\frac{\square}{\square}$	=	□
②	$\frac{\square}{\square}$	=	□
③	$\frac{\square}{\square}$	=	□

6 次の数を数直線の上に↓で表しましょう。（㋐のように表す）（各3点）

㋐ 0.15　㋑ $\frac{6}{10}$　㋒ $\frac{3}{4}$　㋓ 1.2　㋔ 0.4

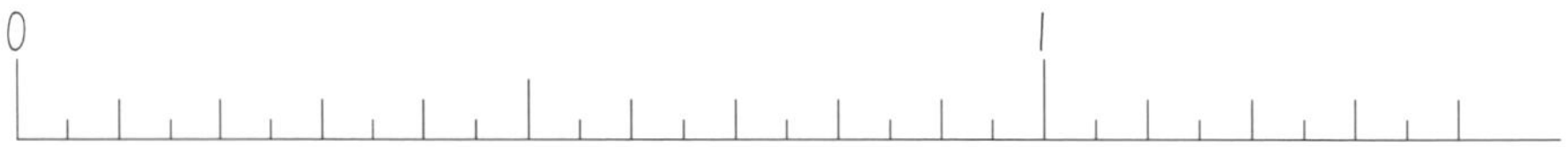

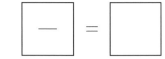

45 角柱と円柱 ①

学習日　／

1回目　／100点　2回目　／100点

答えは162ページ

できた！

1 あ、い、うの立体を見て答えましょう。

① 次の立体の名前と底面の形をかきましょう。（各5点）

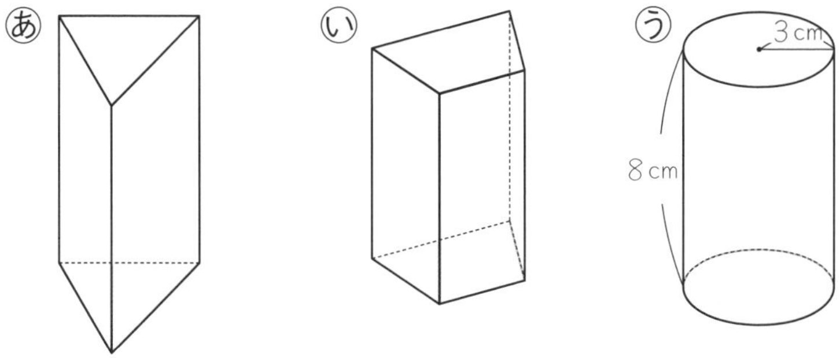

名前（　　　　）（　　　　）（　　　　）

底面の形（　　　　）（　　　　）（　　　　）

② 直方体や立方体は、あ、い、うのどの仲間に入りますか。記号でかきましょう。（5点）

（　　　　）

③ うの立体を広げたときの側面の横の長さを求めましょう。（20点）

式

答え

2 次の図形について、ア〜エの名前をかきましょう。（各5点）

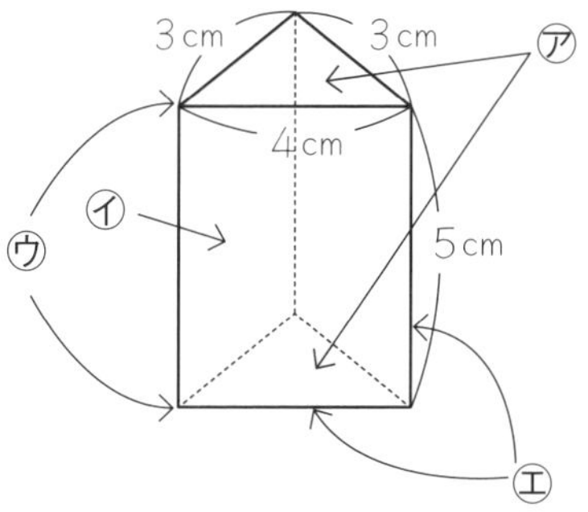

ア（　　　　）

イ（　　　　）

ウ（　　　　）

エ（　　　　）

3 右の立体について答えましょう。

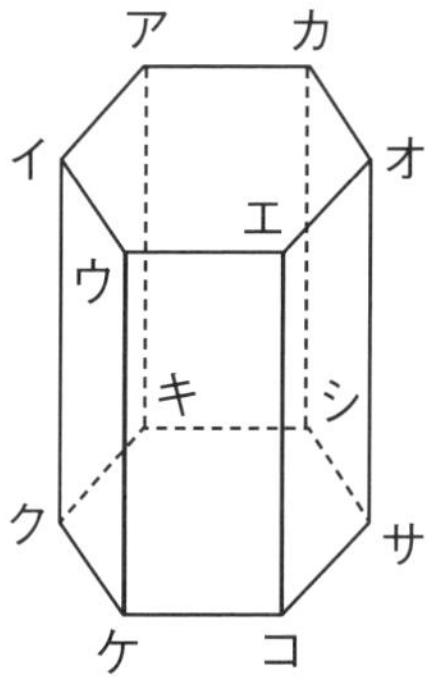

① 立体の名前をかきましょう。（5点）

（　　　　）

② 面**アイウエオカ**に平行な面はどれですか。（5点）

（　　　　）

③ 面**アイウエオカ**に垂直《すいちょく》な面はいくつありますか。（5点）

（　　　　）

④ 辺**ウエ**に垂直な辺はどれですか。すべて答えましょう。（各5点）

（　　　　）

46 角柱と円柱 ②

1 次の図形の見取図の続きをかきましょう。 (各15点)

① 三角柱　② 四角柱　③ 六角柱

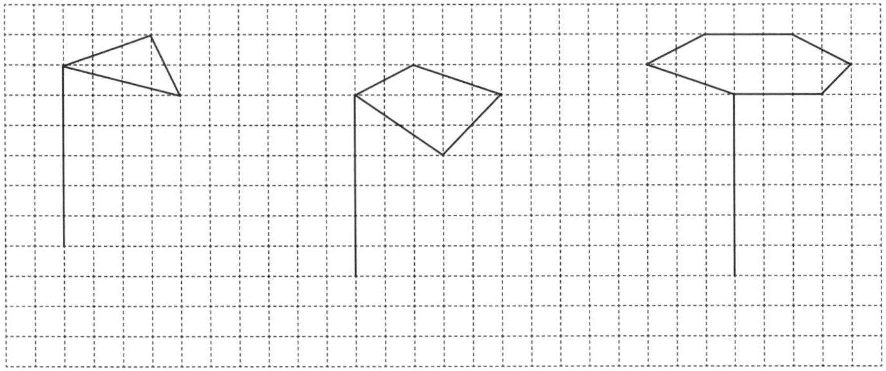

2 1cm方眼《ほうがん》にかいた展開《てんかい》図《ず》があります。 (各5点)

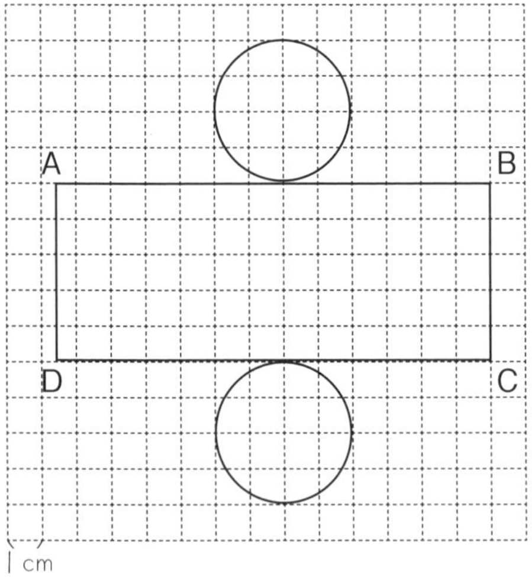

① この立体の名前は何ですか。

(　　　　　)

② この立体の高さは何cmですか。

(　　　　　)

③ 図から円周の長さはおよそ何cmですか。

(　　　　　)

3 次の三角柱の展開図をかきましょう。 (40点)

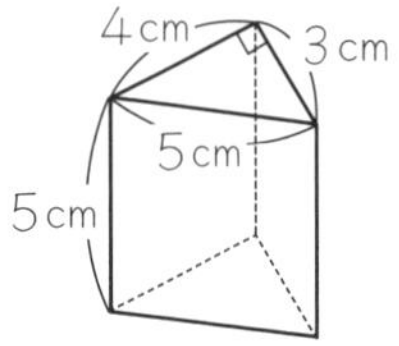

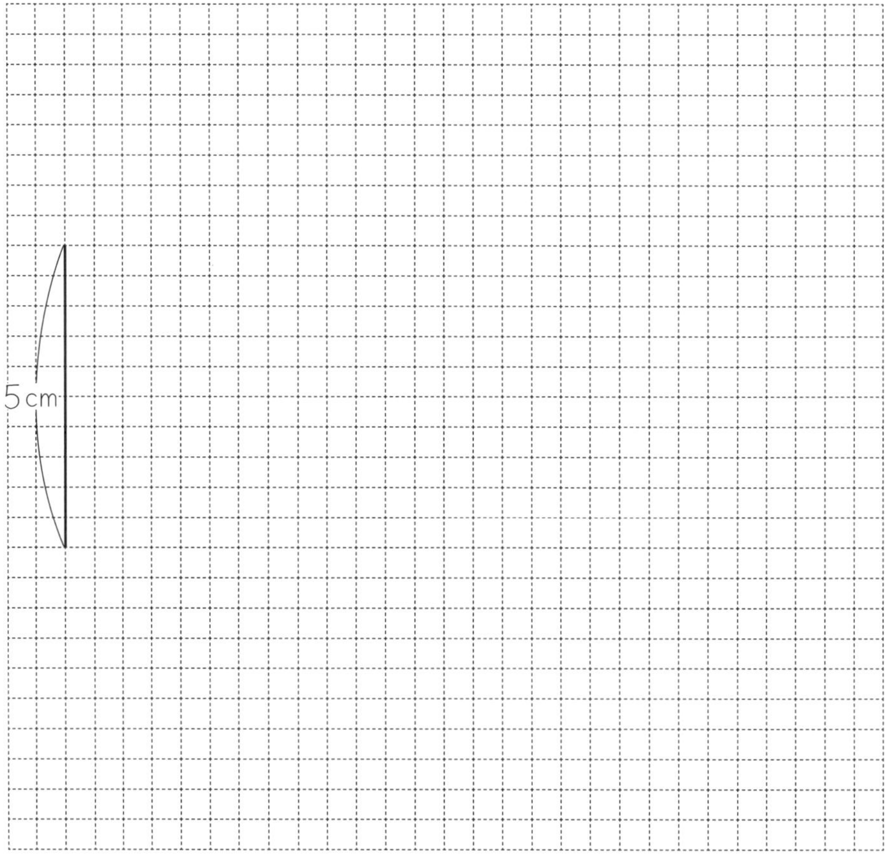

1 発芽の条件 ①

学習日 ／

1回目 ／100点　答えは163ページ　2回目 ／100点　できた！

1 次のようにインゲンマメの発芽に水が必要かどうか調べました。（同じにする条件《じょうけん》　温度・空気）

（　　）にあてはまる言葉を［　］から選《えら》んでかきましょう。

（各10点）

比《くら》べるもの	水が（①　　　　）  しめらせた だっしめん	水が（②　　　　）  かわいた だっしめん
結果	発芽（③　　　　）	発芽（④　　　　）
わかること	発芽するためには（⑤　　　　）が必要です。	

ある　ない　する　しない　水

2 次のようにインゲンマメの発芽に空気が必要かどうか調べました。（同じにする条件　水・温度）

（　　）にあてはまる言葉を［　］から選んでかきましょう。

（各10点）

比べるもの	空気が（①　　　　） 空気にふれさせる  しめらせた だっしめん	空気が（②　　　　） 水にしずめる 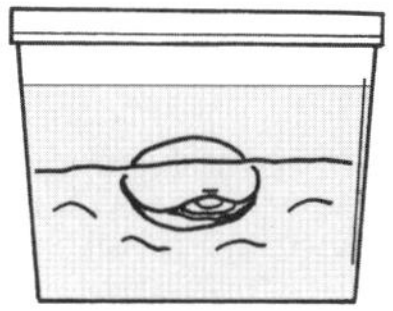 だっしめん
結果	発芽（③　　　　）	発芽（④　　　　）
わかること	発芽するためには（⑤　　　　）が必要です。	

ある　ない　する　しない　空気

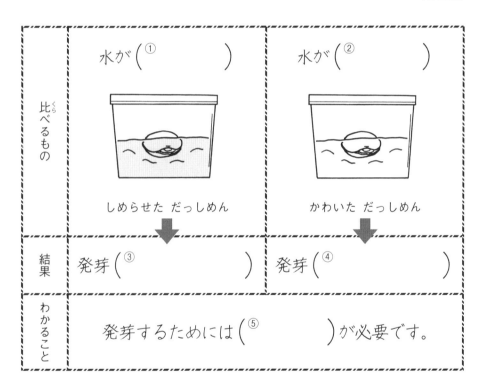

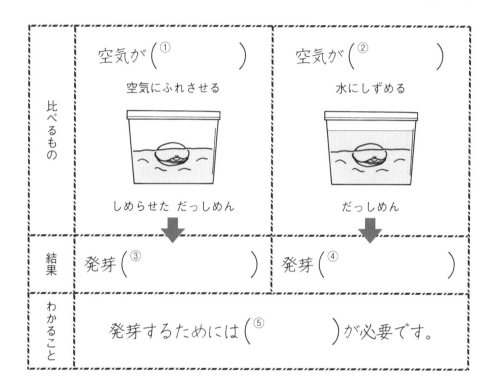

2 発芽の条件 ②

学習日　／

1回目　／100点

答えは163ページ

2回目　／100点

できた！

1 次のようにインゲンマメの発芽に適当《てきとう》な温度が必要かどうか調べました。（同じにする条件《じょうけん》　水・空気）

（　　）にあてはまる言葉を［　　］から選んでかきましょう。

（各12点）

比《くら》べるもの	（①　　　　）温度にする Ⓐ箱  しめらせた だっしめん	（②　　　　）温度にする Ⓑ冷ぞう庫  しめらせた だっしめん
結果	発芽（③　　　　）	発芽（④　　　　）
わかること	発芽するためには（⑤　　　　）が必要です。	

［適当な　低い　する　しない　適当な温度］

2 次の文の（　　）にあてはまる言葉を［　　］から選んでかきましょう。

（各５点）

種子の発芽で、（①　　　　）やだっしめんのはたらきは、（②　　　　）をたくわえておくことです。

日光は発芽に直接《ちょくせつ》関係はありませんが、（③　　　　）をたもつために必要なのです。それは（④　　　　）などでおおった **1** の実験で、種子が（⑤　　　　）することでもわかります。

種子の発芽する温度は（⑥　　　　）の種類によってことなります。

多くの植物の種子は（⑦　　　　）には発芽しません。それは（⑧　　　　）が低いからです。

［土　水分　冬　温度　植物　発芽　箱］

（二度使うものがあります。）

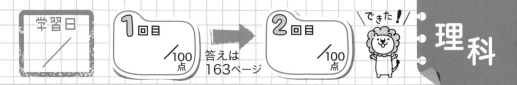

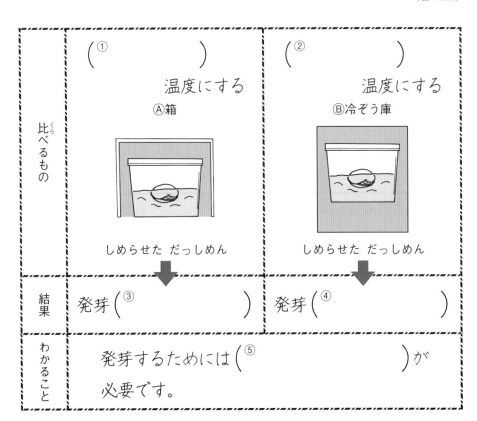

3 種子のつくり

学習日　／

1回目　／100点　答えは163ページ　2回目　／100点　できた！

1 次の文の(　　)にあてはまる言葉を□から選んでかきましょう。（各8点）

インゲンマメの種子は、水につけておくと(①　　　　　　)なり、皮がとれやすくなります。皮をとりのぞくと、中は大きく(②　　　　　)に分かれます。これを(③　　　　　)といい、発芽のための(④　　　　　)をたくわえているところです。

養分　やわらかく　2つ　子葉

2 発芽してしばらくすると、Ⓐが⒝のように育ちます。Ⓐの①～④の部分は、Ⓑの㋐～㋓のどの部分になりますか。(　　)に記号をかきましょう。（各8点）

① (　　　)

② (　　　)

③ (　　　)

④ (　　　)

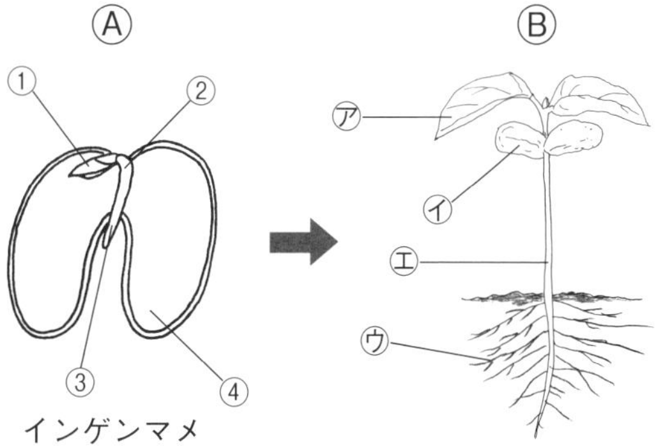

3 トウモロコシの発芽について調べました。
(　　)にあてはまる言葉を□から選んでかきましょう。（各6点）

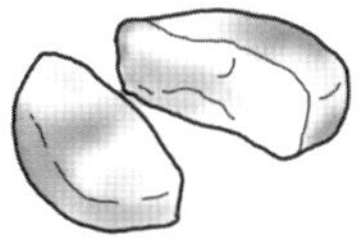
トウモロコシの種子

Ⓐ
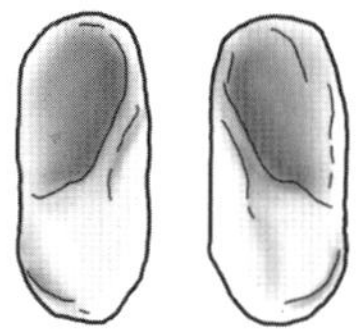

Ⓑ
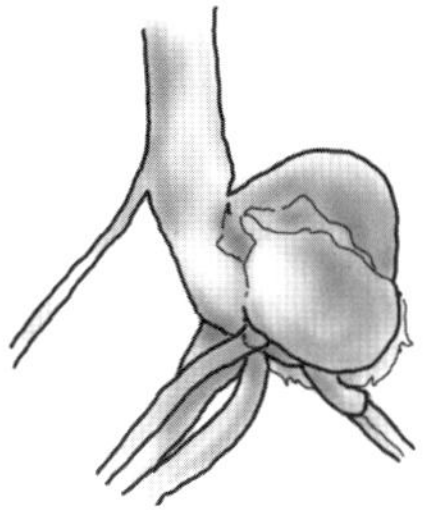

Ⓐはトウモロコシの種子を2つに切って(①　　　　　)液《えき》をつけたものです。種子の中には(②　　　　　)があるので(③　　　　　)に変わりました。

Ⓑは発芽してしばらくたったものに(④　　　　　)液をつけました。このとき色は(⑤　　　　　)でした。

このことから、トウモロコシの発芽には(⑥　　　　　)が使われたことがわかります。

変わりません　ヨウ素《そ》　青むらさき色　でんぷん

（二度使うものがあります。）

4 植物の成長と日光・養分

学習日　／

1回目　／100点　→　答えは163ページ　2回目　／100点

できた！

1 日光と植物の成長との関係を調べました。表の（　　）にあてはまる言葉を［　］から選んで記号をかきましょう。（各5点）

比《くら》べること		日光に（①　　　） （③　　）を入れた水をあたえる 	日光に（②　　　） （③）を入れた水をあたえる 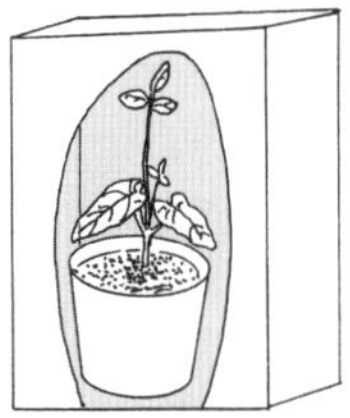
結果	葉の色	（④　　　）	（⑤　　　）
	葉の数	（⑥　　　）	（⑦　　　）
	くき	（⑧　　　）	（⑨　　　）
わかること		植物がよく育つためには（⑩　　　）が必要です。	

㋐あてる　㋑あてない　㋒うすい緑色　㋓こい緑色
㋔多い　㋕少ない　㋖細くてひょろり
㋗太くてしっかり　㋘日光　㋙肥料《ひりょう》

2 次の文の（　　）にあてはまる言葉を［　］から選んでかきましょう。（各10点）

同じぐらいに育ったインゲンマメのなえを、肥料のあるもの、ないもの、日光のあたるもの、あたらないもので育てました。

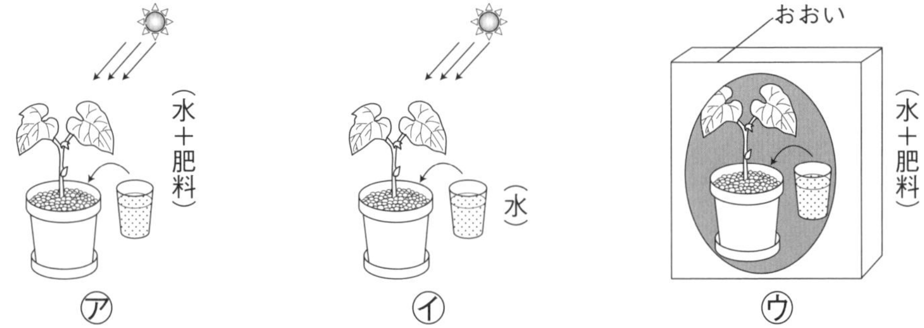

2週間後

㋐は葉の緑色がこく、葉も（①　　　　）なっていました。

㋑は植物のたけが（②　　　　）、葉はあまり大きくなっていませんでした。

㋒は葉の緑色が（③　　　　）なっていました。

植物が成長するには（④　　　　）と（⑤　　　　）が必要なことがわかりました。

日光　肥料　低く　うすく　大きく

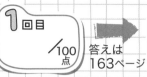

5 雲と天気の変化 ①

学習日　／

1回目　／100点　答えは163ページ　2回目　／100点

できた！

1 次の文の（　）にあてはまる言葉を［　］から選んでかきましょう。

（（　）…各6点）

(1) 空には、いろいろな（①　　　）の雲があり、雲の形や（②　　　）は（③　　　　　）とともにそのようすが変わります。

量	形	天気の変化

(2) 天気は、（①　　　　）で決められています。空全体を（②　　　）として、空をおおっている雲の広さが（③　　　）のときを晴れ、（④　　　）のときをくもりとします。

晴れ

また、（⑤　　　　）に関係なく、雨がふっているときは（⑥　　　）、雪がふっているときは（⑦　　　）とします。

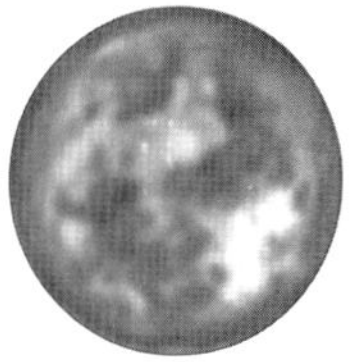

くもり

雪	雨	雲の量	雪の量	0～8
9～10	10			

（二度使うものがあります。）

2 雲の特ちょうと天気について、後の問いに答えましょう。

(1) ㋐～㋓の名前を［　］から選んでかきましょう。　（各5点）

㋐

（　　　　）

㋑

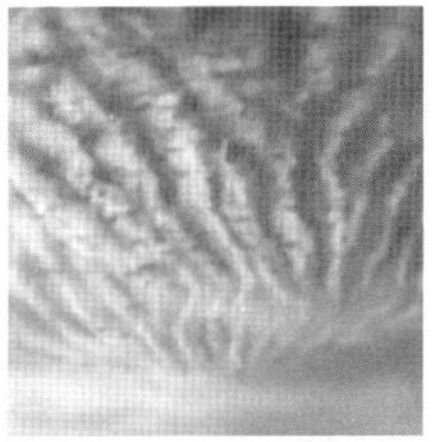

（　　　　）

㋒

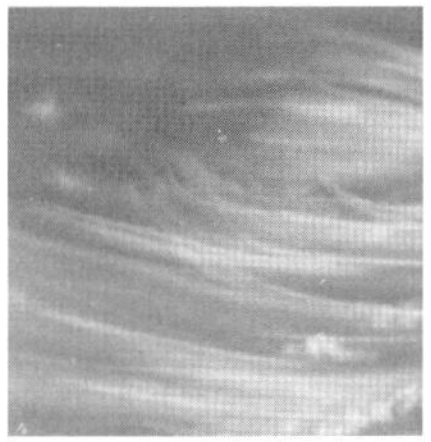

（　　　　）

㋓

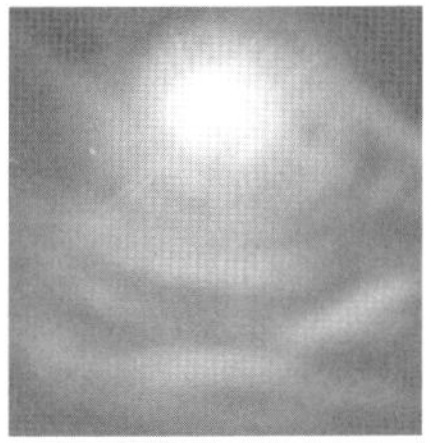

（　　　　）

うろこ雲	すじ雲	入道雲	うす雲

(2) 次の文は、上の㋐～㋓のどの雲についてかいたものですか。記号で答えましょう。　（各5点）

①（　）しばらく晴れの日が続きます。

②（　）夕立がおこります。

③（　）太陽がぼんやりと見え、雨の前ぶれです。

④（　）次第《しだい》に雨になることが多いです。

6 雲と天気の変化②

1 次の(　　)にあてはまる言葉を[　]から選んでかきましょう。（(　)…各5点）

(1) 百葉箱には、ふつう(①　　　　　　)、最高・最低温度計、むしあつさをはかる(②　　　　　　)が入っています。また、空気のこい、うすいをはかる(③　　　　　　)などもあると便利です。

その近くには、しばふの地面にうめこまれた雨量計や、柱の上にとりつけられた(④　　　　　　)もあります。

風向・風力計　　しつ度計　　気圧計《きあつ》　　記録温度計

(2) 風は、ふいてくる方位でよびます。南からふいてくる風のことを(①　　　　)といいます。

風の強さを(②　　　　)といい、ふきながしなどではかります。

(③　　　　)は、雨が1時間に何mmふったかを表しています。右の場合は(④　　　　)になります。

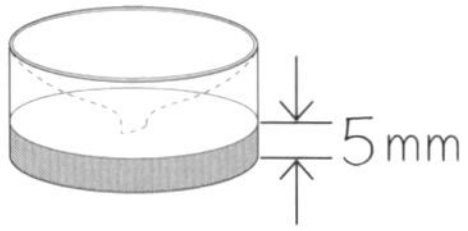

風力　　北風　　南風　　雨量　　5mm

2 次の天気や気象《きしょう》についてかかれた文で、正しいものには○、まちがっているものには×をつけましょう。（各6点）

① (　　) 風力1と風力5では風力1の方が強い風です。

② (　　) 右の図の矢印の風を、南西の風といいます。

③ (　　) 雨量50mmというのは、1時間にふった雨の量のことです。

④ (　　) しつ度が高いとき、むしあついです。

⑤ (　　) 入道雲は夕立をふらせます。

⑥ (　　) 天気で晴れというのは、空全体の雲の量で0～5のことをいいます。

⑦ (　　) 太陽が見えるときは、空全体の雲の量が9でも晴れです。

⑧ (　　) 雲の形や量は、時こくによってようすが変わります。

⑨ (　　) 雲のようすが変わっても天気は変わりません。

⑩ (　　) 雲には雨をふらせるものとそうでないものがあります。

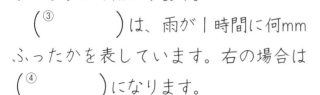

7 天気の変化のきまり

学習日　／

1回目　／100点

答えは163ページ

2回目　／100点

できた！

1 日本の天気の変化について、下の図を見て(　　)にあてはまる言葉を[　]から選んでかきましょう。（各5点）

㋐ 10月1日 10時　㋑ 10月2日 10時　㋒ 10月3日 10時

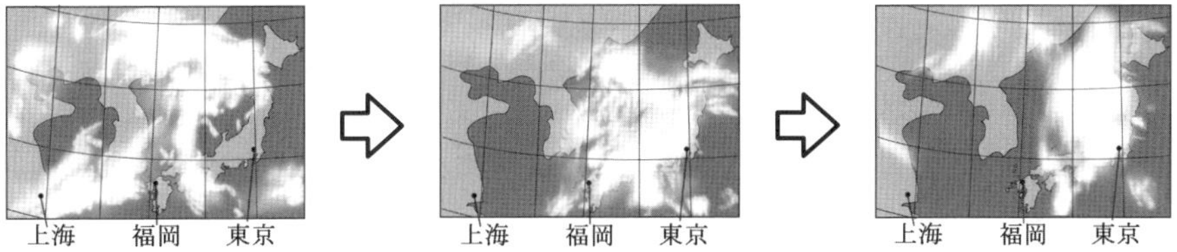

日本の上空では(①　　　)から(②　　　)に偏西風《へんせいふう》という風がふいています。偏西風の速さは、およそ時速37kmといわれています。

図の白い部分は雲です。中国の上海《しゃんはい》にあった雲は、よく日(③　　　)へ、そのよく日には、(④　　　)へやってきます。

日本の上空の雲のかたまりは、時間がたつと（①）から（②）へと移動《いどう》します。このため、日本の天気は、方位ではふつう(⑤　　　)から(⑥　　　)へ変わっていきます。

東	西	東京	福岡

（二度使うものがあります。）

2 次の図は、それぞれ気象情報《きしょうじょうほう》を表しています。(　　)にあてはまる言葉を[　]から選んでかきましょう。（各10点）

㋐ 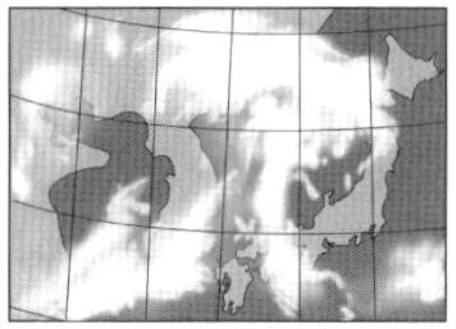

㋑ 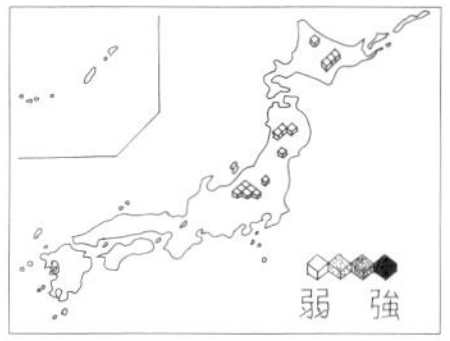

㋒ 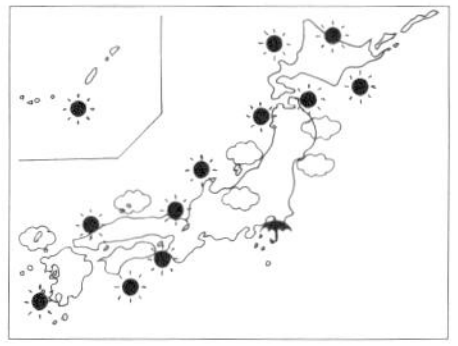

㋐は(①　　　)による雲の写真です。

㋑は(②　　　)で観測《かんそく》した雨量を表し、㋒はテレビなどでもよく見かける(③　　　)を表す気象情報です。

アメダスは、地いき気象観測システムといい、全国におよそ(④　　　)カ所設置《せっち》されています。(⑤　　　)、風速、気温などを(⑥　　　)に観測しています。

気象衛星《えいせい》による観測は広いはん囲《い》を一度に観測することができます。これによって、雲の動きなどを調べることができます。

各地の天気は、全国にある(⑦　　　)や測候所《そっこうしょ》が観測しているものを集め、調べたものです。

各地の天気	気象台	アメダス	雨量
気象衛星	1300	自動的	

8 季節と天気・台風

学習日　／

1回目　／100点

答えは163ページ

答えは163ページ

2回目　／100点

できた！

理科

1 次の文は日本の季節ごとの天気のようすをかいています。（　）にあてはまる言葉を［　］から選んでかきましょう。

（（　）…各5点）

(1)　春は、（①　　　）がふいてあたたかくなります。天気は（②　　　）なります。

6月から7月の長雨のことを（③　　　）といいます。

夏は、日照りが続き、はげしい雨が短時間にふる（④　　　）があったりします。

［ 梅雨《つゆ》　夕立　南風　北風　変わりやすく ］

(2)　秋は、天気が変わりやすく（①　　　）があったり、秋晴れになったりします。この時期、（②　　　）が日本に上陸したりします。

冬は、シベリアなどから（③　　　）の季節風がふきます。日本海には、すじ雲が見られ（④　　　）がふったりします。

［ 南西　北西　長雨　雪　台風 ］

2 次の文の（　）にあてはまる言葉を［　］から選んでかきましょう。

（各6点）

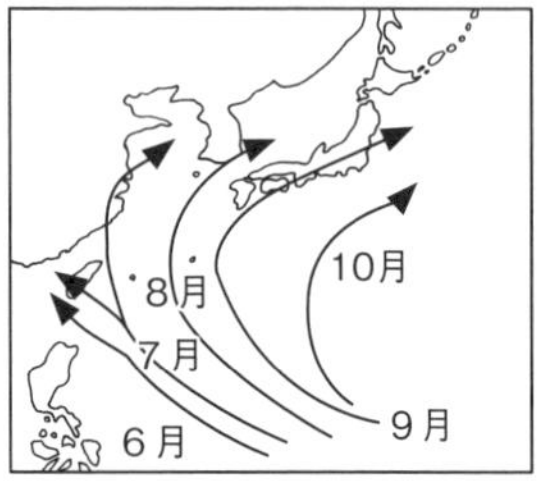

台風が近づくと雨や（①　　　）が強くなり、ときには各地に（②　　　）をもたらすこともあります。台風は日本の（③　　　）の太平洋上で発生し、（④　　　）に日本付近にやってきます。台風の雲は、ほぼ円形で、（⑤　　　）のうずをまいています。

［ 風　反時計回り　夏から秋　災害《さいがい》　南方 ］

3 次の図の(1)～(4)について答えましょう。

（（　）…各6点）

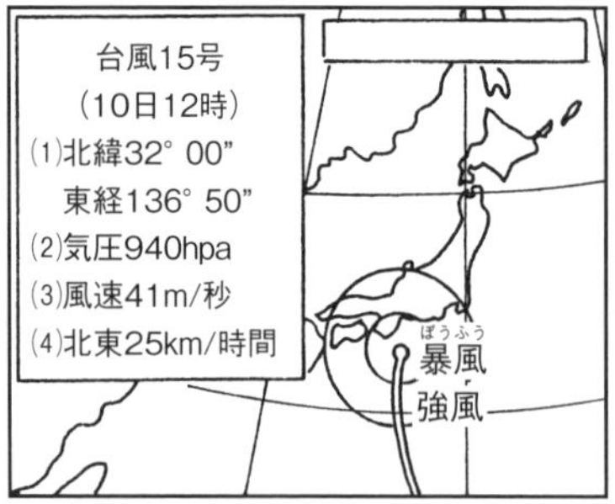

(1)　北緯《ほくい》（①　　　）、（②　　　）136° 50"は台風の位置を表しています。

(2)　（　　　）940hpaは台風の強さを示《しめ》しています。

(3)　風速（　　　）m/秒は風の強さを示しています。

(4)　北東（　　　）km/時間は台風の進む速度とその方向を示しています。

9 メダカの飼い方

学習日 ／

1回目 ／100点

答えは163ページ

2回目 ／100点

できた！

1 メダカの飼《か》い方について、（　　）にあてはまる言葉を［　　］から選んでかきましょう。（各８点）

水そうは、日光が、直接《ちょくせつ》あたらない、（①　　　　）、平らなところに置きます。

水そうの底には水であらった（②　　　　）をしきます。

水は（③　　　　）したものを入れて、たまごをうみやすいように（④　　　　）を入れます。

メダカは（⑤　　　　）を同じ数ずつ、まぜて飼います。

えさは（⑥　　　　）が出ない量を毎日（⑦　　　　）あたえます。

水がよごれたら、（⑧　　　　）した水と半分ぐらい入れかえます。

明るい	くみおき	小石やすな	水草
おすとめす	１～２回	食べ残し	

（二度使うものがあります。）

2 下の図は、メダカのめすとおすのようすを表したものです。めすとおすのちがいがわかるように、（　　）にあてはまる言葉を［　　］から選んでかきましょう。（各６点）

めす

（①　　　　）

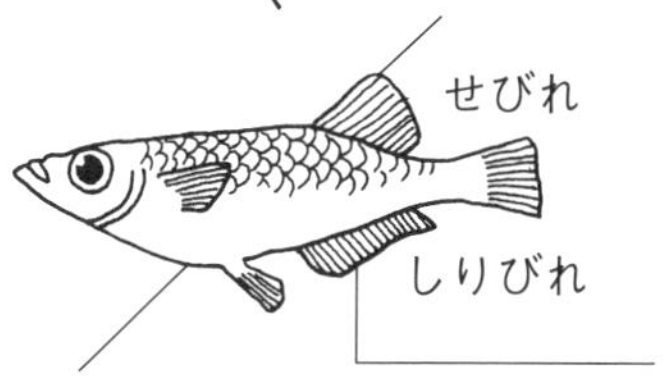

（③　　　　）

（②　　　　）

おす

（④　　　　）

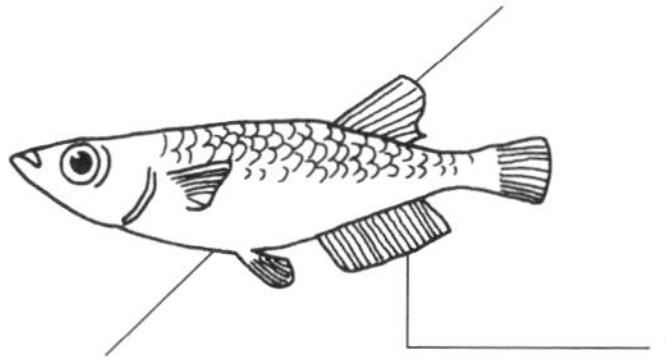

（⑥　　　　）

（⑤　　　　）

切れこみがある	切れこみがない
うしろが短い	平行四辺形に近い
はらがふくれている	はらがほっそりしている

10 メダカのたんじょう

学習日 ／

1回目 ／100点

答えは163ページ

2回目 ／100点

できた!

1 次の文は、メダカのたまごについてかいたものです。(　　)にあてはまる言葉を[　　]から選んでかきましょう。　(( )…各6点)

(1)　メダカのめすは、(①　　　)が高くなると(②　　　　)をうむようになります。たまごは、(③　　　)にうみつけられます。

たまごの形はまるく、中は(④　　　　　　)います。まわりには(⑤　　　)のようなものがはえています。大きさは約(⑥　　　)くらいです。

(受精《じゅせい》から数時間後のたまご)

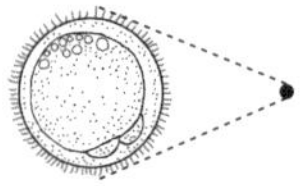

実際《じっさい》の大きさは1mmくらい

5mm	1mm	水草	水温	すき通って
毛	たまご			

(2)　めすのうんだ(①　　　)と、おすが出した(②　　　)とが結びついて(③　　　　)ができます。受精するとたまごは(④　　　　)しはじめます。

精子	卵子《らんし》	受精卵	成長

2 メダカのたまごの図①～⑤と記録文Ⓐ～Ⓞで、合うものを線で結びましょう。　(各8点)

① 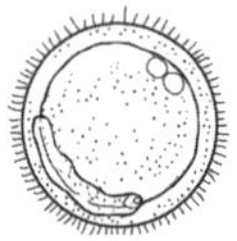 ・　　・Ⓐ 11～14日目 からをやぶって出てくる。

② 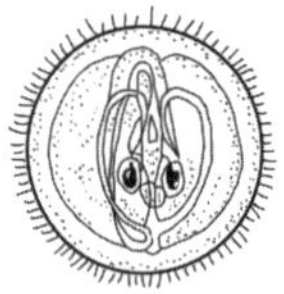 ・　　・Ⓘ 2日目 からだのもとになるものが見えてくる。

③ 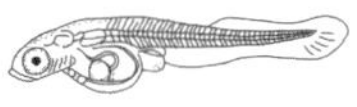 ・　　・Ⓤ 8～11日目 たまごの中でときどき動く。

④ 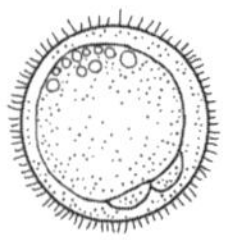 ・　　・Ⓔ 4日目 目がはっきりしてくる。

⑤  ・　　・Ⓞ 数時間後 あわのようなものが少なくなる。

11 けんび鏡の使い方

学習日 ／

1回目 ／100点　2回目 ／100点　できた！

答えは163ページ

1 次の文の(　　)にあてはまる言葉を[　　]から選んでかきましょう。（(　)…各5点）

(1) 目では見えにくい(①　　　　)物や、細かい(②　　　　)を調べるときは、けんび鏡を使います。けんび鏡には10～20倍にかく大して観察することができる(③　　　　)けんび鏡と(④　　　　)倍にかく大して観察することができるけんび鏡があります。

[つくり　小さい　解《かい》ぼう　400～600]

(2) けんび鏡を使うときには、(①　　　)をいためないように(②　　　)が直接《ちょくせつ》あたらない、(③　　　)ところで見ます。けんび鏡を持つときには(④　　　)をしっかりにぎり、(⑤　　　)を下から支《ささ》えて持ちます。

[日光　アーム　目　明るい　レンズ　台]

(3) けんび鏡では、倍率《ばいりつ》を上げるほど見えるはん囲《い》が(①　　　　)なります。倍率を求める式は、

(②　　　　)の倍率×(③　　　　)の倍率＝倍率

[対物レンズ　接眼《せつがん》レンズ　せまく　広く]

2 次の文の(　　)にあてはまる言葉を[　　]から選んで記号をかきましょう。（(　)…各5点）

けんび鏡は、直接(①　　　)のあたらないところに置きます。

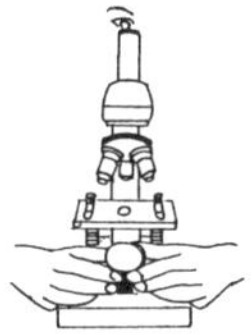

はじめに接眼レンズを一番(②　　)倍率にして、(③　　　)をのぞきながら(④　　　)の向きを合わせて、明るく見えるようにします。

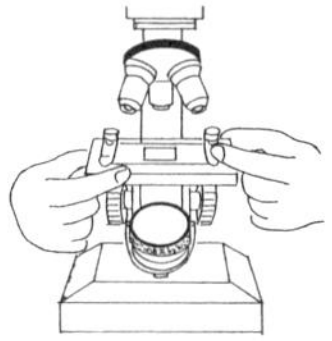

プレパラートを(⑤　　　)の上にのせて、見たいものがあなの中央にくるようにします。

横から見ながら(⑥　　　)を少しずつ回して、(⑦　　　)とプレパラートの間を(⑧　　　)します。

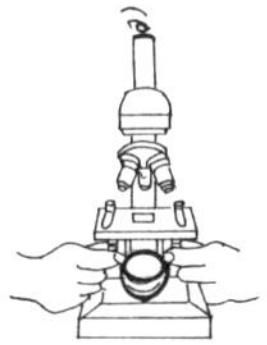

(③)をのぞきながら(⑥)を回して、ピントを合わせます。

[㋐調節ねじ　㋑対物レンズ　㋒接眼レンズ
㋓反しゃ鏡　㋔のせ台　㋕日光　㋖低い　㋗せまく]

12 ヒトのたんじょう ①

学習日　／

1回目　／100点　→　答えは164ページ　→　2回目　／100点

できた！

1 次の文の（　　）にあてはまる言葉を□から選んでかきましょう。

（（　）…各5点）

(1) 男性《だんせい》の精巣《せいそう》でつくられた（①　　　　）と、女性の卵巣《らんそう》でつくられた（②　　　　）が、女性の（③　　　　）で出会って受精し、新しい生命がたんじょうします。

受精したたまごのことを（④　　　　）といいます。（④）は母親の（⑤　　　　）の中で成長します。また、その中には羊水があり、たい児を守っています。

たい児は（⑤）のかべにつながった（⑥　　　　）から（⑦　　　　）を通して、養分や（⑧　　　　）をとり入れます。また、いらなくなったものを、母親のからだに返します。

(2) 次の図の㋐～㋓の名前をかきましょう。

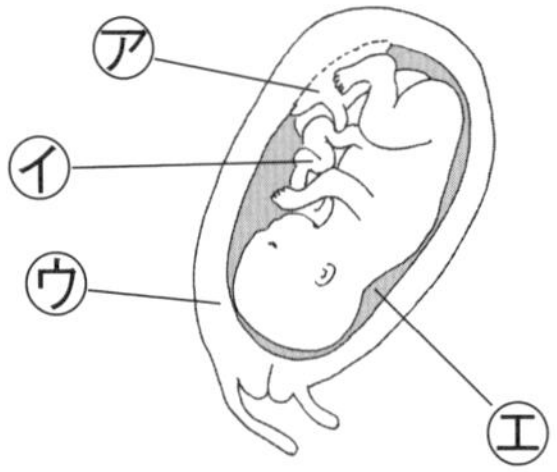

㋐（　　　　）　㋑（　　　　）

㋒（　　　　）　㋓（　　　　）

卵子	精子	子宮	受精卵	へそのお
たいばん	酸素	羊水		

（二度使うものがあります。）

2 次の図は、母親の体内で子どもが育っていくようすを表したものです。それぞれの子どものようすについて説明した文を、下の㋐～㋔から選びましょう。

（各8点）

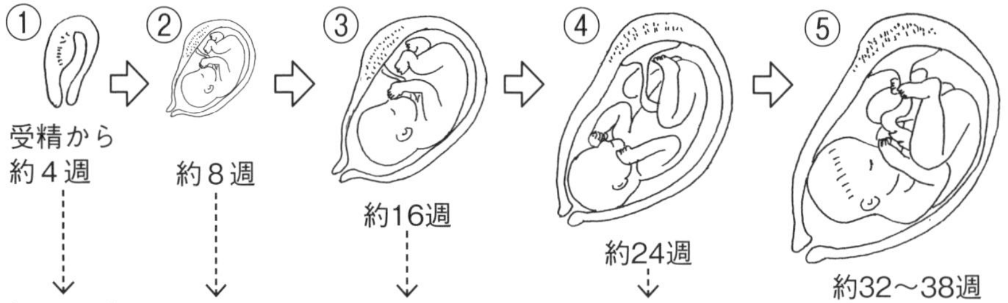

（　　）（　　）（　　）（　　）（　　）

㋐ からだの形や顔のようすがはっきりしている。男女の区別ができる。

㋑ 心ぞうが動きはじめる。

㋒ 心ぞうの動きが活発になる。からだを回転させ、よく動くようになる。

㋓ 子宮の中で回転できないくらいに大きくなる。

㋔ 目や耳ができる。手や足の形がはっきりしてくる。からだを動かしはじめる。

13 ヒトのたんじょう ②

学習日 ／

1回目 ／100点

答えは164ページ

2回目 ／100点

できた！

1 次の文は子宮の中にある水のようなもののはたらきについてかいてあります。（　　）にあてはまる言葉を［　］から選んでかきましょう。（各12点）

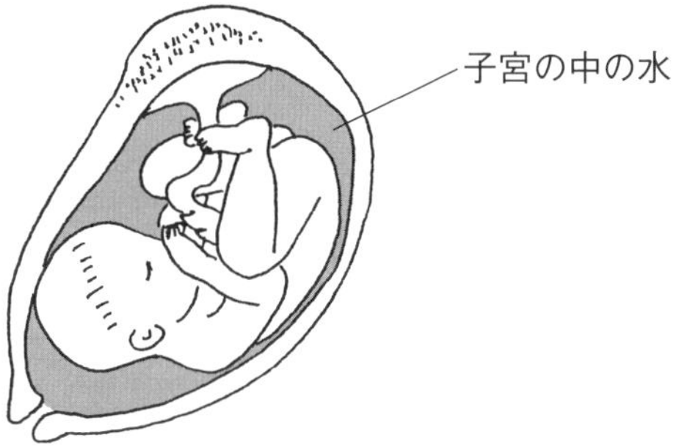

子宮の中の水は（①　　　　）といいます。子宮の中にいるたい児をとり囲《かこ》んでいて、外部からの力を（②　　　　）、たい児を（③　　　　）はたらきをしています。

また、たい児は、水の中に（④　　　　）ようになっていてその中で（⑤　　　　）を動かすことができます。

守る	手足	うかんだ	やわらげ	羊水

2 次の文で正しいものには○、まちがっているものには×をつけましょう。（各５点）

① （　　）魚はとてもたくさんのたまごをうみますが、自然界では、成魚まで育つ数は少なく、成魚の全体の数はほとんど変わりません。

② （　　）メダカも受精卵《じゅせいらん》が成長します。

③ （　　）精子は卵子よりも大きいです。

④ （　　）ヒトの卵子の大きさは、はり先でついたあなくらいです。（0.1mm）

⑤ （　　）ヒトの子どもは子宮の中で、およそ38週まで成長します。

⑥ （　　）24週くらいになると、子宮の中の子どもが動くのがわかります。

⑦ （　　）赤ちゃんは子宮の中では自分でこきゅうをしています。

⑧ （　　）へそのおは、赤ちゃんと母親のたいばんをつなぐ大切なものです。

14 花のつくり①

1 次の図は、アサガオの花のつくりを表したものです。

(1) 次の文の(　　)にあてはまる名前を［　］から選んでかきましょう。　（各5点）

(① 　　　　)

(② 　　　　)

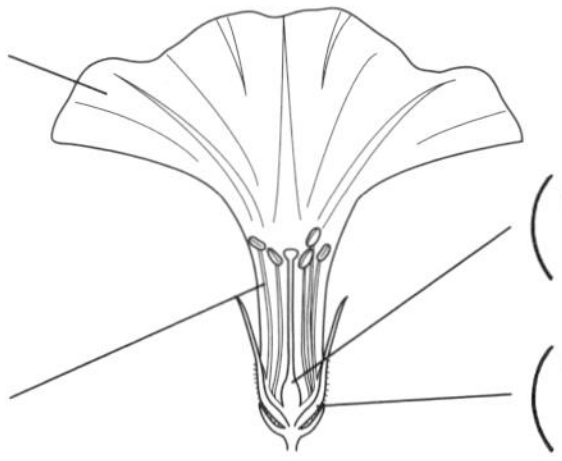

(③ 　　　　)

(④ 　　　　)

［花びら　めしべ　おしべ　がく］

(2) 次の部分のはたらきで正しい文を4つ選びましょう。　（各5点）

(　　　)(　　　)(　　　)(　　　)

① 花びらは虫をひきつけたり、おしべやめしべを守るはたらきをしています。

② 花びらは虫が中の方へ入らないようにしています。

③ がくは花びらや中のめしべ、おしべを支《ささ》えています。

④ がくは、虫が上がってこないように守っています。

⑤ めしべは花粉《かふん》を出して、おしべに受粉します。

⑥ めしべはおしべの花粉を受粉して種や実を育てます。

⑦ おしべは、花粉の入ったやくをもっています。

⑧ おしべは実を育てます。

2 次の図は、カボチャの花をかいたものです。［　］には、おばな・めばなを、(　　)にはそれぞれの部分の名前を［　］から選んでかきましょう。　（各6点）

［① 　　　　］　［② 　　　　］

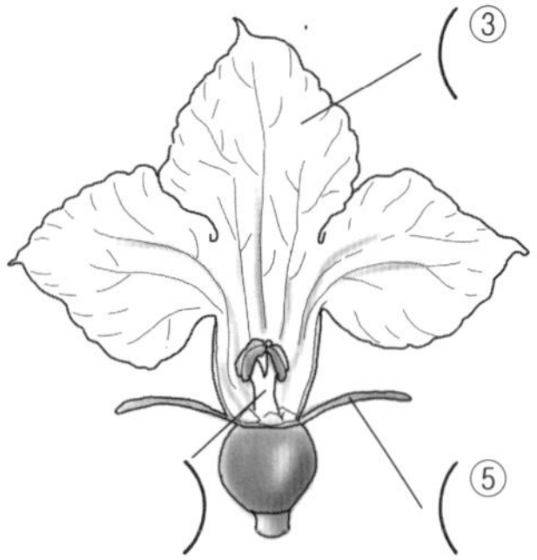

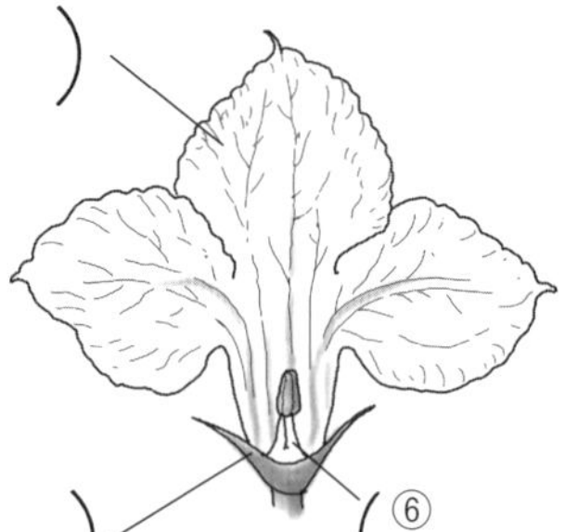

(③ 　　　　)
(④ 　　　　)
(⑤ 　　　　)
(⑥ 　　　　)

［めばな　おばな　がく　めしべ　おしべ　花びら］

3 次の文は、花のつくりについてかいたものです。(　　)にあてはまる言葉を［　］から選んでかきましょう。　（各6点）

アブラナやアサガオの花などには(① 　　　　)、(② 　　　　)、花びら、がくがあります。しかし、(③ 　　　　)のようにめしべだけのめばなと、おしべだけの(④ 　　　　)があるものもあります。

［ヘチマ　おばな　おしべ　めしべ］

15 花のつくり ②

学習日 ／

1回目 ／100点　答えは164ページ　2回目 ／100点

できた！

1 次の図は、ヘチマの花のつくりを表したものです。

(1)（　　）にあてはまる言葉を［　］から選んでかきましょう。
また、［　］には、おばな・めばなをかきましょう。（各7点）

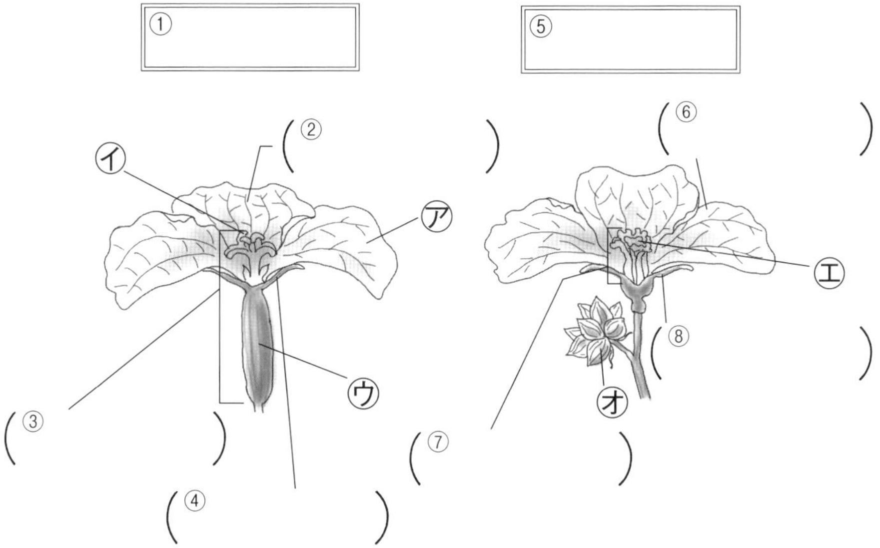

めばな	おばな	がく	めしべ	おしべ	花びら

（二度使うものがあります。）

(2) 上の図で、花粉《かふん》がつくられるのは何番ですか。（7点）

（　　　）

(3) おしべでつくられた花粉がつくのは、㋐〜㋔のどこですか。（7点）

（　　　）

2「Ⓐ １つの花にめしべとおしべがある花」と「Ⓑ めばなとおばなの区別がある花」について、次の花は、Ⓐ、Ⓑのどちらですか。（　　）に記号をかきましょう。（各5点）

①（　　　）アサガオ

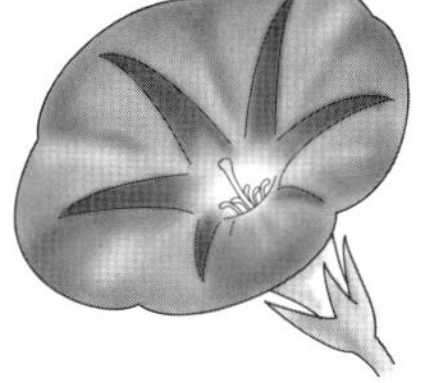

②（　　　）スイカ

③（　　　）トウモロコシ

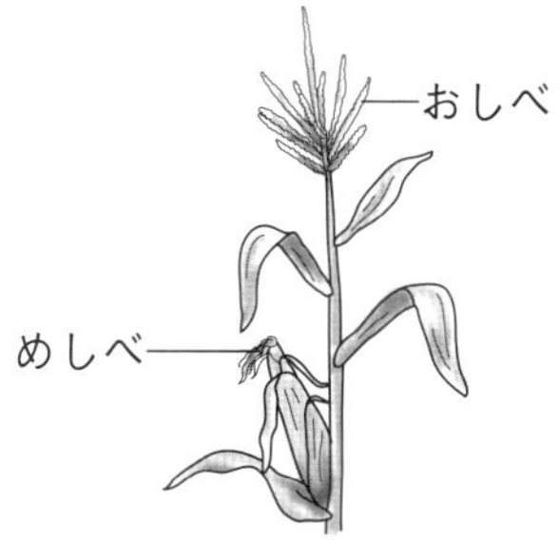

④（　　　）アブラナ

⑤（　　　）ヘチマ

⑥（　　　）ユリ

16 受粉①

学習日 ／

1回目 ／100点 → 2回目 ／100点

答えは164ページ

できた！

理科

1 次の文の（　　）にあてはまる言葉を［　］から選んでかきましょう。

（（　）…各7点）

(1) おしべの先についている粉《こな》のようなものを（①　　　　）といい、これをけんび鏡で見ると右のように見えます。また、（②　　　　）の先（柱頭《ちゅうとう》）をさわるとべとべとしていて、よく見ると、その粉がついていました。

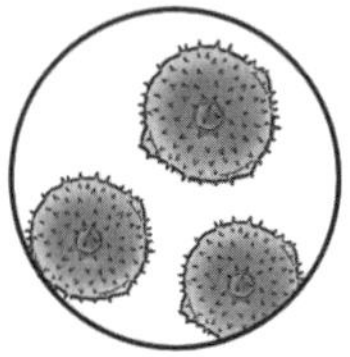

カボチャの花粉

この粉は、ミツバチなど（③　　　　）の体にくっつきやすくなっています。こうして、おしべの（④　　　　）がめしべにつくことを（⑤　　　　）といいます。

［花粉《かふん》　めしべ　こん虫　受粉］

（二度使うものがあります。）

(2) トウモロコシは、（①　　　　）で飛ばされた（②　　　　）がめしべの先について（③　　　　）します。トウモロコシのめばなは（③）しやすいように（④　　　　）ひげのような（⑤　　　　）になっています。

トウモロコシ

［風　長い　受粉　花粉　めしべ］

2 次の実験は花粉のはたらきを調べるために、ヘチマを受粉させたり、受粉できないようにしたりしたものです。

（　　）にあてはまる言葉をかきましょう。

（各10点）

Ⓐ

あした開くめばなのつぼみにふくろをかける

花が開いたらおばなの花粉をつける

花粉をつけたらふくろをかける

花がしぼんだらふくろをとる

Ⓑ

あした開くめばなのつぼみにふくろをかける

花が開いても、ふくろをかけたままにしておく

花がしぼんだらふくろをとる

つぼみにふくろをかけるのは、実験で花粉をつける以外に自然に（①　　　　）がつかないようにするためです。

この結果、実ができるのは（②　　　　）の方です。この実験は、実ができるためには（③　　　　）が必要だということを確《たし》かめています。

17 受粉②

学習日 ／

1回目 ／100点

答えは164ページ

2回目 ／100点

できた！

1 次の文の（　）にあてはまる言葉を［　］から選んでかきましょう。
（（　）…各5点）

(1) 花は、（①　　）が花のおくにある（②　　）をすったりすると、虫の体に（③　　）がついたり、（④　　）をゆらして（③）が飛んだりして、めしべの先に（⑤　　）します。

りんごの花とみつばち

［みつ　　こん虫　　おしべ　　受粉《じゅふん》　　花粉］

(2) トウモロコシは、おばなが（①　　）より（②　　）にあり、（③　　）で飛ばされた花粉が落ちてきて（④　　）に受粉するようになっています。

［風　　めしべ　　上　　めばな］

(3) マツやスギの花粉は、（①　　）ので風にのって（②　　）先に飛ばされたりします。（③　　）の原因《げんいん》になるのは、ほとんどが風で運ばれる花粉です。

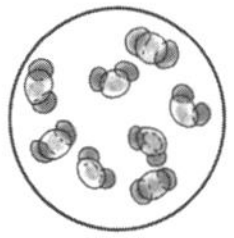

マツの花粉

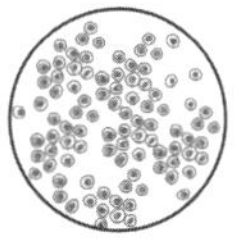

スギの花粉

［花粉しょう　　軽い　　数十km］

2 次の植物について、後の問いに答えましょう。

Ⓐ カボチャ　　Ⓑ アブラナ　　Ⓒ トウモロコシ

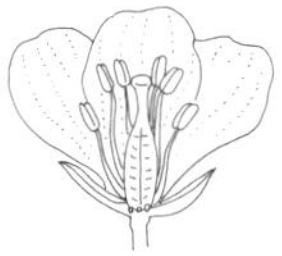

(1) 花粉がめしべの先につくことを何といいますか。正しい方に○をつけましょう。（5点）

（受粉 ・ 受精《じゅせい》）

(2) 次の問いにⒶ～Ⓒの記号で答えましょう。

① 花粉がこん虫によって運ばれるのはどれですか。（各5点）

（　　）（　　）

② めばなとおばながあるのはどれですか。（各5点）

（　　）（　　）

③ 先の方にさいたおしべの花粉が、下のひげのような長いめしべに落ちてくるのはどれですか。（5点）

（　　）

(3) Ⓓの図はⒶ～Ⓒのどの植物の花粉ですか。（5点）

（　　）

Ⓓ

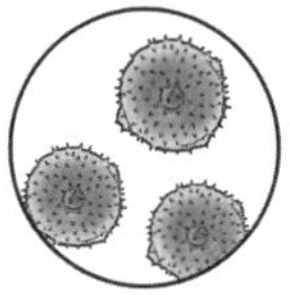

(4) 花粉は解《かい》ぼうけんび鏡、けんび鏡のどちらを使えばⒹの図のように見えますか。（5点）

（　　）

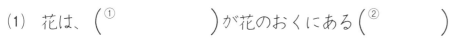

18 流れる水のはたらき

1 流れる水のはたらきを調べる実験をしました。(　　)にあてはまる言葉を□から選んでかきましょう。　(( )…各6点)

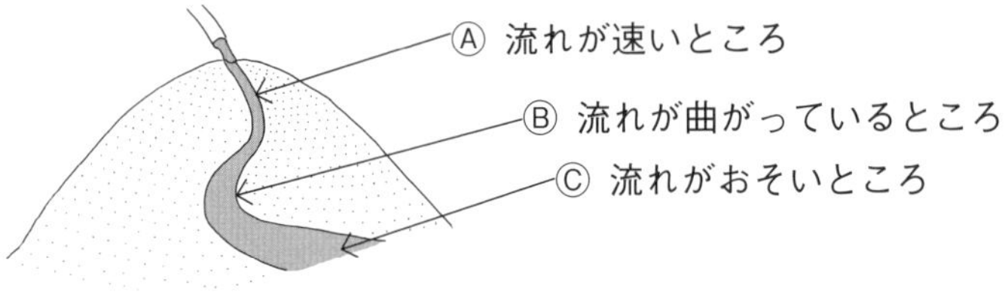

(1)　Ⓐは、土の山の(①　　　　)が大きく、水の流れが速くなります。そのためⒶでは(②　　　　)作用と(③　　　　)作用が大きくなります。

(2)　Ⓒは、土の山のかたむきも(①　　　　)なるので水の流れも(②　　　　)なります。そのためⒸでは(③　　　　)作用が大きくなります。

(3)　Ⓑでは、外側の水の流れは(①　　　　)、そのため(②　　　　)作用と(③　　　　)作用が大きくなります。また、内側では水の流れはおそく、そのため(④　　　　)作用が大きくなります。

しん食	運ぱん	たい積	かたむき	おそく
小さく	速く			

（二度以上使うものがあります。）

2 次の文の(　　)にあてはまる言葉を□から選んでかきましょう。　(( )…各5点)

Ⓐ

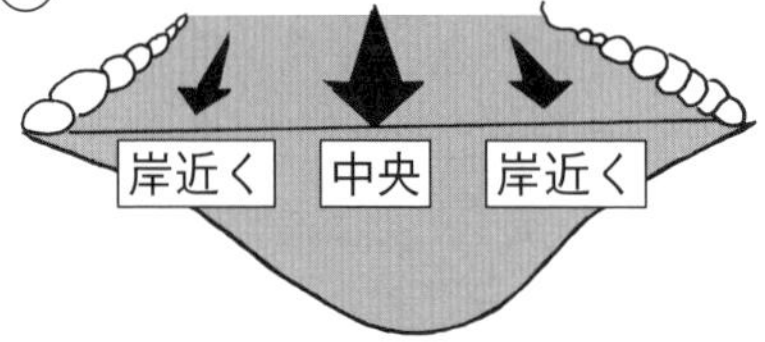

Ⓑ

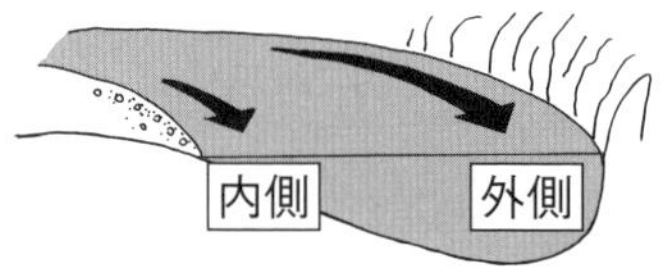

(1)　Ⓐのように川の流れがまっすぐなところでは、川の水の流れは中央が(①　　　　)、岸に近いほど(②　　　　)なります。そのため、川底の深さは(③　　　　)が深くなっています。

そして、両岸近くには、小石やすなが積もって、(④　　　　)になっていきます。

(2)　Ⓑのように川の流れが曲がっているところでは、川の水の流れは外側が(①　　　　)、内側が(②　　　　)なります。そのため、外側の岸は(③　　　　)になり、川底は深くなります。

そして、内側は浅く(④　　　　)になります。

がけ	速く	おそく	川原	中央

（二度使うものがあります。）

19 流れる水と土地の変化 ①

学習日 /

1回目 /100点 答えは164ページ 2回目 /100点

できた!

1 次の文の(　　)にあてはまる言葉を[　]から選んでかきましょう。 (( )…各7点)

(1) 山の中では、しゃ面のかたむきが(①　　　　)て、川の流れが(②　　　　)、地面を大きく(③　　　　)します。そうして、V字谷のような(④　　　　)ができます。

深い谷	速く	しん食	たい積	大きく

(2) 海の近くでは、土地のかたむきが小さく、水の流れが(①　　　　)で川によって(②　　　　)されたすなや土が(③　　　　)します。

このように川は長い(④　　　　)をかけて土地のようすを(⑤　　　　)いきます。河口の近くには(⑥　　　　)が広がっていきます。

平野	たい積	運ぱん	ゆるやか
年月	変えて		

2 次の文の(　　)にあてはまる言葉を[　]から選んでかきましょう。 (各5点)

㋐
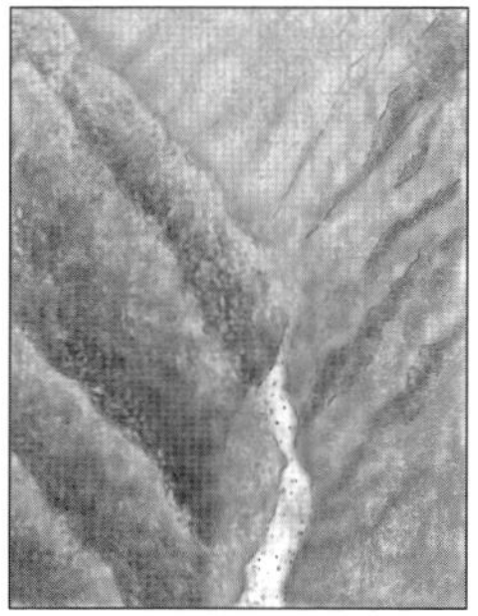

㋑
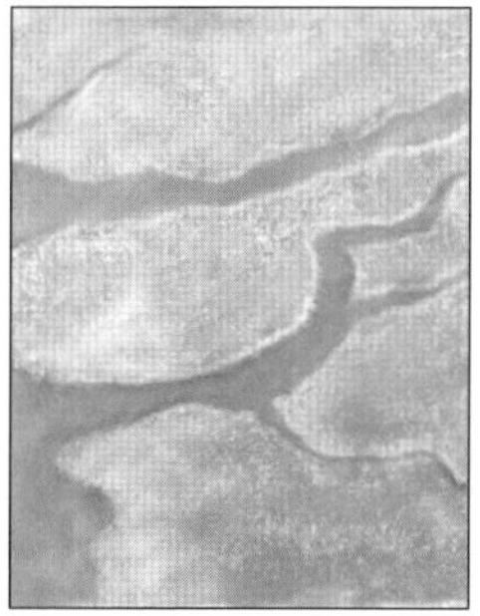

㋒
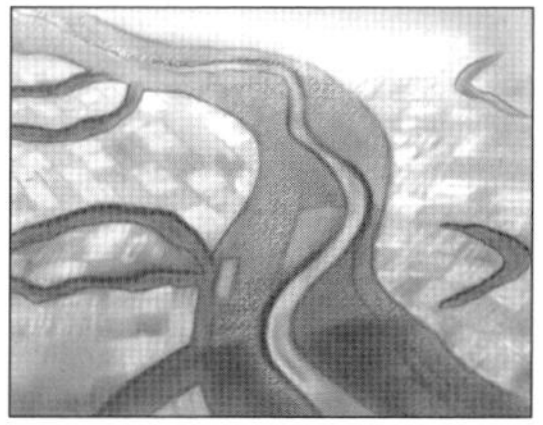

㋐は川の(①　　　　)のようすです。両岸が切り立った(②　　　　)で、V字型になっているので(③　　　　)といいます。

㋑は川の(④　　　　)のようすです。川がいくつもに分かれ、(⑤　　　　)もできています。

㋒は(⑥　　　　)といって、川のみちすじが変わったために、とり残された川の一部です。

三日月湖	V字谷	上流	下流
がけ	中州		

20 流れる水と土地の変化 ②

答えは164ページ

1 ある川のⒶ～Ⓒの地点で、川のようすを観察しました。あとの問いに答えましょう。

(1) ⒶとⒸの地点の川のようすとして正しいものを㋐～㋒から選んでかきましょう。（各6点）

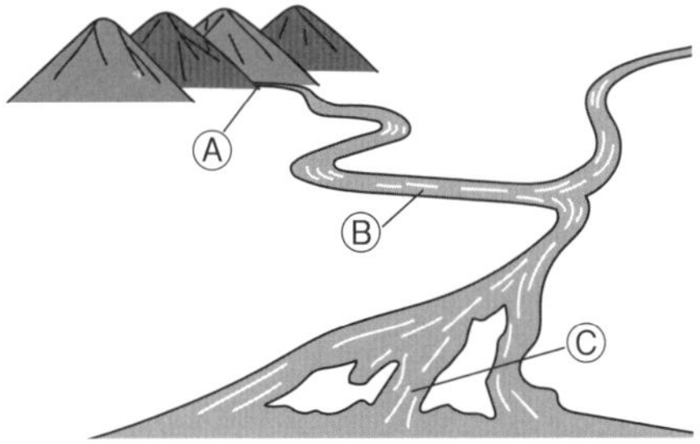

Ⓐ（　　）　Ⓒ（　　）

㋐

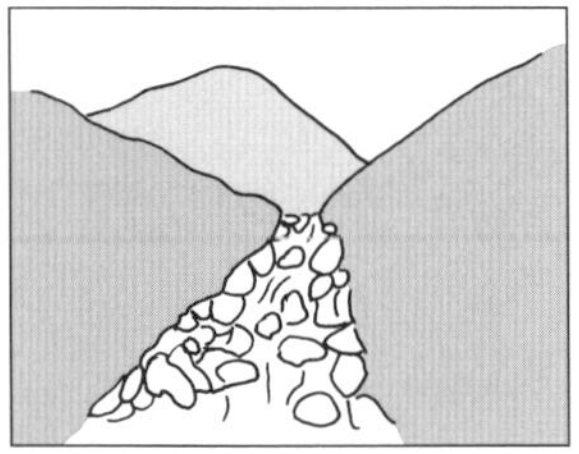

㋑

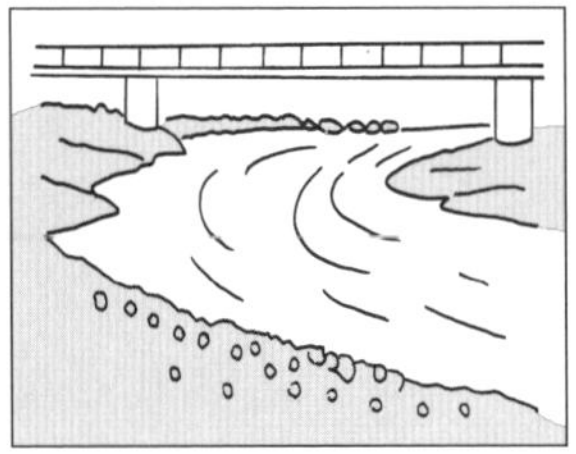

㋒

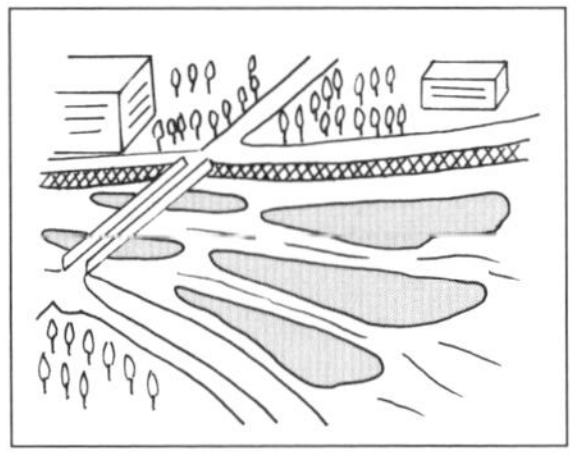

(2) ⒶとⒸでは、主に流れる水のしん食作用とたい積作用のどちらのはたらきの方が大きいですか。（各5点）

Ⓐ（　　　　　　　　）　Ⓒ（　　　　　　　　）

(3) 次の①～③の図は、川の上流・中流・下流のどれですか。（各6点）

①

（　　　　）

②

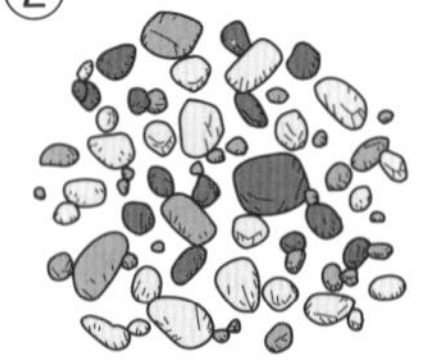

（　　　　）

③

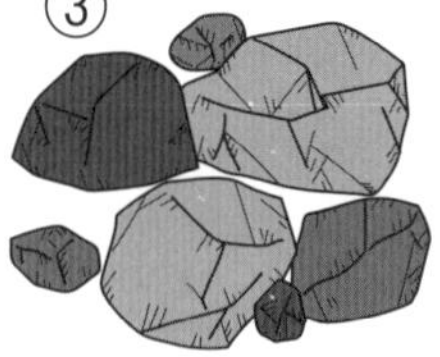

（　　　　）

2 次の文の（　　）にあてはまる言葉を［　］から選んでかきましょう。（（　）…各5点）

(1) （①　　　）や台風などで、長い時間雨が続いたり、短時間に（②　　　）がふったりすると、川の（③　　　）が増《ふ》え、（④　　　）も速くなります。

［ 流れ　水量　大雨　梅雨《つゆ》 ］

(2) 水量が増えると流れる水のはたらきが（①　　　）なり、川岸が（②　　　）たりして、てい防《ぼう》がきれたりします。（③　　　）がおこると、山から流されてきた（④　　　）が田畑や町にまで広がることがあります。ときには、きょ大な岩が（⑤　　　）こともあります。

［ けずられ　土や石　こう水　運ばれてくる　大きく ］

(3) こう水は大きな（①　　　）をもたらすことがありますが、平野に（②　　　）を作るのに適《てき》した肥《こ》えた土を（③　　　）する役わりもしています。

［ 運ぱん　災害《さいがい》　農作物 ］

21 川とわたしたちのくらし

学習日　／

1回目　／100点

答えは164ページ

2回目　／100点

できた！

1 次の文の(　　)にあてはまる言葉を［　］から選んでかきましょう。
（(　)…各7点）

(1) 大雨がふると川の水量が増《ふ》え、流れも(①　　　)なります。すると流れる水の(②　　　　　)が大きくなり、川岸が(③　　　　　)たり、こう水がおこったりして、(④　　　)をおこすことがあります。

［ はたらき　速く　災害《さいがい》　けずられ ］

(2) わたしたちは、災害を防《ふせ》ぐため、(①　　　　　)を作ったり、(②　　　)や川底をコンクリートで固めたり、(③　　　　　)を置いて、水の力を弱めたりするなど、いろいろな工夫《くふう》をしています。

［ ブロック　川岸　さ防《ぼう》ダム ］

(3) 最近では、コンクリートで固めるだけでなく(①　　　　　)を用いたり、コンクリートを使わずに川の(②　　　)に水をためる(③　　　　　)を作ったりしています。

［ 近く　自然の石　遊水池 ］

2 次の文の(　　)にあてはまる言葉を［　］から選んでかきましょう。
（各6点）

㋐

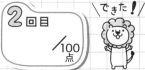

㋑

㋒

㋐は水の流れを弱めるために、川底にだん差をつけています。そして、中央には(①　　　)の通り道を作るという工夫もしてあります。

㋑は、てい防《ぼう》に自然の石を使っています。これは、水の流れからてい防を守るとともに、できるだけ自然に近いものにするためです。(②　　　)がはえ、(③　　　)などのすみかになります。

㋒は、魚などの生き物がたくさんいる川のようすです。

コンクリートで(④　　　)や川底を守るとともに、アシなどの(⑤　　　)がはえ、魚のすみかとなるような形につくってあります。

［ 虫　魚　植物　川岸 ］

（二度使うものがあります。）

22 もののとけ方

1 次の文は、水よう液《えき》についてかいています。（　　）にあてはまる言葉を［　　］から選んでかきましょう。（各10点）

コーヒーシュガーをとかした水は、うすい茶色をしていますが（①　　　　　　）いるので、水よう液だといえます。

石けん水のように、こくなるとすき通って見えなくなるものは、（②　　　　　　）とはいえません。

ものが水にとけて見えなくなっても、その（③　　　　　　）はなくなりません。

水よう液には、（④　　　　　　）や味や（⑤　　　　　　）のあるものもあります。

ものを早くとかすには、（⑥　　　　　　）たり、あたためたりします。

色　　におい　　重さ　　かきまぜ
すき通って　　水よう液

2 次の実験結果の表について、後の問いに答えましょう。

	水にとかしたもの	ようす	色
（㋐　）	どろ	上の方はすき通っているが下にはすながしずんでいる。	うす茶
×	みそ	上の方は（㋔　　　　）が下にはかすがしずんでいる。	うす茶
（㋑　）	粉《こな》石けん	たくさんとかして、こくすると牛にゅうのように（㋕　　　　）。	白
○	食塩	すき通っているがなめると（㋖　　　）がする。	無色
（㋒　）	ホウ酸《さん》	すき通っている。	無色
（㋓　）	コーヒーシュガー	すき通っている。	（㋗　　）

(1)　㋐～㋓で、水よう液といえるものに○、そうでないものに×をかきましょう。（各５点）

(2)　㋔～㋗の（　　）にあてはまる言葉を［　　］から選んでかきましょう。（各５点）

うす茶　　すき通っている　　すき通っていない　　塩味

答えは165ページ

23 水にとけるものの量 ①

次のあといのグラフを見て後の問いに答えましょう。

あ
10℃の水の量ととける量との関係

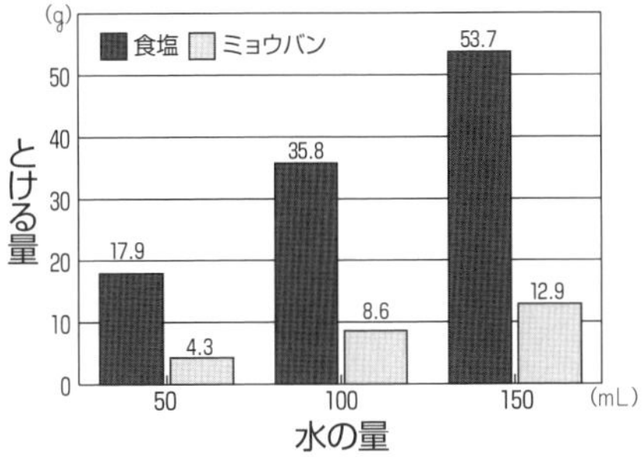

い
50mLの水の温度ととける量との関係

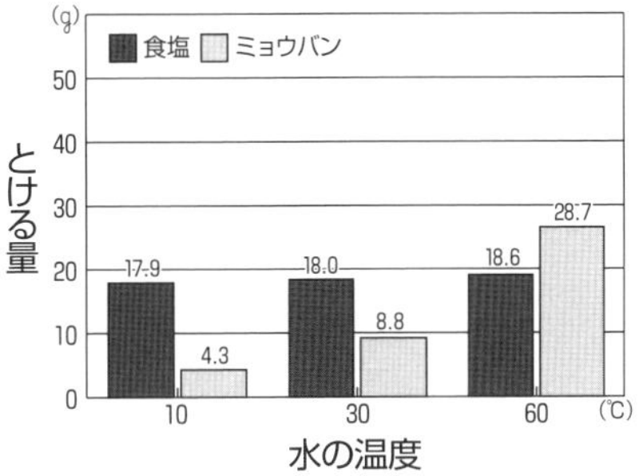

(1) (　　)にあてはまる言葉を[　　]から選んでかきましょう。 (各12点)

決まった量の水にものをとかすとき、とける量には(①　　　)があります。それ以上たくさん入れると(②　　　)ができます。

ミョウバンでは、とける量は(③　　　)によって大きく変わります。温度が(④　　　)なれば、とてもたくさんとけます。

しかし、食塩は、温度が上がっても(⑤　　　)はほとんど変わりません。

とける量　　とけ残り　　限度《げんど》　　温度　　高く

(2) 10℃の水50mLにとかすことのできる量が多いのは、食塩とミョウバンのどちらですか。 (10点)

(　　　　)

(3) 30℃の水50mLに食塩20gを入れてよくかきまぜましたが、とけ残りがありました。すべてとかすにはどうすればいいですか。次の㋐〜㋒に○をしましょう。 (15点)

㋐ (　) 水を50mL加える。

㋑ (　) 水の温度を60℃まで上げる。

㋒ (　) もっとよくかきまぜる。

(4) 60℃の水50mLにとけるだけのミョウバンをとかしました。この水よう液が、30℃に温度が下がったとき、ミョウバンのとけ残りは何gになりますか。 (15点)

式

(　　　　)

24 水にとけるものの量 ②

1 図のように３つのビーカーに、それぞれ10℃・30℃・50℃の水が同じ量ずつ入っています。

これらに同じ量のミョウバンを入れ、かきまぜると２つのビーカーでとけ残りが出ました。（各20点）

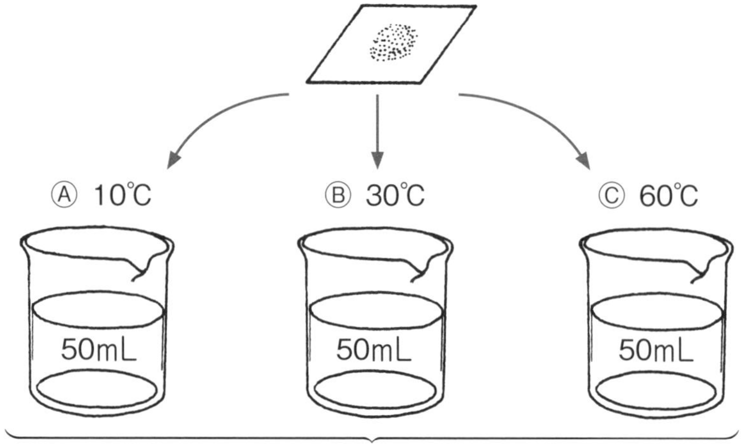

(1) 全部がとけてしまったのは、Ⓐ～Ⓒのどれですか。

（　　　　　　）

(2) とけ残りが一番多かったのは、Ⓐ～Ⓒのどれですか。

（　　　　　　）

2 同じ温度の水50mL入れた３つのビーカーに４g・６g・８gのミョウバンを入れてよくかきまぜました。□の中はその結果です。（各15点）

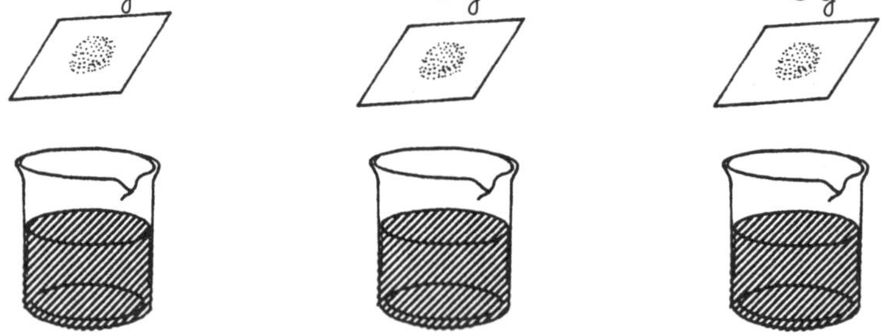

(1) ㋐と㋑の水よう液では、どちらがこいですか。

（　　　　　　）

(2) ㋒で水にとけたミョウバンの重さは何gですか。

（　　　　　　）

(3) (2)から考えて、㋐の水よう液には、あと何gのミョウバンをとかすことができますか。

（　　　　　　）

(4) ㋐のミョウバンの水よう液の重さは、何gですか。

（　　　　　　）

25 水よう液の重さ

学習日　／

1回目　／100点

答えは165ページ

2回目　／100点

できた！

1 食塩を水にとかす実験をしました。（　　）にあてはまる言葉を［　　］から選んでかきましょう。（各10点）

はじめに、アの（①　　　）を25mL入れた容器《ようき》と、（②　　　）にのせた食塩をはかりにのせて、全体の重さをはかります。

次にイのように食塩を容器に入れてよくとかし、容器と薬包紙をのせ、全体の重さをはかります。

アの重さをはかると42gでした。イで食塩をとかして重さをはかると、アと（③　　　）42gになりました。

このことより

水の（④　　　）＋（⑤　　　）の重さ

＝食塩の（⑥　　　）の重さ

となります。

［水　食塩　重さ　水よう液《えき》　薬包紙　同じ］

2 食塩とさとうを次の図のように水にとかしました。後の問いに答えましょう。

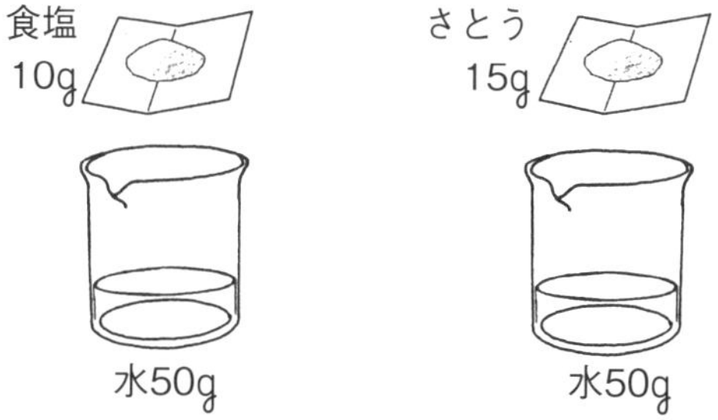

(1) 10gの食塩を50gの水にとかして、食塩の水よう液（食塩水）をつくりました。（各10点）

① できた食塩の水よう液（食塩水）の重さは何gですか。

（　　　）

② 水にとけた食塩は見えますか、見えませんか。

（　　　）

(2) 15gのさとうを50gの水にとかして、さとうの水よう液（さとう水）をつくりました。（各10点）

① できたさとうの水よう液の重さは何gですか。

（　　　）

② 水にとけたさとうは見えますか、見えませんか。

（　　　）

26 とけているものをとり出す

答えは165ページ

1 次の図のように、60℃の水にミョウバンをとかして、冷やすと白いつぶが出てきて底にたまりました。

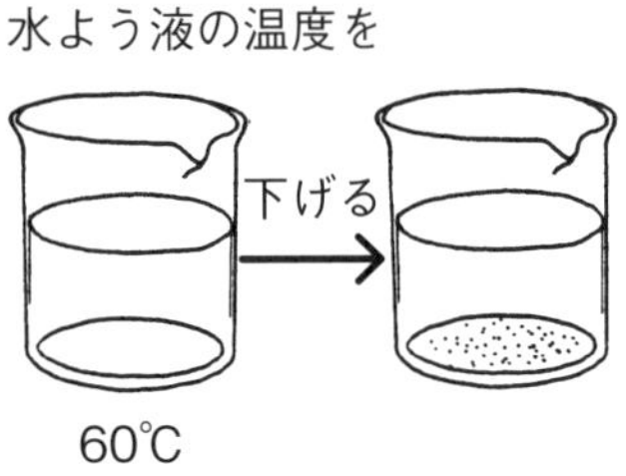

(1) 底にたまった白いつぶは何ですか。 (10点)

（　　　　　　　　）

(2) (1)の白いつぶを下の図のような方法でとり出します。

① この方法を何といいますか。 (10点)

（　　　　　　　　）

② ㋐～㋔の名前をかきましょう。(各6点)

㋐（　　　　　　　　）

㋑（　　　　　　　　）

㋒（　　　　　　　　）

㋓（　　　　　　　　）

㋔（　　　　　　　　）

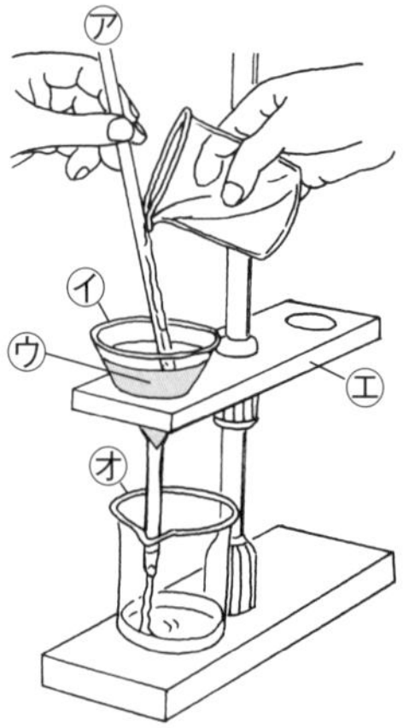

③ ろ紙の上に残るものは何ですか。 (10点)

（　　　　　　　　）

2 とけているものをとり出す次のⒶ、Ⓑの実験について、答えましょう。

(1) （　　）にあてはまる言葉をかきましょう。 (各5点)

Ⓐ ミョウバンの水よう液

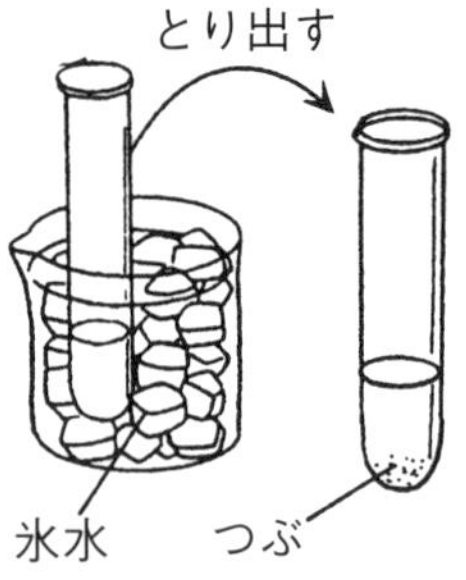

Ⓐでは、温度によってとける量が変わることを考えて、ミョウバンをとり出します。

20℃の水よう液を氷水で（①　　　　）して（②　　　　）のつぶが出てくるようにしています。

Ⓑ ミョウバンの水よう液

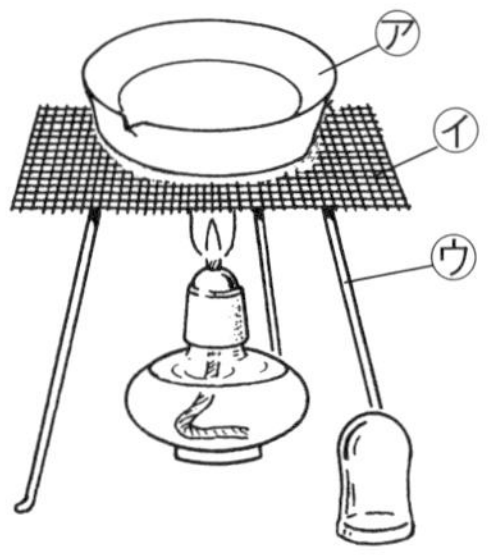

Ⓑは、水よう液《えき》をアルコールランプであたためることで（③　　　　）だけを（④　　　　）させます。

すると、じょう発皿の中には、（⑤　　　　）だけが残ります。

(2) Ⓑの器具の名前をかきましょう。 (各5点)

㋐（　　　　　　　　）　㋑（　　　　　　　　）

㋒（　　　　　　　　）

27 ふりこのきまり ①

学習日　／

1回目　／100点　答えは165ページ　2回目　／100点

できた！

1 ふりこが１往復《おうふく》する時間を、条件《じょうけん》を変えて調べました。（　　）にあてはまる言葉を□から選んでかきましょう。（各８点）

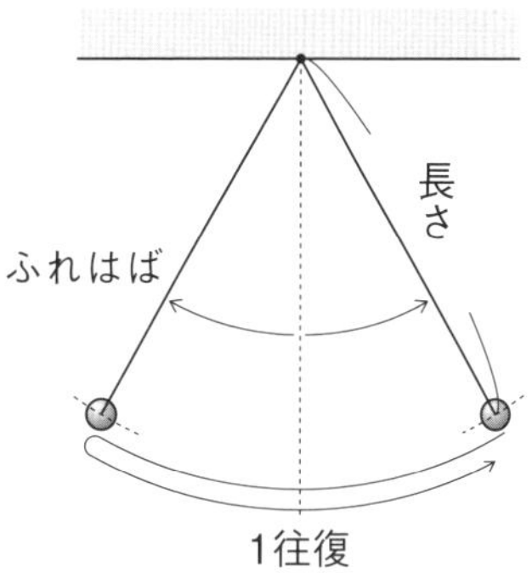

おもりを糸などにつるしてふれるようにしたものを、（①　　　　）といいます。

ふりこの長さは、糸をつるした点からおもりの中心までの長さをいいます。

実験をするときは、（②　　　　）が変わらないように、おもりがふれる一番はしまでの角度を何度にするか決めて時間などをはかります。

１往復とは、ふらせはじめた位置にもどるまでをいいます。ふりこの１往復する時間の求め方は、１往復の時間が、短いので（③　　　）往復の時間を（④　　　）回はかって、その（⑤　　　）を求めます。

3　　5　　10　　平均《へいきん》　　ふれはば　　ふりこ

2 次の文はふりこが１往復する時間について調べたものです。（　　）にあてはまる言葉を□から選んでかきましょう。（各10点）

図１はふりこの（①　　　　）のちがいでくらべたものです。

１往復する時間が長いのは（②　　　）です。

図１

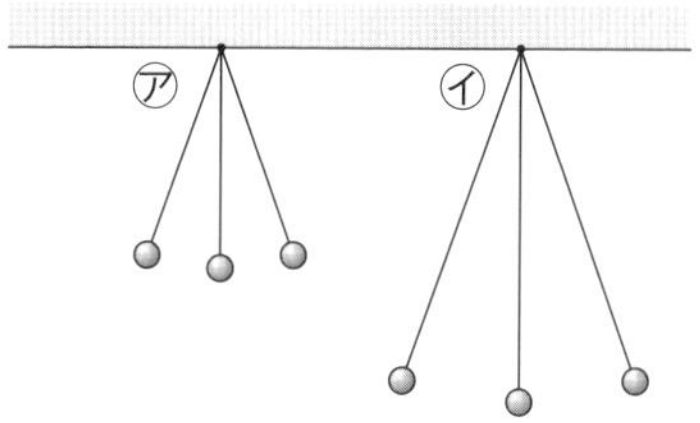

図２はふりこの（③　　　　）のちがいでくらべたものです。

１往復する時間は（④　　　　）です。

図２

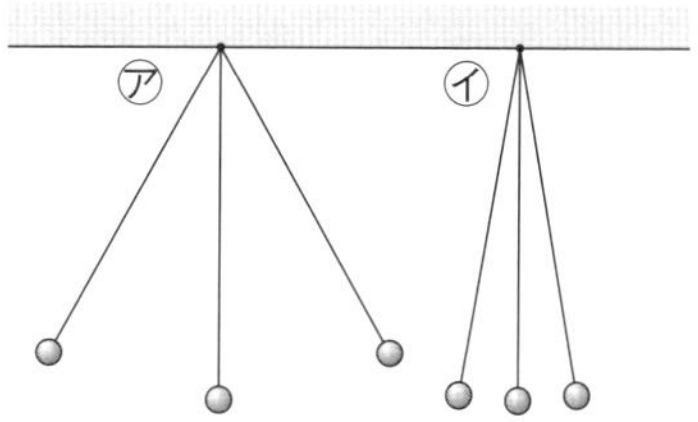

図３はふりこの（⑤　　　　）のちがいでくらべたものです。

１往復する時間は（⑥　　　　）です。

図３

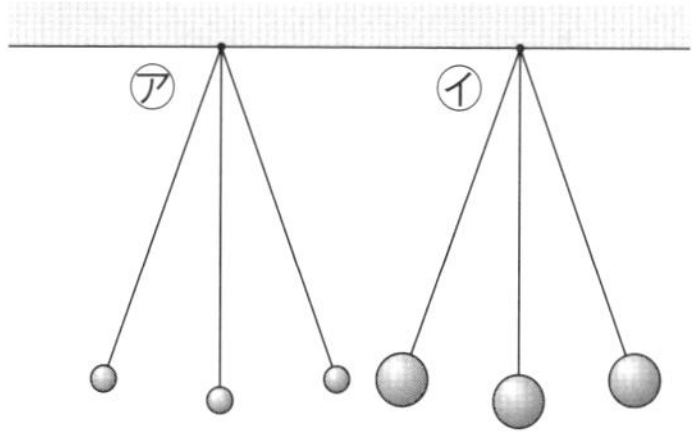

ふれはば　　おもり　　長さ　　㋐　　㋑　　同じ

（二度使うものがあります。）

28 ふりこのきまり ②

学習日 ／

1回目 ／100点 答えは165ページ 2回目 ／100点

できた！

1 下の図のように、㋐～㋓のふりこがあります。

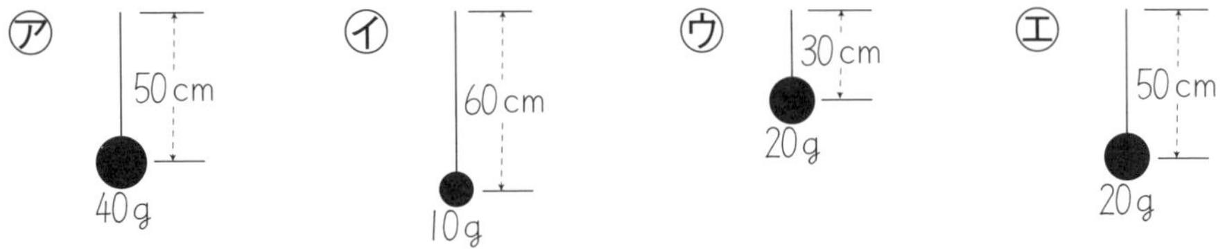

(1) ふりこが１往復《おうふく》する時間が、一番短いのはどれですか。
また、一番長いのはどれですか。 (各８点)

短い（　　　　）　長い（　　　　）

(2) ふりこの１往復する時間が、同じになるのは、どれとどれですか。 (各８点)

（　　　　）と（　　　　）

(3) （　　）にあてはまる言葉を［　　］から選んでかきましょう。 (各５点)

上の㋑と㋒のふりこの１往復する時間を同じにするには、㋒のふりこの（①　　　　）を㋑と（②　　　　）にします。

ふりこの（③　　　　　　　　）は、ふりこの（④　　　　）によって決まります。

おもさ　　長さ　　１往復する時間　　同じ

（二度使うものがあります。）

2 （　　）にあてはまる言葉を［　　］から選んでかきましょう。 (各６点)

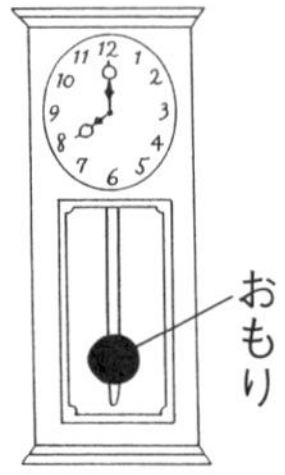

ふりこ時計

ふりこ時計は（①　　　　　　）の長さが同じとき、ふりこの１往復する時間が（②　　　　　）ことを利用しています。おもりの（③　　　　　　）を上にあげ、ふりこの長さを（④　　　　　　）すると、ふれる時間も速くなり、時計が（⑤　　　　　　）進みます。

また、おもりの（⑥　　　　　　）を下にさげると、時計が進むのは（⑦　　　　　　）なります。

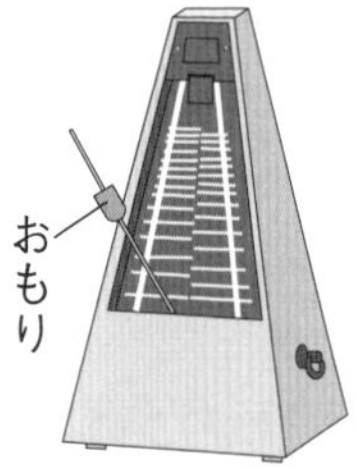

メトロノーム

これと同じきまりを利用したものに、（⑧　　　　　　　　　　）があります。

短く　　長く　　ふりこ　　位置　　速く　　おそく
同じ　　メトロノーム

（二度使うものがあります。）

29 電磁石の性質 ①

学習日 ／

1回目 ／100点　答えは165ページ　2回目 ／100点

できた！

1 次の文の(　　)にあてはまる言葉を[　　]から選んでかきましょう。　(各8点)

右の図のように、方位磁針《じしん》の上に1本のエナメル線を置き、電流を流しました。エナメル線のまわりに(①　　　　)が発生し、方位磁針の針《はり》は(②　　　　)ました。次にエナメル線をまいて、(③　　　　)をつくりました。これに、電流を流すと(④　　　　)が発生しました。さらに、(③)に鉄のくぎを入れました。これに、電流を流すと、(④)が発生し、その力は、前よりも(⑤　　　　)なりました。

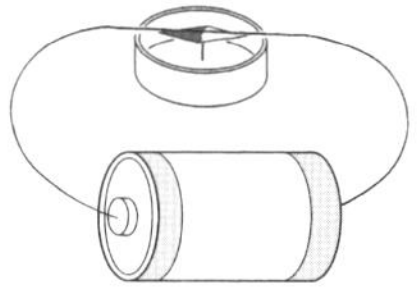

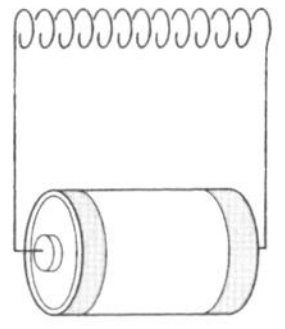

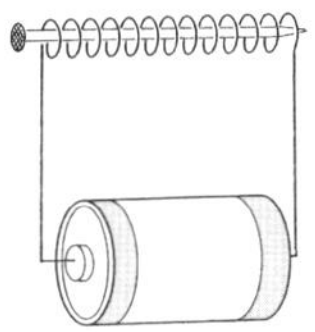

磁石《じしゃく》の力　　電流の力　　コイル　　強く　　動き

(二度使うものがあります。)

2 コイルの中に入れて電磁石の力が強くなるものに○をつけましょう。　(12点)

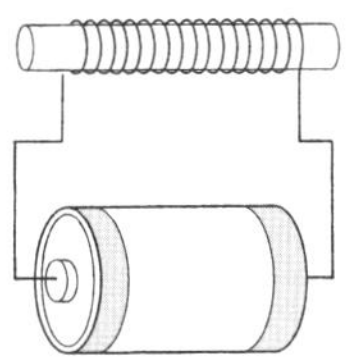

① (　　) 鉄

② (　　) アルミニウム

③ (　　) ガラス

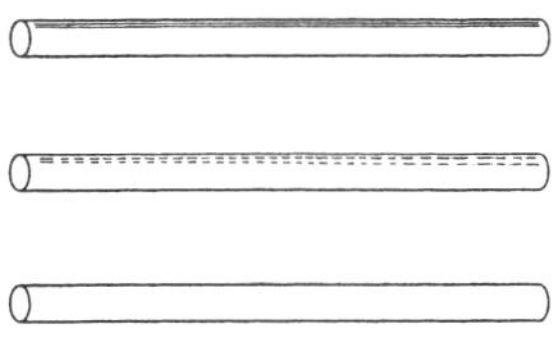

3 下の図のように電磁石から鉄しんをぬきました。

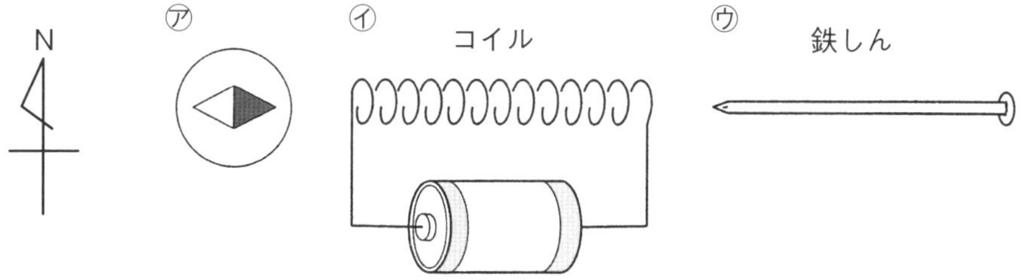

(1) 次の文で正しいものには○、まちがっているものには×をつけましょう。　(各8点)

① (　　) 方位磁針㋐は、南北をさして止まる。

② (　　) コイル㋑の鉄をひきつける力は強くなる。

③ (　　) 方位磁針㋐は、少しゆれるが、コイルに引きつけられている。

(2) 次の文の(　　)にあてはまる言葉を[　　]から選んでかきましょう。　(各8点)

電磁石の(①　　　　)のはたらきは、電流を流したときに発生する(②　　　　)を(③　　　　)ます。

鉄しん　　電流の力　　磁石の力　　強め

30 電磁石の性質 ②

学習日 ／

1回目 ／100点 → 答えは165ページ → 2回目 ／100点

できた！

1 方位磁針《じしん》を使って電磁石《でんじしゃく》の極について調べました。

(1) 図1のようにつなぎ、方位磁針を近づけました。くぎの先は何極ですか。(10点)

（　　　　）

図1

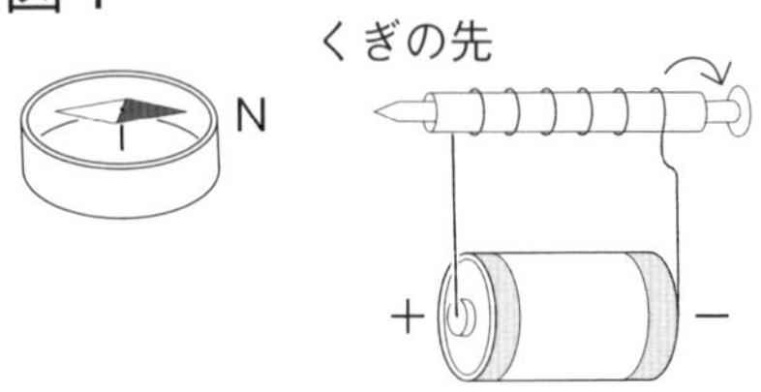

(2) 図2のようにつなぎ、方位磁針を近づけました。くぎの先は何極ですか。(10点)

（　　　　）

図2

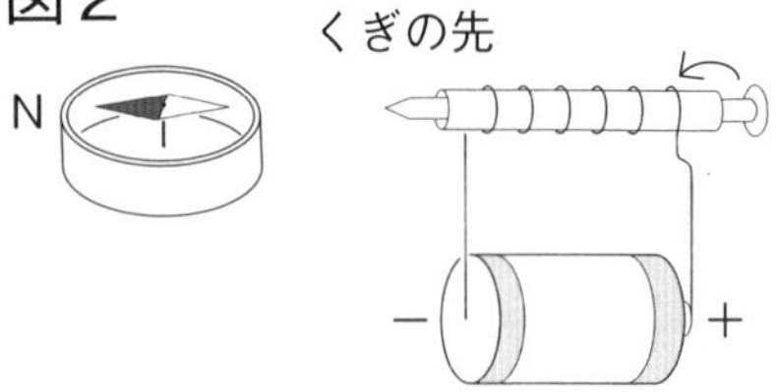

(3) （　）にあてはまる言葉を［　］から選んでかきましょう。(各10点)

電磁石は、ふつうの磁石と同じように、N極とS極の2つの極があります。（①　　　）の流れる向きを変えると、N極は（②　　　）に、S極は（③　　　）に変わります。また、（①）を止めると、電磁石のはたらきは（④　　　）ます。

［ S極　N極　止まり　電流 ］

2 電磁石の強さを調べるために、下の図のような実験をしました。（電池の向きは変えません）

㋐

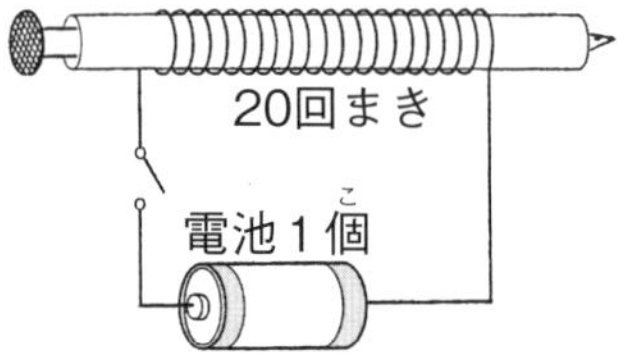

㋑

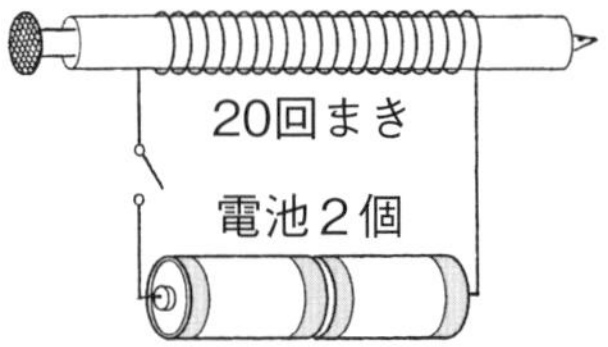

㋒

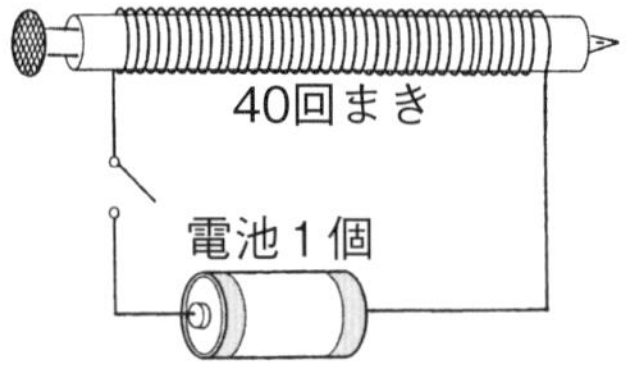

㋓

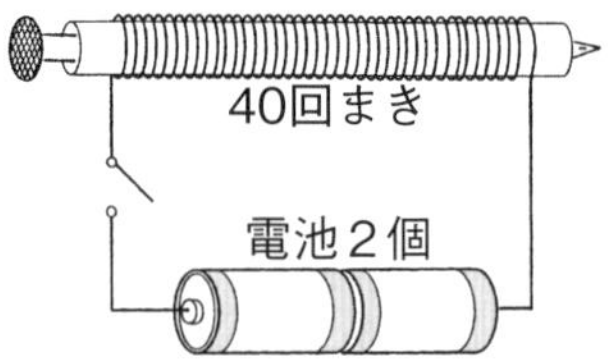

(1) 磁石の力が一番強いものはどれですか。(10点)

（　　）

(2) 磁石の力が一番弱いものはどれですか。(10点)

（　　）

(3) （　）にあてはまる言葉を［　］から選んでかきましょう。(各10点)

より強い電磁石をつくるためには、コイルのまき数は（①　　　）方がよく、電流は（②　　　）方がより強い電磁石になります。

［ 多い　少ない　強い　弱い ］

31 電磁石のはたらき

学習日 ／

1回目 ／100点 2回目 ／100点

答えは165ページ

できた！

1 電磁石《でんじしゃく》のはたらきを調べるため、エナメル線、鉄くぎ、かん電池を使い、次の㋐～㋔のような電磁石をつくりました。

これらの電磁石を使った実験㋐～㋔について、（　　）にあてはまる記号をかきましょう。

（（　）…各６点）

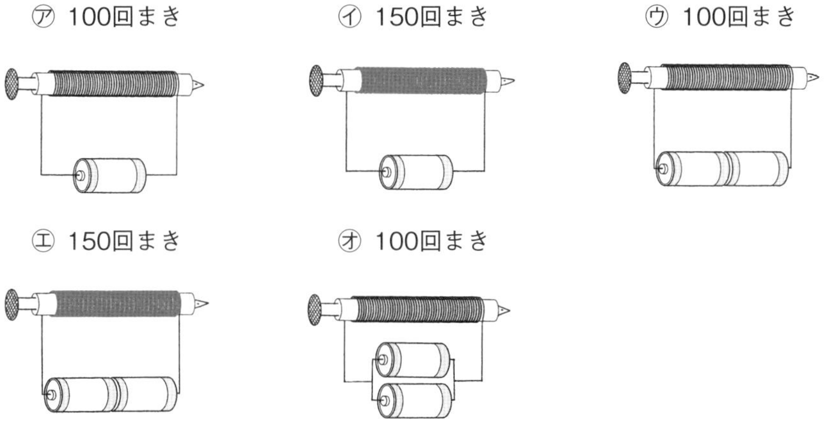

(1) エナメル線のまき数と電磁石の強さの関係を調べるためには、㋐と（　　）を比《くら》べます。

(2) 電流の強さと電磁石の強さの関係を調べるためには、㋐と（①　　）、㋑と（②　　）を比べます。

(3) 電磁石の強さが一番強かったのは、（　　）です。

(4) 電磁石の強さがだいたい同じだったのは、（①　　）と（②　　）です。

2 次の文の（　　）にあてはまる言葉を［　］から選んでかきましょう。

（（　）…各８点）

(1) モーターは（①　　）と永《えい》久《きゅう》磁石の性質《せいしつ》を利用したものです。磁石の極が引き合ったり、（②　　）たりすることで回転します。（③　　）が強くなるほど、電磁石のはたらきも（④　　）なり、モーターの回転が（⑤　　）なります。

モーターのしくみ

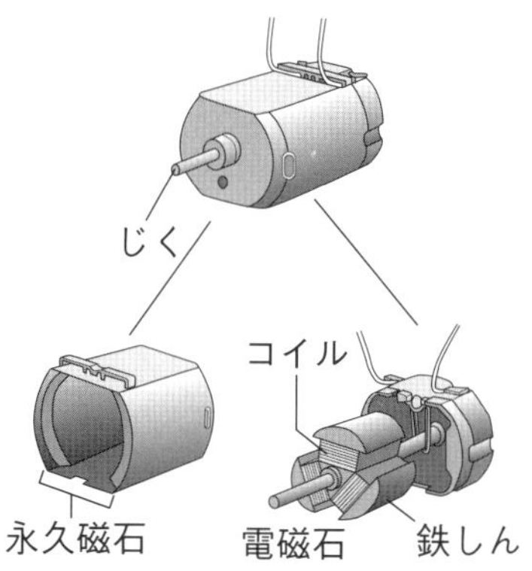

［電磁石　しりぞけ合っ　強く　電流　速く］

(2) ボタン（スイッチ）をおすと鳴る（①　　）は、（②　　）のはたらきで（③　　）のしん動板をつけたり、はなしたりして、音を出します。

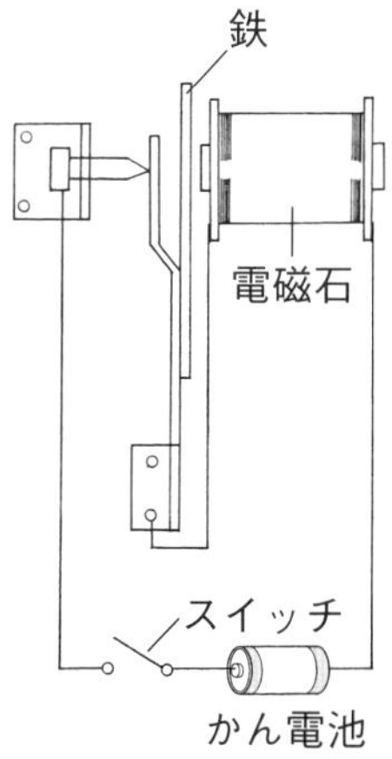

［電磁石　ブザー　鉄］

32 電源そう置・電流計

学習日 ／

1回目 ／100点 答えは165ページ 2回目 ／100点

できた！

理科

1 電源《でんげん》そう置の使い方について、次の(　　)にあてはまる言葉を□から選んでかきましょう。

(各８点)

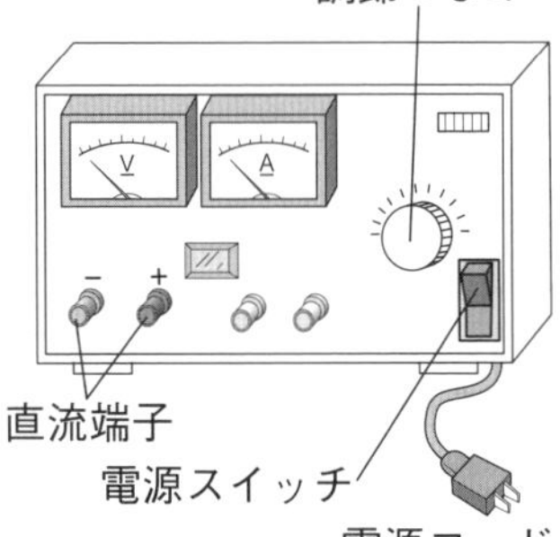

(①　　　)つまみを０にあわせ、電源スイッチが切れていることを確《たし》かめて、電源コードをコンセントにつなぎます。

(②　　　)端子《たんし》には、＋《プラス》と－《マイナス》の２つがあります。これらは、(③　　　)の＋極と－極にあたります。この直流端子に電磁石《でんじしゃく》をつなぎ、スイッチを入れ、調節つまみを少しずつまわします。Vのメーターの針《はり》が1.5であれば(④　　　)で、かん電池(⑤　　　)個《こ》分の電圧《でんあつ》になります。

調節　直流　かん電池　1.5V　1　2

2 電流計で電流の強さをはかりました。－端子が下の図のとき、電流の強さを右から選んで線で結びましょう。

(各４点)

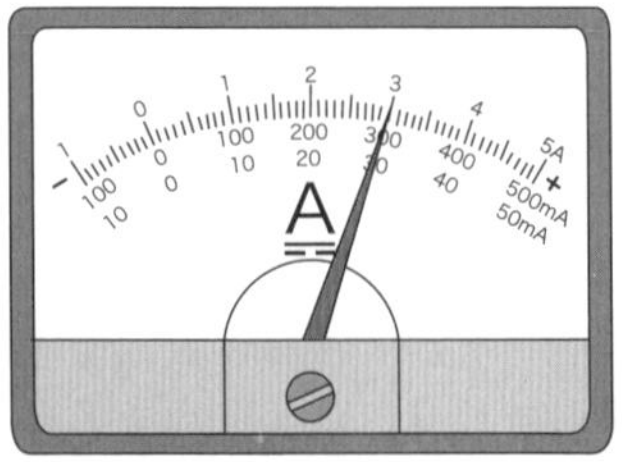

① ５Aの端子　・　　・ 30mA

② 500mAの端子　・　　・ ３A

③ 50mA端子　・　　・ 300mA

3 次の文の(　　)にあてはまる言葉を□から選んでかきましょう。

(各８点)

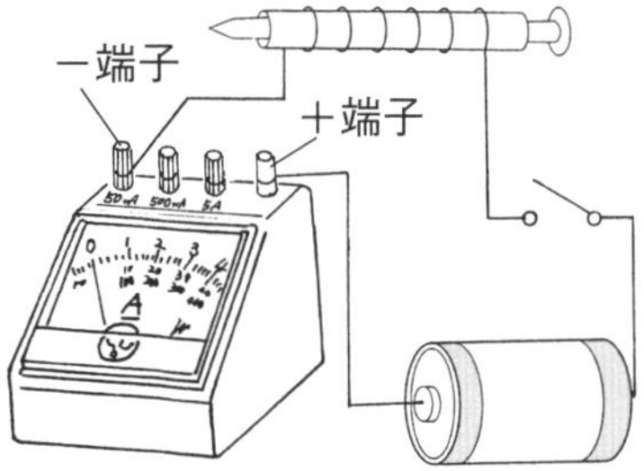

電流計を使って、回路に流れる電流の強さを調べます。

また、電流計は、回路に(①　　　)につなぎます。

電流計の(②　　　)端子には、かん電池の＋極からの導線《どうせん》をつなぎます。

電流計の(③　　　)端子には、電磁石をつないだ導線をつなぎます。

はじめは、最も強い電流がはかれる(④　　　)の端子につなぎます。針のふれが小さいときは(⑤　　　)の端子に、それでも針のふれが小さいときは(⑥　　　)の端子につなぎます。

＋　－　直列　へい列　5A　500mA　50mA

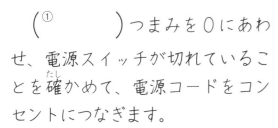

1 六大陸・三大洋と日本の国土

学習日 ／

1回目 ／100点　答えは166ページ　2回目 ／100点

できた！

1 ①～⑥の六大陸とⒶ～Ⓒの三大洋の名前を[　]から選んでかきましょう。（各5点）

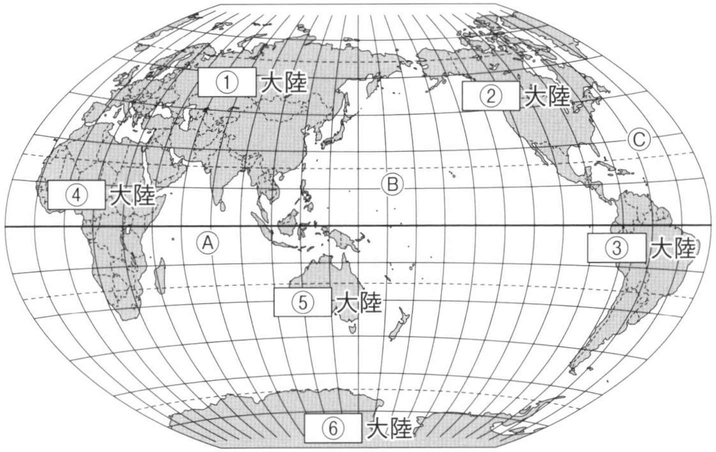

①	大陸	②	大陸
③	大陸	④	大陸
⑤	大陸	⑥	大陸

Ⓐ		Ⓑ	
Ⓒ			

オーストラリア　ユーラシア　南極
南アメリカ　北アメリカ　アフリカ
太平洋　インド洋　大西洋

2 次の地図を見て、後の問いに答えましょう。

②　①

③

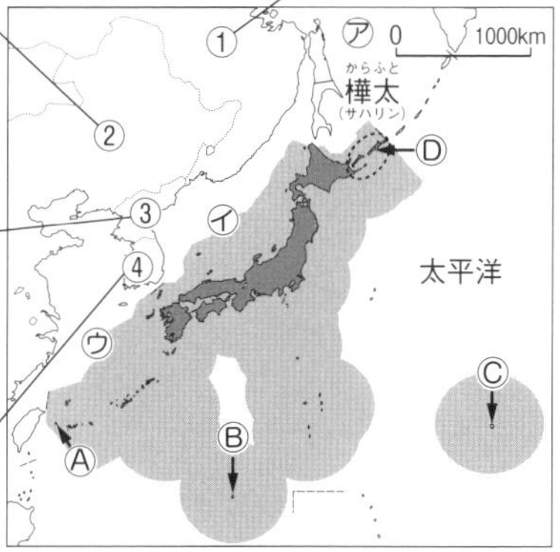

Ⓓ

④

Ⓒ

Ⓐ　Ⓑ

(1) 図の中の□にあてはまる言葉を、[　]から選んでかきましょう。（各5点）

中華人民共和国《ちゅうかじんみんきょうわこく》　朝鮮民主主義人民共和国《ちょうせんみんしゅしゅぎじんみんきょうわこく》
大韓民国《だいかんみんこく》　ロシア連邦《れんぽう》　与那国島《よなぐにじま》
南鳥島《みなみとりしま》　沖ノ鳥島《おきのとりしま》　択捉島《えとろふとう》

(2) ㋐～㋒の海の名前をかきましょう。（各5点）

㋐		㋑		㋒	

東シナ海　オホーツク海　日本海

2 都道府県名 ①

答えは166ページ

次の地図を見て、後の問いに答えましょう。

山梨　群馬　長野　埼玉
栃木　滋賀　岐阜　奈良

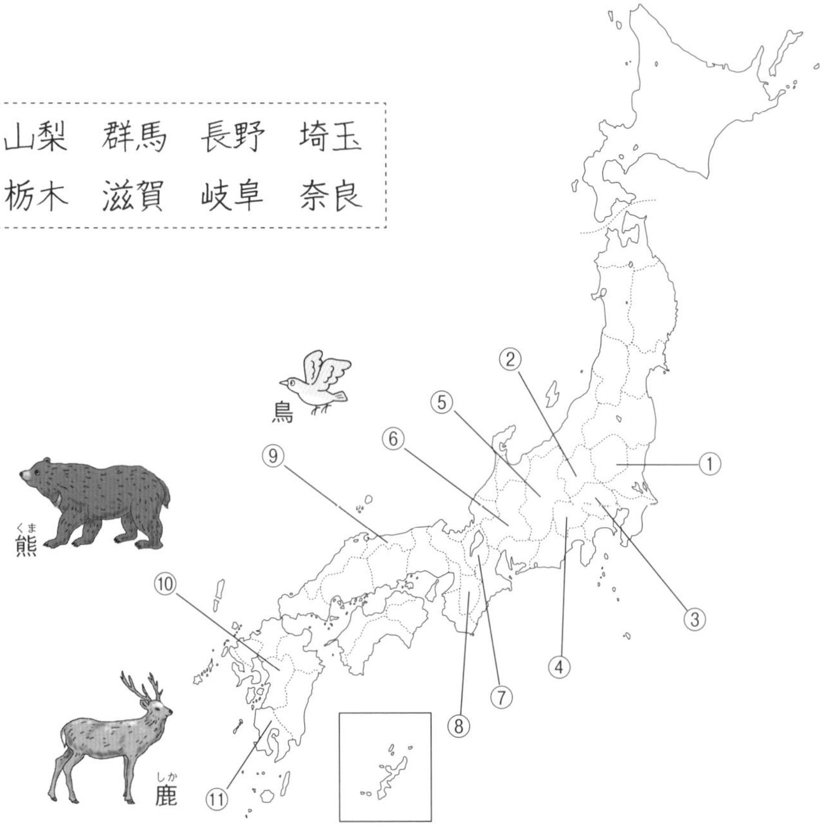

(1)　①～⑧は、海に面していない県です。［　　］から選んでかきましょう。（各6点）

①	県	②	県	③	県
④	県	⑤	県	⑥	県
⑦	県	⑧	県		

(2)　⑨～⑪の動物の漢字が入った県は何県ですか。（各4点）

⑨	県	⑩	県	⑪	県

(3)　次のシルエットは、何県ですか。［　　］から選んでかきましょう。（各6点）

㋐　㋑　㋒　㋓

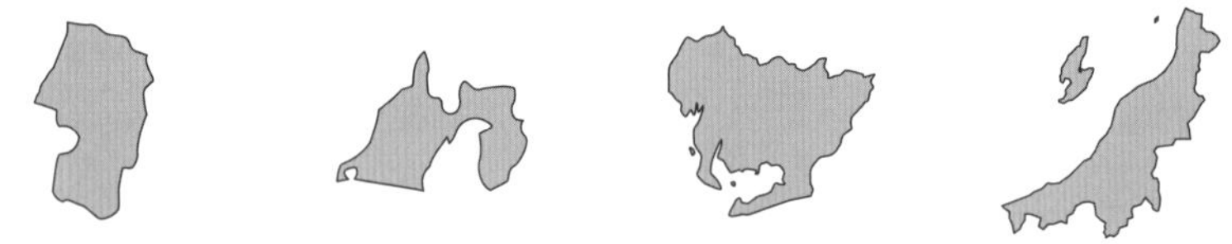

（人の横顔）　（金魚）　（クワガタの頭）　（ゴジラ）

（　　県）（　　県）（　　県）（　　県）

静岡　高知　山形　愛知　新潟

(4)　次の県のマークにあてはまる県名を［　　］から選んでかきましょう。（各4点）

㋐　㋑　㋒　㋓

県	県	県	県

福岡　長崎　青森　石川　富山

3 都道府県名 ②

1 面積の大小ベスト5の都道府県名をかきましょう。

Ⓐ　面積が大きい順

福島県　北海道
長野県　岩手県
新潟県

Ⓑ　面積が小さい順

香川県　沖縄県
大阪府　東京都
神奈川県

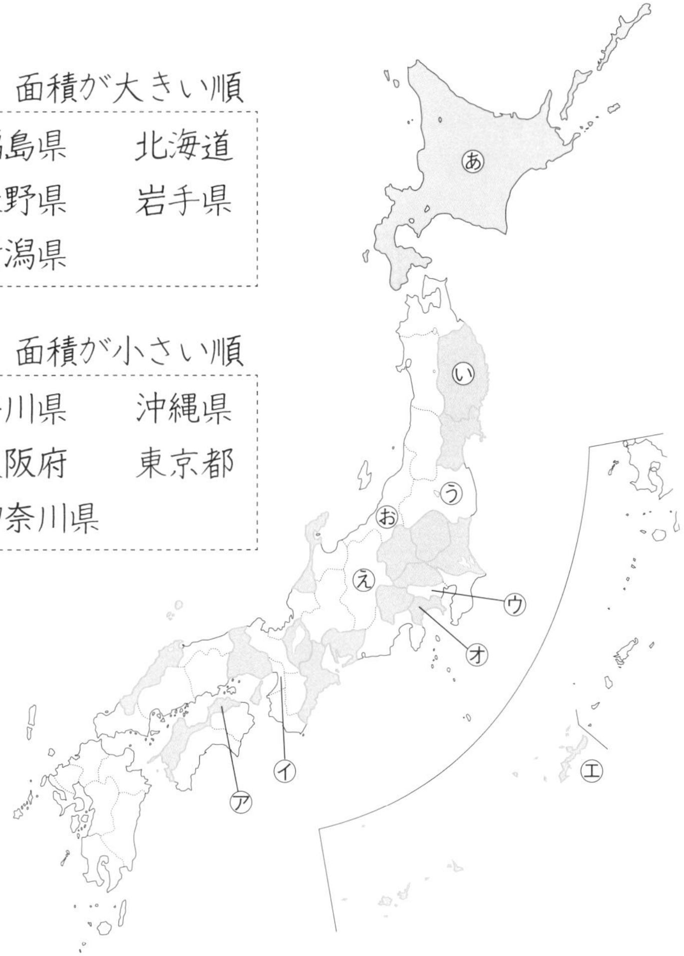

Ⓐ《面積が大きいベスト5》（各5点）

あ		い		う	
え		お			

Ⓑ《面積が小さいベスト5》（各5点）

㋐		㋑		㋒	
㋓		㋔			

2 1の色がついているところは、県名と県庁《けんちょう》所在地《しょざいち》名が違うところです。それぞれ県名をかきましょう。

① 県庁所在地名に「松」がつく。（各5点）

松山市		松江市	

② 県庁所在地名に「津」がつく。（各5点）

津市		大津市	

③ 次の県庁所在地名とその県の有名な物を線で結んで、その県名を［　］にかきましょう。（各6点）

ⓐ 金沢《かなざわ》市・　　・㋐ 嬬恋《つまごい》キャベツ →［　　県］
ⓑ 神戸《こうべ》市・　　・㋑ 輪島《わじま》ぬり →［　　県］
ⓒ 甲府《こうふ》市・　　・㋒ 但馬《たじま》牛 →［　　県］
ⓓ 前橋《まえばし》市・　　・㋓ 富士山 →［　　県］
ⓔ 仙台《せんだい》市・　　・㋔ 七夕《たなばた》まつり →［　　県］

4 日本の川と平地

学習日 ／

1回目 ／100点 答えは166ページ 2回目 ／100点

できた！

地図の平野・台地・盆地《ぼんち》と川の名前を［　］から選んでかきましょう。

(1) 平野と川 (各5点)

①	平野	川
②	平野	川
③	秋田 平野	川
④	平野	北上 川
⑤	平野	川
⑥	平野	川
⑦	平野	川
⑧	平野	川
⑨	大阪 平野	川
⑩	平野	川

〈平野〉

庄内《しょうない》　関東
濃尾《のうび》　十勝
筑紫《つくし》　越後《えちご》
仙台《せんだい》　石狩

〈川〉

最上《もがみ》　筑後《ちくご》
石狩　利根《とね》
信濃《しなの》　木曽《きそ》
十勝　淀《よど》
雄物《おもの》

(2) 台地・盆地 (各5点)

㋐	台地	㋑	盆地
㋒	台地		

シラス　根釧《こんせん》　甲府《こうふ》

5 日本の山地と山脈 ①

学習日 ／

1回目 ／100点　答えは166ページ　2回目 ／100点　できた！

次の図を見て、後の問いに答えましょう。

(1) ア～カの山脈の名前を□から選んでかきましょう。

（各8点）

ア	山脈	イ	山脈
ウ	山脈	エ	山脈
オ	山脈	カ	山脈

奥羽《おうう》　飛騨《ひだ》　木曽《きそ》　赤石《あかいし》　日高《ひだか》　越後《えちご》

(2) Ⓐ～Ⓔの山地の名前を□から選んでかきましょう。

（各8点）

Ⓐ	山地	Ⓑ	山地
Ⓒ	山地	Ⓓ	山地
Ⓔ	山地		

九州　中国　関東　四国　紀伊《きい》

(3) 次の（　）にあてはまる言葉を□から選んでかきましょう。

（各3点）

日本の国土の（①　　　　）が山地です。

北は（②　　　　）から南は九州まで、中央に（③　　　　）のような山々が連なっています。特に、本州の中央部には3000m級の山脈がそびえ、（④　　　　）といわれています。

▲中央アルプス

北海道　日本の屋根（日本アルプス）
4分の3　せぼね

6 日本の山地と山脈 ②

学習日 ／

1回目 ／100点

答えは166ページ

2回目 ／100点

できた！

1 次のグラフの㋐～㋒にあてはまる言葉をかきましょう。

（各7点）

〈国土の地形のわりあい〉

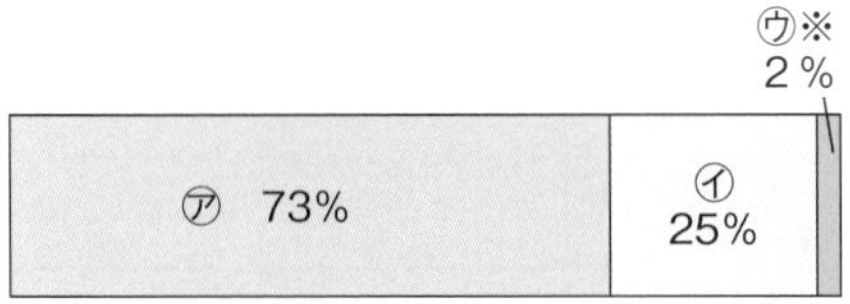

※北方領土もふくみます。

（『日本国勢図会　2019/20』より作成）

㋐（　　　　　　）

㋑（　　　　　　）

㋒（　　　　　　）

川・湖　　山地　　平地

2 次の地形を表した図で、それぞれのよび方を［　　］から選んでかきましょう。

（各7点）

③（周りを山に囲《かこ》まれている）

①（険しい山々が連なる）

②（いくつかの山が集まる）

④（周りより高くて平ら）

⑤（海に面する平地）

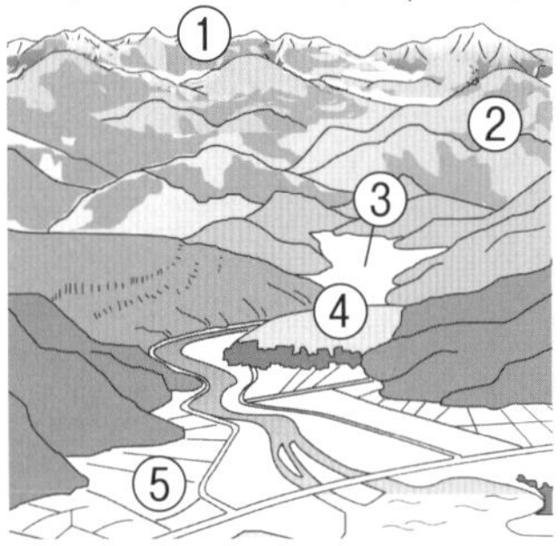

	よび方
①	
②	
③	
④	
⑤	

山地　　山脈《さんみゃく》　　平野　　盆地《ぼんち》　　台地

3 次の図やグラフを見て、日本と世界の川を比《くら》べましょう。

（(1)…各7点、(2)…各6点）

〈日本と大陸の河川《かせん》の横断面《おうだんめん》曲線〉

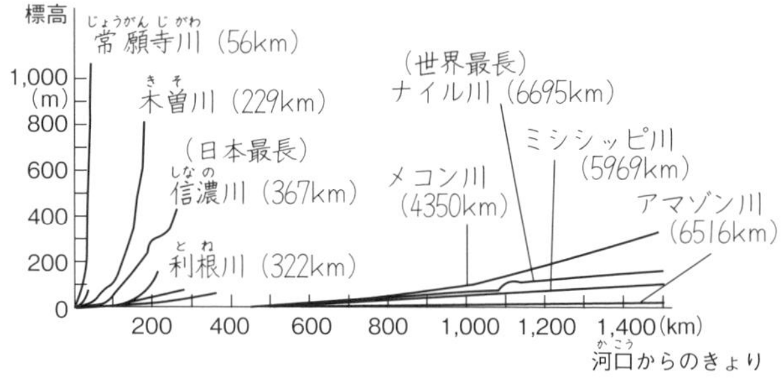

(1) Ⓐ 世界で一番長い川　　　　（　　　　　　）川

Ⓑ 日本で一番長い川　　　　（　　　　　　）川

(2) 次の（　）にあてはまる言葉をかきましょう。

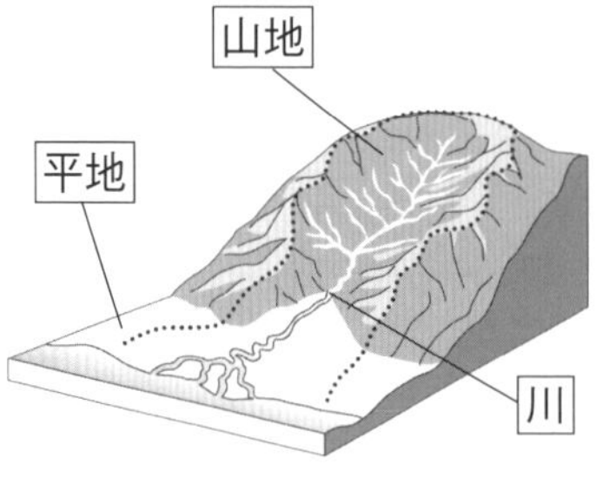

世界の川は、海までのきょりが（①　　　　）のですが、日本の川は、（②　　　　）ので、かたむきや流れが（③　　　　）です。だから、多くの（④　　　　）を運んで、（⑤　　　　）ができます。

平地　　短い　　土やすな　　急　　長い

7 高い土地と低い土地の人々のくらし

学習日 ／

1回目 ／100点　答えは166ページ　2回目 ／100点

できた！

1 次の資料《しりょう》を見て、後の問いに答えましょう。

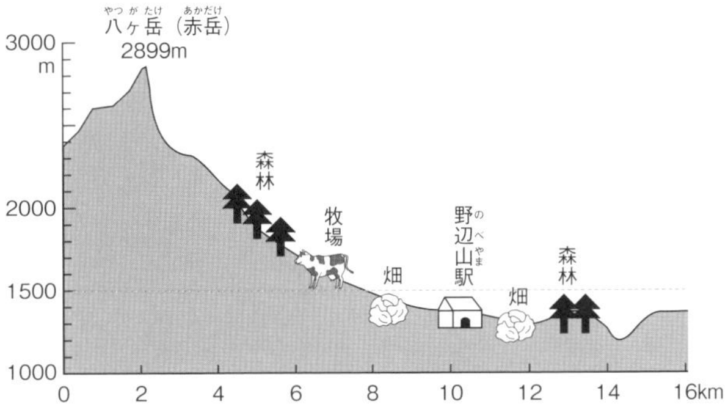

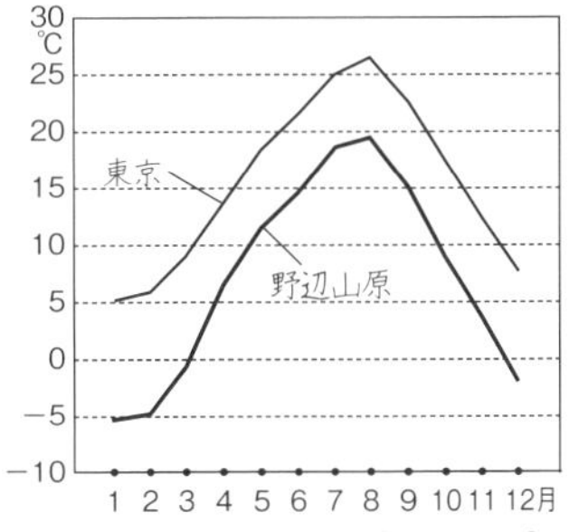

［気象庁資料］

野辺山原《のべやまはら》（長野県）と東京の月別平均《へいきん》気温

(1) 東京と野辺山の８月の気温は、約何度ですか。（各５点）

① 東京（　　　　）度　② 野辺山（　　　　）度

(2) 次の（　）にあてはまる言葉をかきましょう。（各９点）

長野県の野辺山原は、（①　　　　）が積もってできた、（②　　　　）土地でした。夏の気温も低いため（③　　　　）には適《てき》していませんでした。そこで牧場からの（④　　　　）を土にまぜて栄養豊《ゆた》かな土地に変えていきました。そして、レタスなどの（⑤　　　　）がさかんにつくられるようになったのです。

高原野菜	火山ばい	牛のフン	米づくり
やせた			

2 次の図を見て（　）にあてはまる言葉をかきましょう。

（各９点）

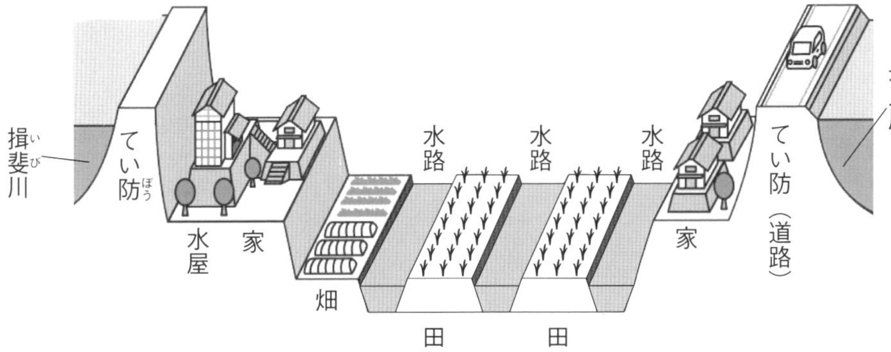

Ⓐ 昔、この地は川よりも（①　　　　）ため、大雨がふったりすると、家や田畑は水びたしになっていました。

Ⓑ 700年ほど前、周りを（②　　　　）で輪のように囲《かこ》みました。ここを（③　　　　）といい、ひなん場所として、（④　　　　）を建てました。

Ⓒ 今では、（③）の中に水がたまらないようにする（⑤　　　　）をつくったので、畑作も行われるようになりました。

てい防《ぼう》	はい水機場	水屋	低い	輪中《わじゅう》

8 日本の気候

答えは166ページ

次の図は、日本の気候区分を表しています。

(1) ①～⑥の名前を[ ]から選んでかきましょう。 (各8点)

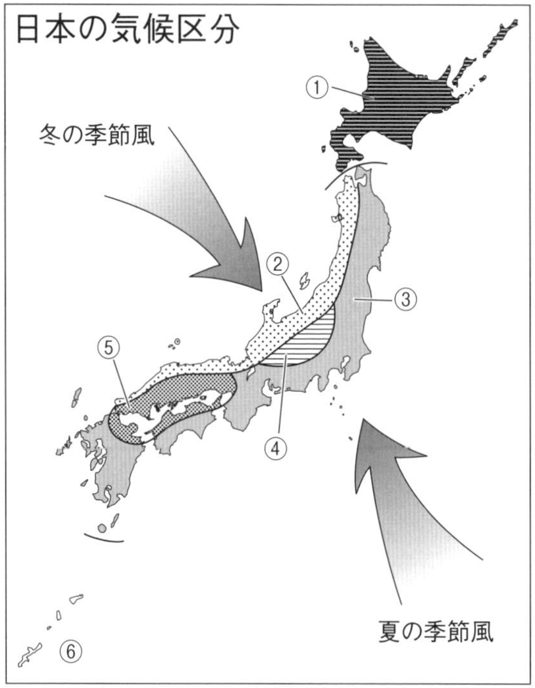

①	の気候	②	の気候
③	の気候	④	の気候
⑤	の気候	⑥	の気候

太平洋側	日本海側	中央高地
瀬戸内《せとうち》	北海道	南西諸島《しょとう》

(2) 図のグラフは、(1)の①～⑥のどの気候を表していますか。㋐～㋕から選んで□に記号で答えましょう。 (各7点)

㋐
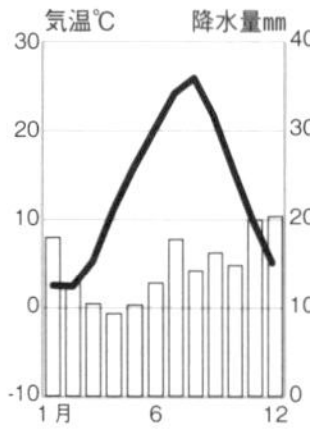

冬の季節風のえいきょうで、冬雨や雪が多く、寒い。

㋑
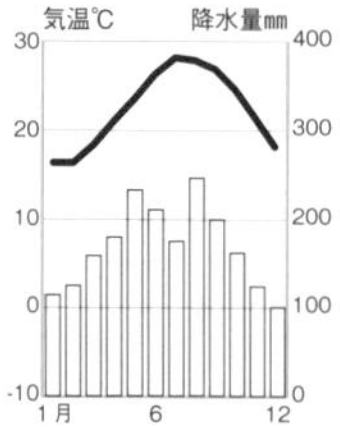

一年中気温が高い。夏に雨が多く、台風がよく来る。

㋒
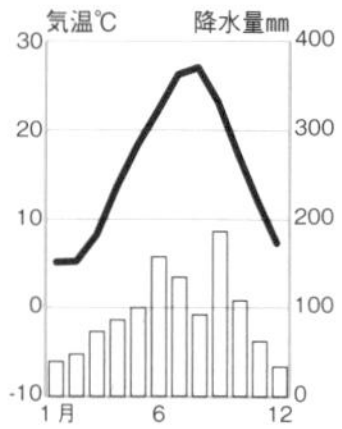

一年を通して雨が少ない。晴れの日が多い。

㋓
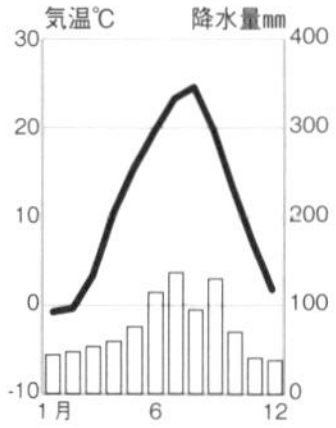

雨が少ない。夏と冬の気温の差が大きい。

㋔
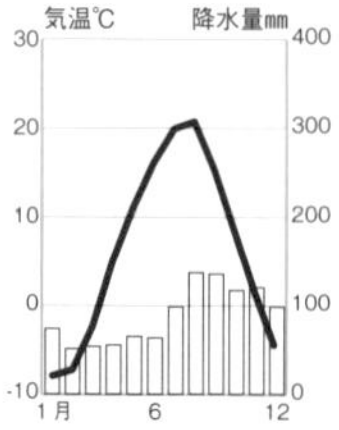

雨が少ない。冬は寒さがきびしい。

㋕
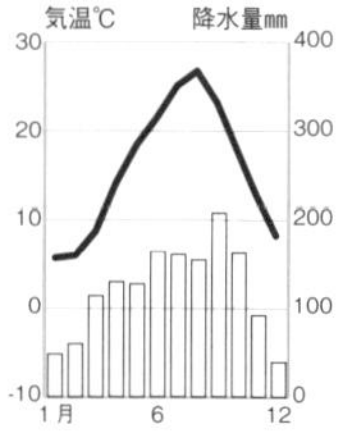

夏の季節風のえいきょうで、夏に雨が多い。冬は、雨が少ない。

①		②		③	
④		⑤		⑥	

(3) 日本の気候の特色について正しいもの2つに○をつけましょう。 (各5点)

① (　　) 冬になると、強い台風がよく来る。

② (　　) 太平洋側と日本海側とでは、夏と冬の気候がちがっている。

③ (　　) 日本中、どの場所でも気候は同じである。

④ (　　) 四季が分かれている。

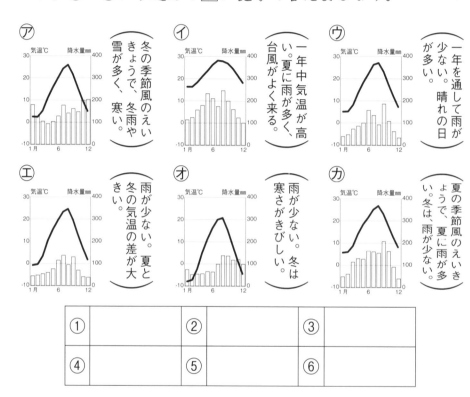

9 あたたかい地域と寒い地域

学習日 ／

1回目 ／100点

答えは167ページ

2回目 ／100点

1 次の絵やグラフを見て、後の問いに答えましょう。

〈家のようす〉

㋐

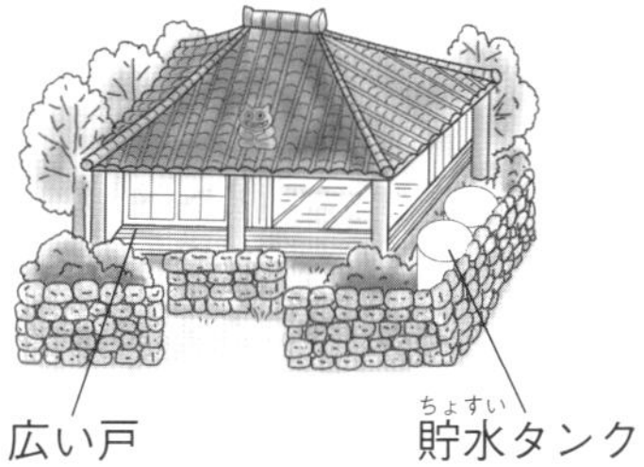

㋑

〈気候〉

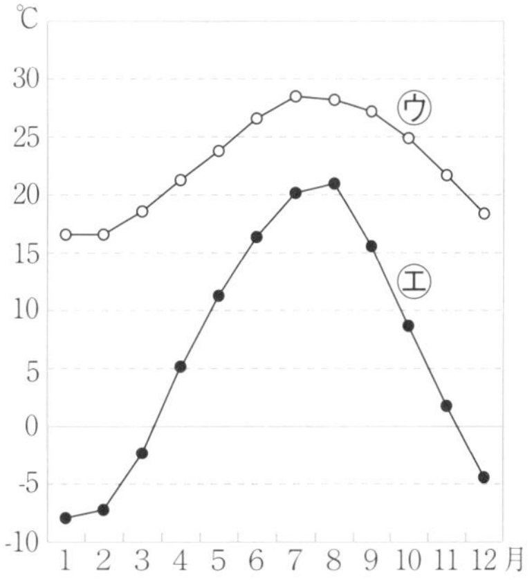

〈一年間の平均気温〉

(1) 沖縄県と北海道を表した絵とグラフを記号で答えましょう。　(各15点)

	絵	グラフ
沖縄県		

	絵	グラフ
北海道		

(2) ㋐・㋑の絵を見て、それぞれ気候に合わせた工夫《くふう》をかきましょう。　(各15点)

① 沖縄県 (　　　　　)(　　　　　)

② 北海道 (　　　　　)(　　　　　)

2 図は、沖縄県と北海道のようすを表しています。後の問いに答えましょう。

▲沖縄県の土地利用

▲北海道の農業

(1) 沖縄県のあたたかい気候を利用してつくられる作物をかきましょう。　(各8点)

(　　　　　)(　　　　　)

(2) 北海道の夏でもすずしい気候をいかしておこなわれている農業は何ですか。　(8点)

(　　　　　)

(3) (2)は、どこでさかんにおこなわれていますか。　(8点)

(　　　　　)台地

(4) 沖縄県の土地利用の中で、全国で一番多く利用されているものは、何ですか。　(8点)

(　　　　　)

10 米づくりのさかんな地域

1 次の図を見て、後の問いに答えましょう。

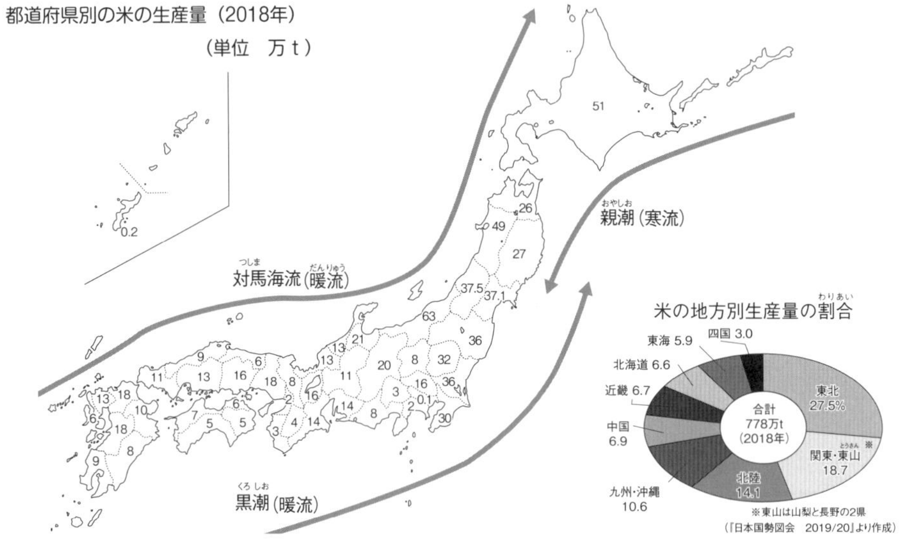

(1) 米の生産量の多い地方は、どこですか。（各8点）

（　　　　）（　　　　）地方

(2) (1)の地方でも、日本海側と太平洋側とどちらがさかんですか。（8点）

（　　　　　　　）

(3) (1)の地方は、日本の何といわれていますか。正しい方を○で囲《かこ》みましょう。（4点）

（ 屋根・米どころ ）

(4) 生産量が一番少ない都道府県はどこですか。（8点）

（　　　　　　　）

2 どうして米づくりが東北地方と中部地方の日本海側でさかんなのですか。(1)と(2)は［　　］から選びましょう。（各8点）

(1) 次の（　）にあてはまる言葉をかきましょう。

米づくりには、夏の時期に気温が（①　　　　）、日照時間が（②　　　　）ことが大事です。そして、（③　　　　）土地と、豊富《ほうふ》な（④　　　　）も必要です。

［ 短い　長い　高く　広い　水 ］

(2) 図の㋐と㋑の平野と川の名前をかきましょう。（各12点）

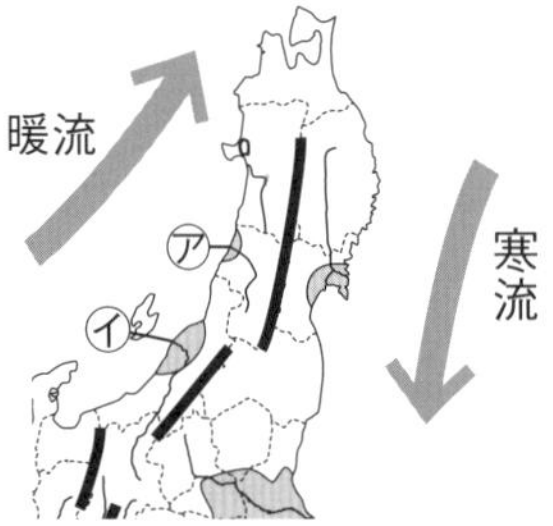

㋐（　　　　）平野（　　　　）川

㋑（　　　　）平野（　　　　）川

［ 越後《えちご》　庄内《しょうない》　最上《もがみ》　信濃《しなの》 ］

(3) 夏の日本海側は、晴れの日と雨の日、どちらが多いですか。（8点）

（　　　　　）

11 米づくりのさかんな地形と仕事

学習日 /

1回目 /100点 答えは167ページ 2回目 /100点

できた!

1 次の図やグラフを見て、正しいものには○を、まちがっているものには×をつけましょう。 (各5点)

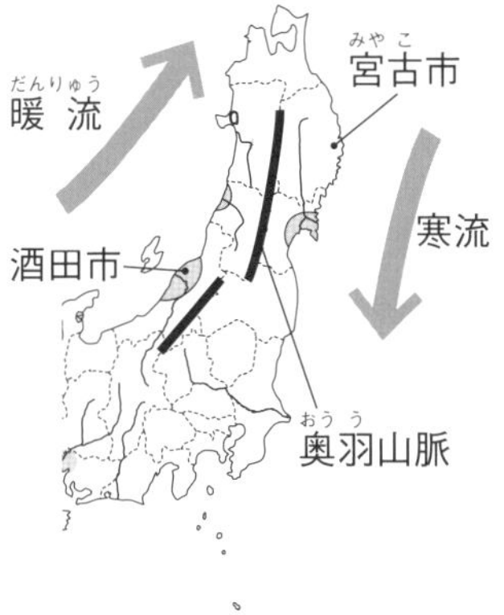

酒田市と宮古市の平均気温《へいきん》

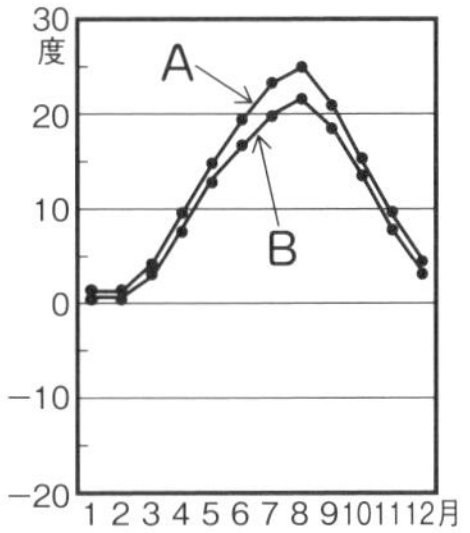

(2018年版「理科年表」より作成)

酒田市と宮古市の日照時間

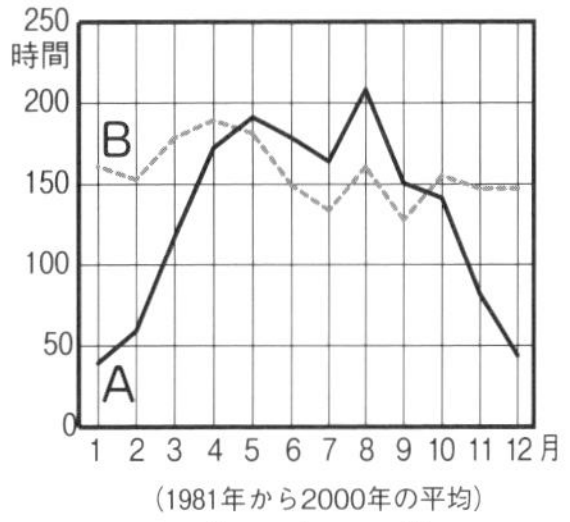

(1981年から2000年の平均)
(━…A, ----…B)

① (　　) 夏の気温は、酒田市より宮古市の方が高い。

② (　　) 秋田市は、近くの海を暖流が流れている。

③ (　　) 夏の日照時間は、宮古市より酒田市の方が長い。

④ (　　) 奥羽山脈から養分を多くふくんだ水が酒田市側にたくさん流れてくる。

⑤ (　　) 宮古市の近くを暖流が流れているので冷害がおこりにくい。

⑥ (　　) 宮古市の8月の日照時間は200時間ある。

2 米づくりの仕事について答えましょう。

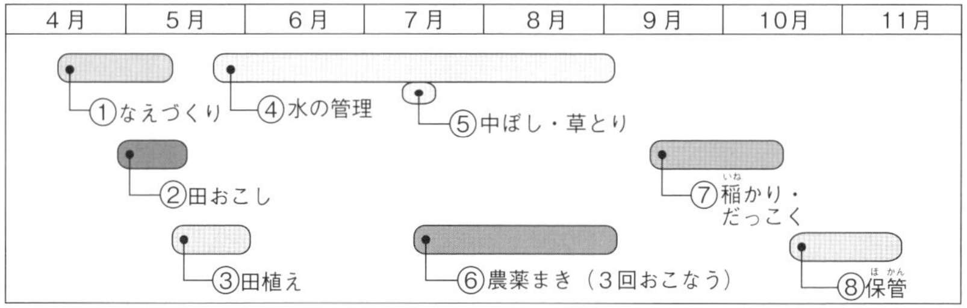

(1) 次の農作業の絵を見て、上の表の①~⑦のどの仕事の様子か、それぞれあてはまる番号で答えましょう。 (各7点)

㋐  (　　)

㋑ 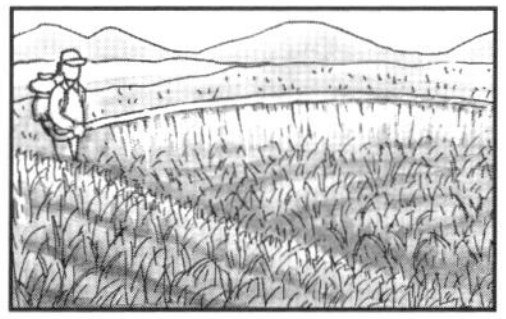 (　　)

㋒  (　　)

㋓  (　　)

(2) 次のⒶ~Ⓓは、①~⑦のどの説明ですか。 (各7点)

Ⓐ (　　) ビニールハウスの中で温度調節をして育てる。

Ⓑ (　　) 田を耕《たがや》して、稲の根がのびやすいようにする。

Ⓒ (　　) 根が育つようにするため、田の水を全部ぬく。

Ⓓ (　　) 病気や害虫から稲を守るため薬を使う。

(3) ㋐と㋒の絵の機械をそれぞれ何といいますか。 (各7点)

㋐ (　　　　　　　　) ㋒ (　　　　　　　　)

12 米づくりのくふう

学習日 ／

1回目 ／100点　答えは167ページ　2回目 ／100点

できた！

社会

1 次の図を見て、[　　]から言葉を選んで答えましょう。

Ⓐ

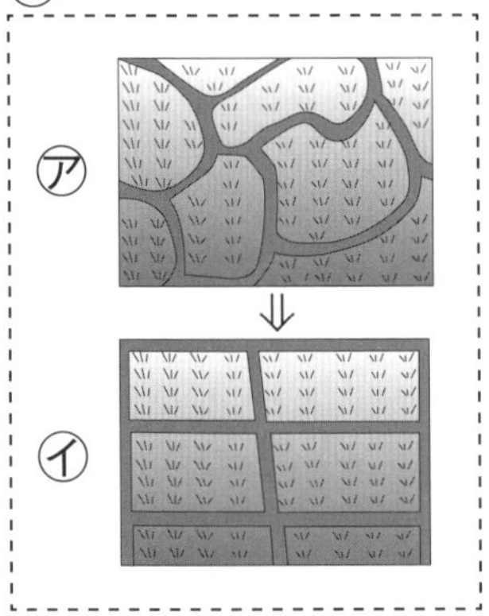

Ⓑ

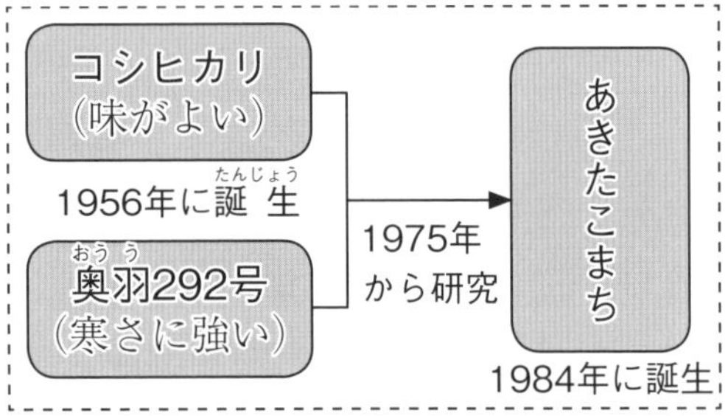

(1) ⒶとⒷは何を表していますか。（各8点）

Ⓐ(　　　　　　　　)　Ⓑ(　　　　　　　　)

(2) ⒶとⒷについて(　　)にあてはまる言葉をかきましょう。（(　)…各4点）

Ⓐ…(　　　　　　)が使いやすく、農作業の時間が(　　　　　　)される。

Ⓑ…(　　　　　　)性質《せいしつ》の米や(　　　　　　)の好みに合った米をつくれる。

すぐれた	農業機械	消費者《しょうひしゃ》	短しゅく
品種改良	耕地《こうち》整理		

2 次の図を見て、後の問いに答えましょう。

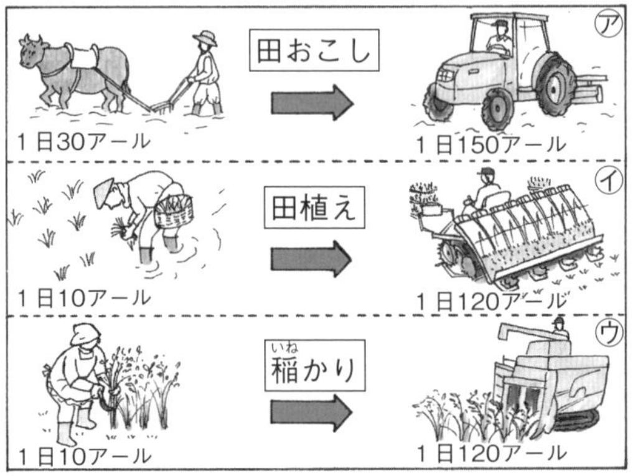

(1) 次の農業機械はア～ウのどれですか。（各7点）

①コンバイン

(　　　)

②トラクター

(　　　)

③田植え機

(　　　)

(2) 機械化によって、稲かりは作業の効率《こうりつ》が何倍になりましたか。（10点）

(　　　)倍

(3) (　　)にあてはまる言葉を[　　]から選んでかきましょう。（各7点）

機械化することによって農作業にかかる時間が(①　　　)なったのはよいですが、機械を買うには費用が(②　　　)かかります。そこで、大型《おおがた》機械などを(③　　　)で使うようになりました。

共同	短く	多く	安く

13 これからの米づくり

学習日 ／

1回目 ／100点
答えは167ページ
2回目 ／100点
できた！

1 次の図やグラフを見て、後の問いに答えましょう。

〈図1〉食生活の変化

〈図2〉
▼米の生産量・消費量と古米の在庫量のうつり変り

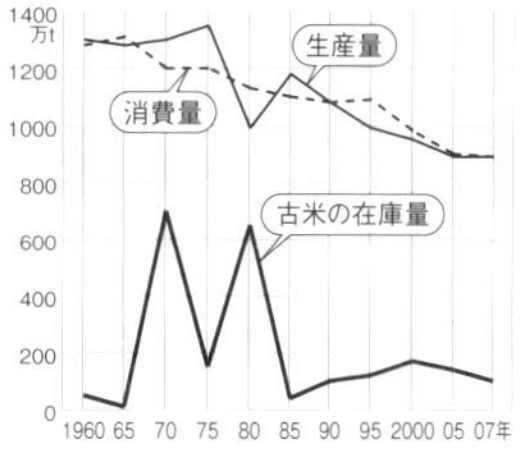

（2009年 農林水産省調べ）

(1) 次の文で正しいものには○を、まちがっているものには×をつけましょう。（各5点）

① （　　）最近の食生活は、パン中心になってきた。
② （　　）米の消費量《しょうひりょう》は、50年前と変わっていない。
③ （　　）最近では米の生産量と消費量が同じぐらい。
④ （　　）古米の在庫《ざいこ》量は、どんどん増《ふ》えている。

(2) 次の（　　）にあてはまる言葉をかきましょう。（各8点）

米の生産量を（①　　　　）ために、米以外の作物をつくる（②　　　　）などをして（③　　　　）を行っています。しかし、最近では外国から（④　　　　）米が輸入《ゆにゅう》されるなど、なかなか問題は解決《かいけつ》されていません。

生産調整　　安い　　転作　　減《へ》らす

2 これからは、「安全でおいしい米づくり」に取り組まなければなりません。（　　）にあてはまる言葉を□から選んでかきましょう。（（　）…各8点）

(1) （①　　　　）の利用

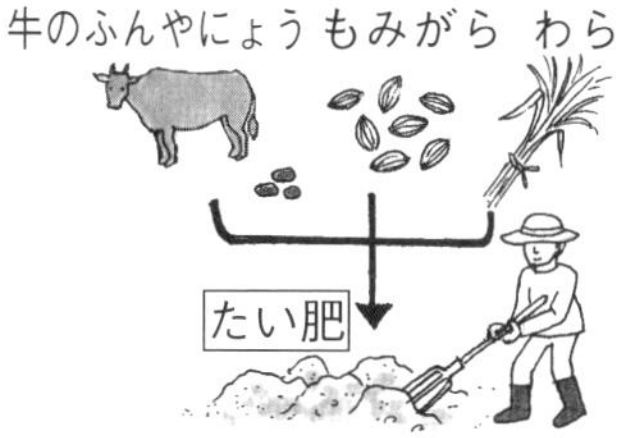

わらやもみがらと（②　　　　）のふんなどでつくった肥料《ひりょう》を使うと、（③　　　　）肥料を使う回数や量を減らせます。

(2) （①　　　　）農法

あいがもは、水田の害虫や（②　　　　）を食べてくれるので（③　　　　）を使わなくてすみます。しかも、そのふんが肥料にもなるのです。

化学　　牛　　たい肥　　雑草《ざっそう》　　あいがも　　農薬

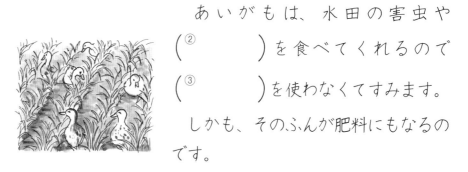

14 野菜・くだものづくり

答えは167ページ

1 次の言葉を説明している文を線で結びましょう。（各4点）

Ⓐ 近こう農業 •　　• ㋐ 大都市の近くで野菜などをつくる農業

Ⓑ 高原野菜 •　　• ㋑ 冬でもあたたかい地で、ビニールハウスなどを使って生育を早めるさいばい

Ⓒ そく成さいばい •　　• ㋒ 夏でもすずしい気候をいかしてつくる野菜

2 次の㋐～㋕の県名を（　　）にかき、そこでの野菜づくりを **1** のⒶ～Ⓒの記号で□に答えましょう。（（　）、□…各4点）

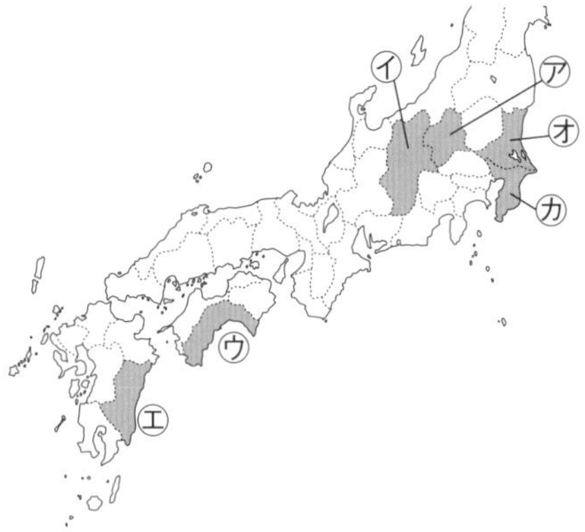

(1)（㋐　　　　県）
（㋑　　　　県）□

(2)（㋒　　　　県）
（㋓　　　　県）□

(3)（㋔　　　　県）
（㋕　　　　県）□

3 図は、くだもののさいばいがさかんな地域《ちいき》です。

(1) 図の㋐～㋕の県名をかきましょう。（各5点）

りんごの生産量

1位	㋐　　　　県
2位	㋑　　　　県
3位	㋒　　　　県

みかんの生産量

1位	㋓　　　　県
2位	㋔　　　　県
3位	㋕　　　　県

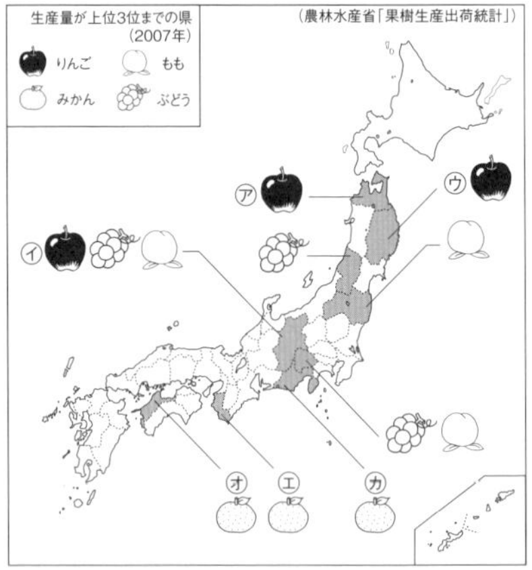

(2) ももとぶどうの生産が多い県名をかきましょう。（各5点）

（　　　　　　）（　　　　　　）

(3) （　　）にあてはまる言葉をかきましょう。（各3点）

りんごは（①　　　　）地域で、みかんは（②　　　　）地域でつくられます。ももやぶどうは、昼と（③　　　　）の温度差が（④　　　　）地域でつくられます。

夜　あたたかい　すずしい　大きい　小さい

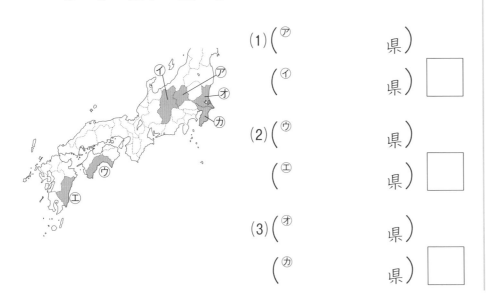

15 野菜・くだもの・ちく産のさかんな地域

学習日 ／

1回目 ／100点　答えは167ページ　2回目 ／100点　できた！

1 次の図は、気候・地域《ちいき》に合わせた野菜とくだものづくりのようすを表しています。

（　）に県名、〔　〕に作物をかきましょう。（（　）、〔　〕…各5点）

〔野菜〕

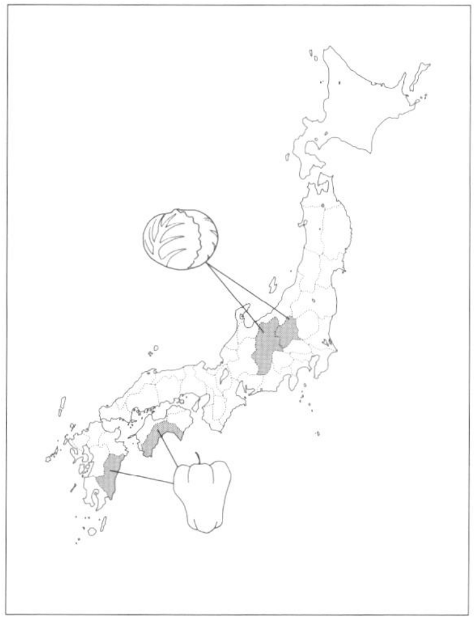

〔くだもの〕

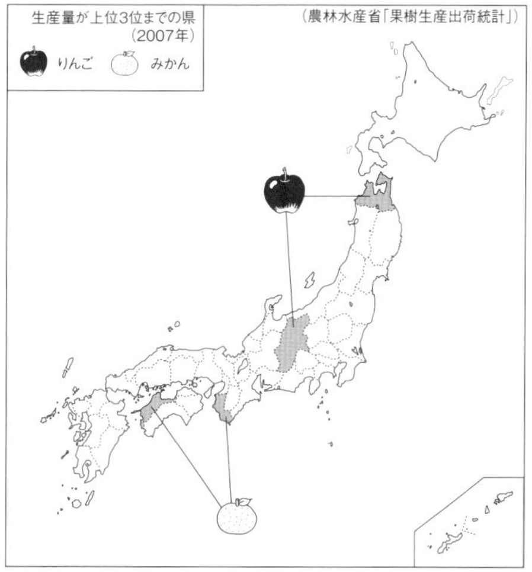

(1) あたたかい気候の地域

① 野菜
（　　県）（　　県）
〔　　〕

② くだもの
（　　県）（　　県）
〔　　〕

(2) すずしい気候の地域

① 野菜
（　　県）（　　県）
〔　　〕

② くだもの
（　　県）（　　県）
〔　　〕

2 次の図は、ちく産のさかんな道県を表しています。

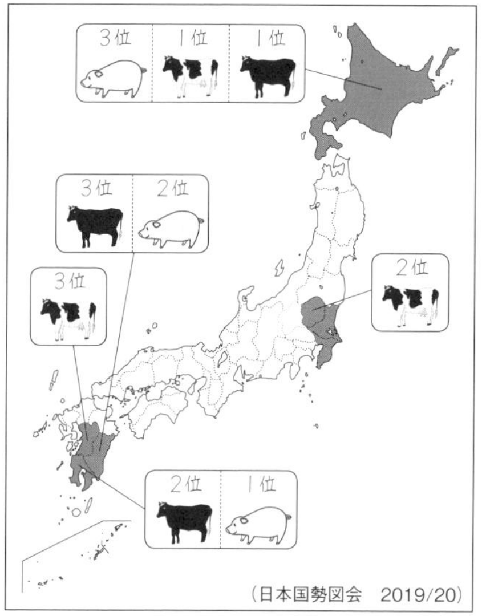

(1) 次の表の道県名をかきましょう。（各5点）

	第1位	第2位
乳牛《にゅうぎゅう》	①	岩手 栃木
肉牛	北海道	②
ぶた	③	④

(2) （　）にあてはまる言葉を□から選んでかきましょう。（各5点）

牛を育てるには、(①　　　　)牧草地が必要で、乳牛はさらに、夏でも(②　　　　)気候のところが適《てき》しています。

この地域は、北海道では(③　　　　)台地で、九州ではシラス台地です。

また、これらの地域では、作物をつくるのが(④　　　　)ところでもあります。

根釧《こんせん》　やさしい　むずかしい　すずしい　広い

16 海流と漁業のさかんな地域

学習日 ／

1回目 ／100点　答えは167ページ　2回目 ／100点

1 図は、日本近海の海流のようすを表しています。

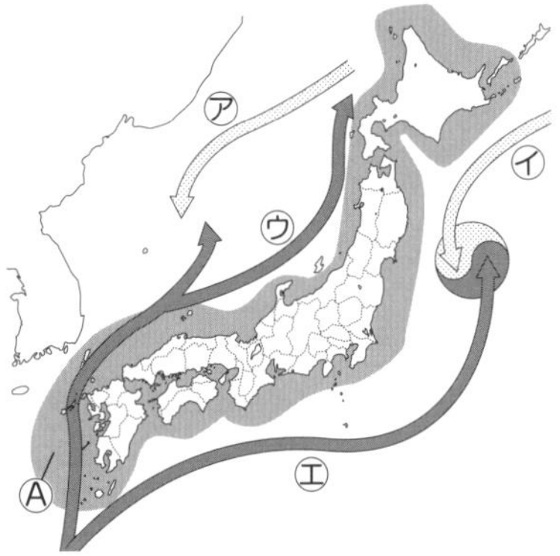

(1)　㋐～㋓は寒流と暖流《だんりゅう》のどちらですか。記号で答えましょう。（各10点）

①　寒流

(　　　)(　　　)

②　暖流

(　　　)(　　　)

(2)　(　　)にあてはまる言葉をかきましょう。（各５点）

上の図の㋐は(①　　　　)、㋑は(②　　　　)、㋒は(③　　　　)、㋓は(④　　　　)といいます。

右の図は、魚が集まる海の中のようすです。Ⓐのはん囲《い》の海底を(⑤　　　　)といいます。ここには小魚のえさとなる(⑥　　　　)がたくさんいます。

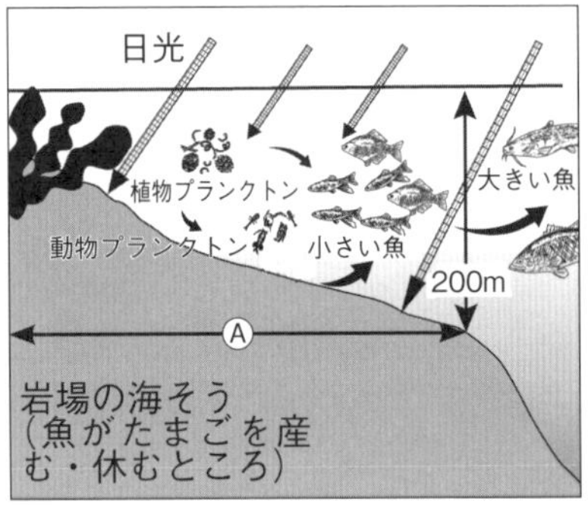

親潮《おやしお》　黒潮《くろしお》　リマン海流　対馬《つしま》海流
プランクトン　大陸だな

2 次の図を見て、後の問いに答えましょう。

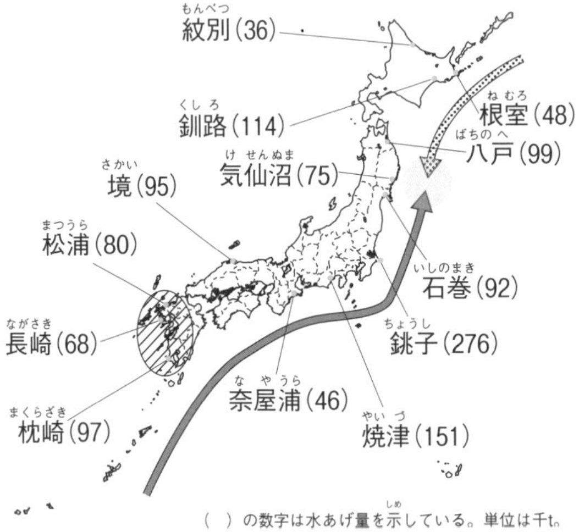

(　)の数字は水あげ量を示《しめ》している。単位は千t。
(『日本国勢図会 2019/20』より作成)

(1)　水あげ量の多い漁港を順に2つかきましょう。（各８点）

①　１位　(　　　　)

②　２位　(　　　　)

(2)　水あげ量の多い漁港は、太平洋側と日本海側のどちらに多いですか。（４点）

(　　　　)

(3)　(2)の理由として、(　　)にあてはまる言葉を［　　］から選んでかきましょう。（各６点）

北からの(①　　　　)と、南からの(②　　　　)とが、ぶつかる(③　　　　)があるところは(④　　　　)が多く、魚の種類も豊富《ほうふ》な良い漁場なのです。

また(⑤　　　　)の港は、遠くの海に行くのにも便利だからです。

黒潮　太平洋側　潮目　親潮　プランクトン

17 とる漁業から育てる漁業へ

学習日　／

1回目　／100点　答えは167ページ　2回目　／100点

答えは167ページ

1 次の絵を見て、後の問いに答えましょう。

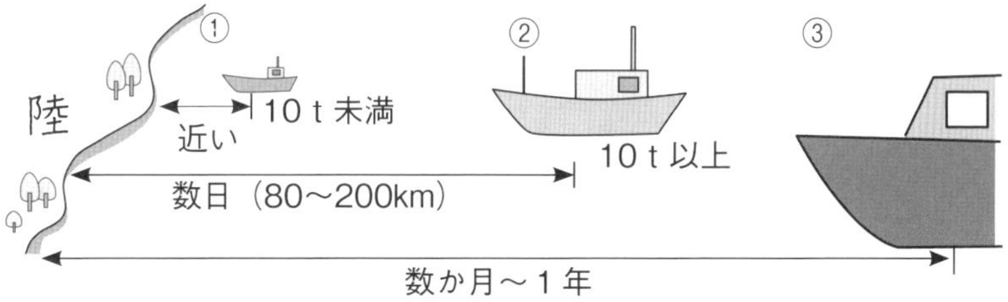

④

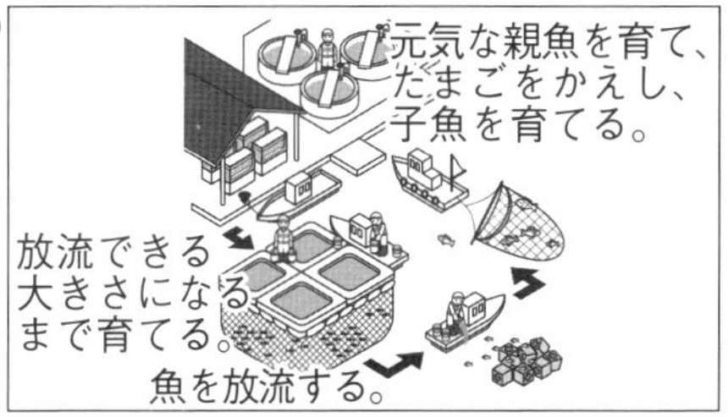

⑤

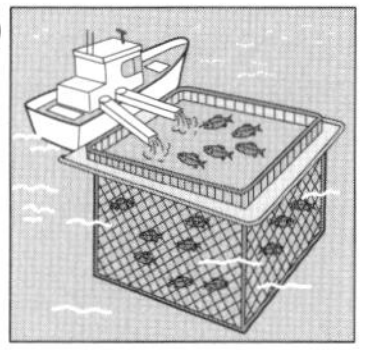

（いけすの中で育てて出荷する）

(1) ①～⑤のそれぞれの漁業の名前をかきましょう。（各８点）

①	漁業	②	漁業	③	漁業
④	漁業	⑤	業		

遠洋　養しょく　沿岸《えんがん》　さいばい　沖合《おきあい》

(2) ①～⑤を、とる漁業とつくり・育てる漁業に分けて、番号で答えましょう。（（　）…各４点）

㋐ とる漁業……………（　　）（　　）（　　）

㋑ つくり・育てる漁業……………（　　）（　　）

2 次のグラフと文を見て、後の問いに答えましょう。答えは［　　］から選んでかきましょう。

〈漁業別の漁かく量の変化〉

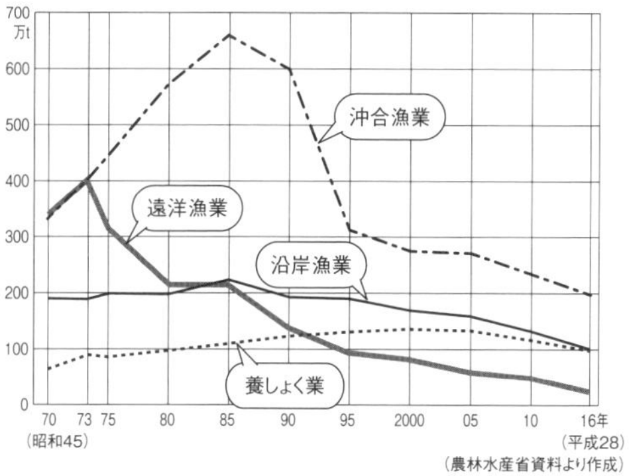

（農林水産省資料より作成）

日本の漁業は、1985年ごろから漁かく量が減ってきています。そこで、これからは、とる漁業だけでなく、育てる漁業も大事にしていかなくてはなりません。

(1) ㋐～㋑の漁業の名前をかきましょう。（各10点）

㋐ 岸からやや遠い沖合で、10ｔ以上の船を使って数日がかりでおこなう漁業。（　　　　）漁業

㋑ 遠くの海まで出かけ、長期間おこなう漁業。（　　　　）漁業

(2) 1985年で最も漁かく量の多い漁業は何ですか。（10点）

（　　　　）漁業

(3) 育てる漁業は、養しょく業と何漁業ですか。（10点）

（　　　　）漁業

さいばい　遠洋　沿岸　沖合

（二度使うものがあります。）

18 育てる漁業と200海里問題

学習日　／

1回目　／100点　答えは167ページ　2回目　／100点　できた！

1 次の絵を見て、(　　)にあてはまる言葉を[　　]から選んでかきましょう。

Ⓐ

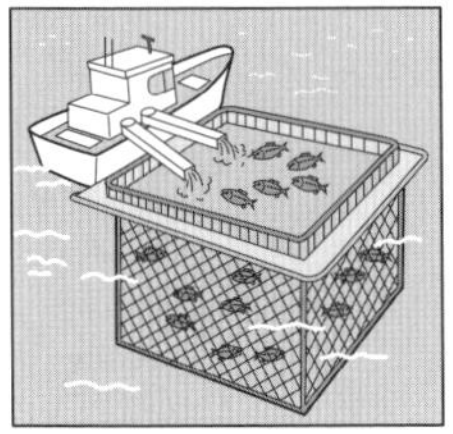

いけすの中で育てて出荷する

Ⓑ

① 

たまごをかえす

② 

稚魚《ちぎょ》を育てる

③ 

放流

④ 

とる

(1)　Ⓐ・Ⓑの「育てる漁業」は何ですか。　(各12点)

Ⓐ(　　　　　　業)　Ⓑ(　　　　　　漁業)

(2)　Ⓐ・Ⓑの大きなちがいは何ですか。　(12点)

(　　　　　　)するか、しないこと

(3)　Ⓐの利点と問題点は、何ですか。　(各12点)

①　利　点…収入《しゅうにゅう》が(　　　　　　)する。

②　問題点…(　　　　　　)が発生すると、大量に魚が死ぬこと。

放流	安定	養しょく	赤潮《あかしお》	さいばい

2 次の地図を見て、後の問いに答えましょう。　(各10点)

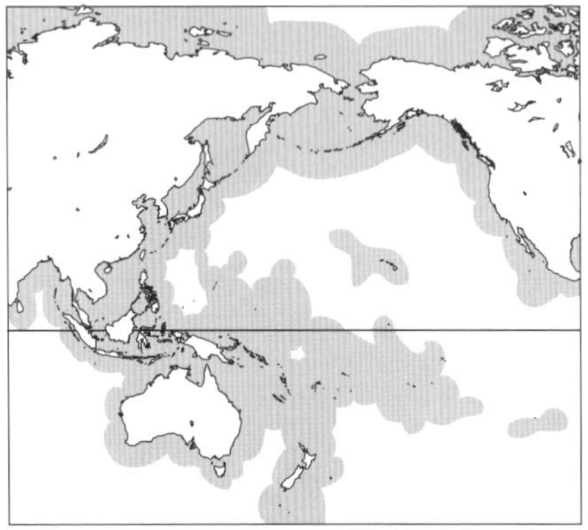

(1)　地図中の▒▒が表しているところは何ですか。次の㋐〜㋓から選びましょう。

㋐　領海《りょうかい》

㋑　海がよごれている水域《すいいき》

㋒　大陸だな

㋓　200海里水域(約370km)

(　　　　　)

(2)　(1)は、沿岸《えんがん》から何海里のはん囲《い》ですか。

(　　　　　)海里

(3)　▒▒が表しているところの説明として、正しい方に○をつけましょう。

①(　　)自分の国の水産資源《しげん》を守るために、外国の漁業を制限《せいげん》した水域。

②(　　)大陸のまわりの比《ひ》かく的浅い海。魚のえさになるプランクトンがよく育つため、魚が多く集まるところ。

(4)　▒▒が表しているところの問題によって、漁かく量が大きく減《へ》った日本の漁業に１つ○をつけましょう。

①(　)沿岸漁業　②(　)養しょく業　③(　)遠洋漁業

19 これからの漁業

学習日　／

1回目　／100点　　2回目　／100点

答えは168ページ

できた！

1 次のグラフは、おもな水産物の輸入《ゆにゅう》量の変化を表しています。

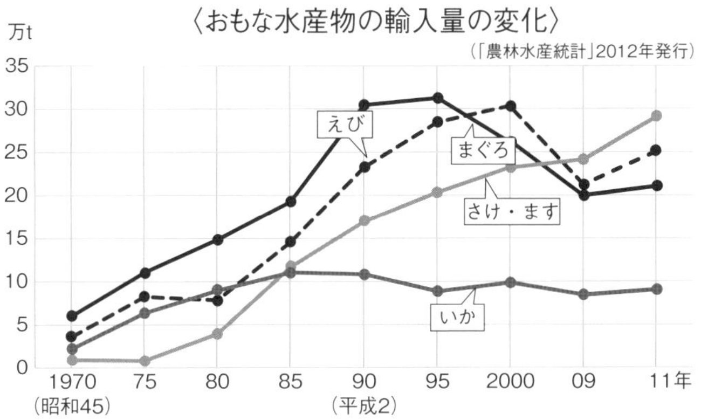

(1)　1995年まで輸入量が一番多かったのは、何ですか。（10点）

（　　　　　　）

(2)　2011年で一番多いのは、何ですか。（10点）

（　　　　　　）

(3)　日本の水産物の輸入量が大きく増《ふ》えたのは、日本の漁かく量が減ったからです。その理由として、正しいものには○を、まちがっているものには×をつけましょう。（各4点）

①（　　）魚のすむかん境《きょう》が悪くなったため。

②（　　）魚をとりすぎたため。

③（　　）日本人の魚の消費《しょうひ》量が減ったため。

④（　　）200海里水域《すいいき》によって、漁場が制限《せいげん》されるようになったため。

2 次の文の（　　）にあてはまる言葉を□から選んでかきましょう。（（　）…各8点）

(1)

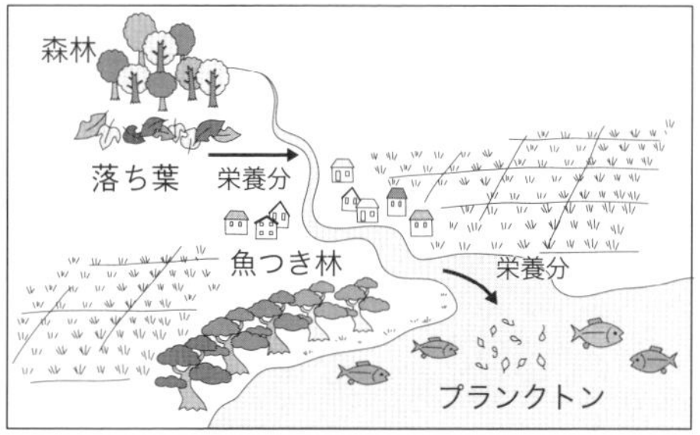

1989年に、宮城県の（①　　　　）たちが（②　　　　）に木を植えました。そのとき、山に大漁旗がはためきました。

（①）たちは、魚や貝のえさになる（③　　　　）は、森林につもった（④　　　　）によって育てられることがわかったからです。

(2)　（①　　　　）のはたらきは、海面に（②　　　　）

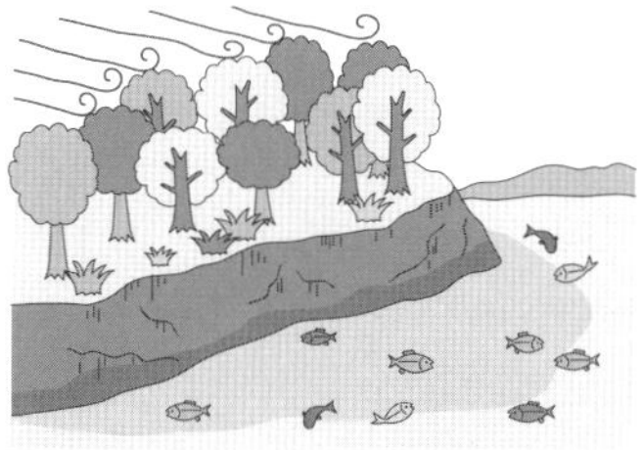

をつくる。（③　　　　）が海に流出しない。（④　　　　）を弱めるなどがあります。

こうして、魚の生育に良いかん境《きょう》をつくり出すのです。

魚《うお》つき林《りん》	落ち葉	山	風	漁師《りょうし》
土しゃ	プランクトン	木かげ		

20 これからの食料生産 ①

答えは168ページ

1 天ぷらそばから、今の食料事情《じじょう》を考えます。

(1) 次の文の(　　)にあてはまる言葉を[　　]から選んでかきましょう。 (各7点)

〈天ぷらそばから見る日本の食料自給率〉

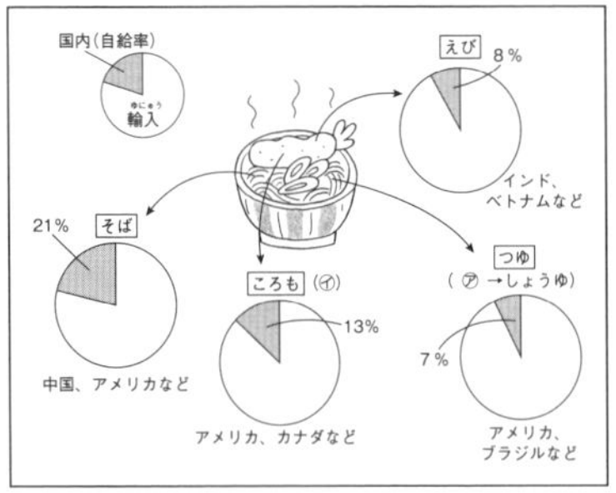

国内で食べられる量の中で、国内で(①　　　　)された量の割合《わりあい》を、(②　　　　)といいます。(③　　　　)未満は、国内生産では足りないということです。

[消費《しょうひ》　食料自給率《じきゅうりつ》　100％　生産]

(2) 上の図を見て、次の表を完成させましょう。 (各3点)

	原料	自給率	主な輸入相手国	
つ　ゆ				
ころも				

(3) 天ぷらそばを食べようとすると、ほとんど日本産と外国産のどちらのものになりますか。 (5点)

(　　　　)

2 次のグラフを見て、後の問いに答えましょう。

Ⓐ　おもな食料の消費量の変化

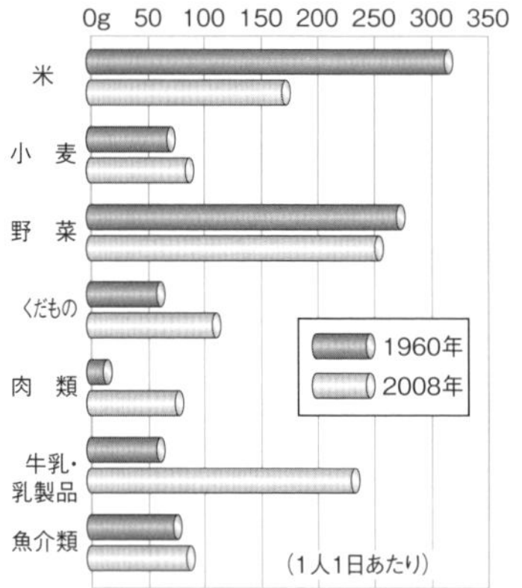

(2010年／11年版「日本国勢図会」ほか)

(1) 1960年と2008年をくらべて消費量が大きく増《ふ》えている食料を2つかきましょう。 (各10点)

㋐(　　　　)

㋑(　　　　)

(2) 2008年になり、消費量が大きく減った食料は何ですか。 (10点)

(　　　　)

Ⓑ　日本産と外国産の食料のねだん

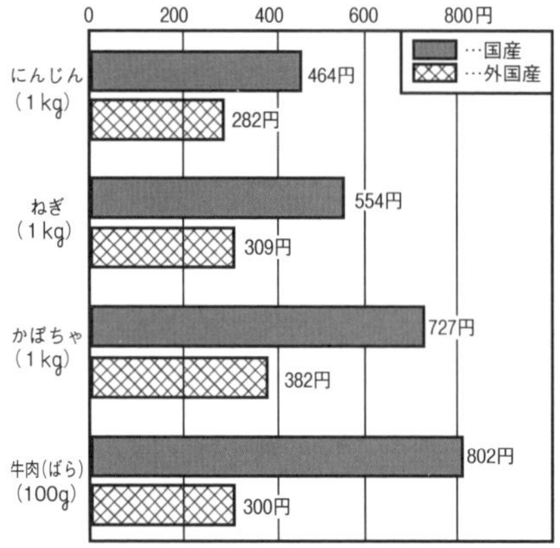

(2016年　農林水産省ほか)

(3) Ⓑのグラフで、日本産と外国産のねだんが大きくちがう食料は何で、それは外国産の約何倍ありますか。 (各10点)

㋐(　　　　)

㋑ 約(　　　)倍

21 これからの食料生産②

学習日 ／

1回目 ／100点　答えは168ページ　2回目 ／100点

1 次のグラフを見て、後の問いに答えましょう。

〈主な国の食料自給率〉

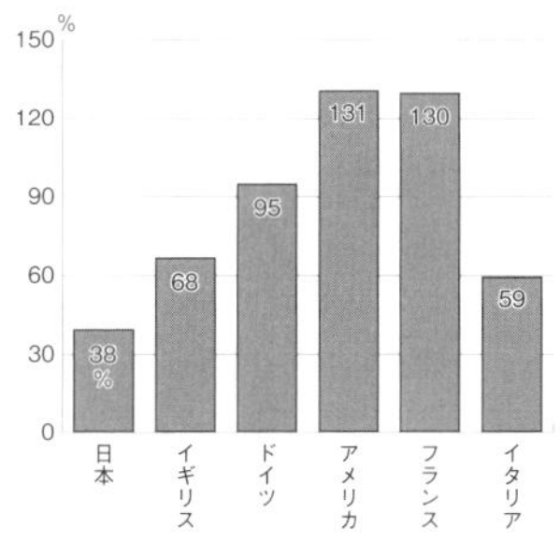

（2017年 食料需給《じゅきゅう》表より作成）

〈日本の食料自給率の移り変わり〉

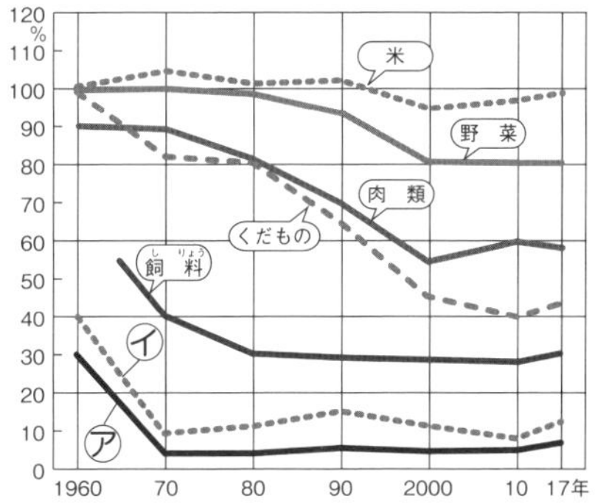

（『日本国勢図会　2019/20』より作成）

(1) 食料自《じ》給率《きゅうりつ》が100%以上の国は、どこですか。（各10点）

（　　　　）（　　　　）

(2) 食料自給率が一番低い国はどこですか。（10点）

（　　　　）

(3) 日本で食料自給率が100%近くあるのは、何ですか。（10点）

（　　　　）

(4) 次の絵は、日本で原料の自給率がとても低い食料です。それぞれの原料の名前をかきましょう。（各5点）

① 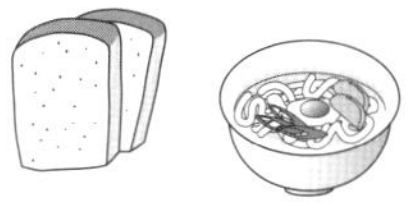

（　　　　）

② 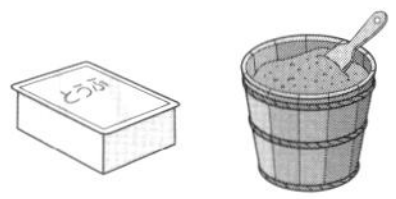

（　　　　）

2 次の図は、日本が国内生産のみで食べようとすると、このような食事になるということを表しています。

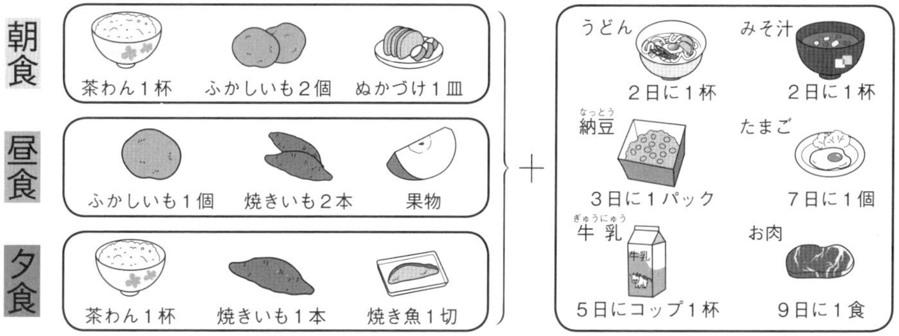

(1) 1日に2回も食べないといけない食べ物は、ごはん以外に何ですか。（各10点）

（　　　　）（　　　　）

(2) お肉は何日に何食、食べられますか。（10点）

（　　　　）

(3) 次の（　　）の中で正しい方に○をつけましょう。（各5点）

これからの日本の食料生産で大切なことは、食料の自給率を（① 上げる・下げる ）ことです。そのために、（② 農薬・たい肥《ひ》 ）や（③ 有機肥料・化学肥料 ）をできるだけ使わない安全な食料をつくっていくことと、（④ 輸入拡大《ゆにゅうかくだい》・地産地消 ）にも取り組んでいかなくてはいけません。

22 工業と工業地域

学習日 ／

1回目 ／100点

答えは168ページ

2回目 ／100点

できた！

1 次の図は、工業の種類について表しています。(　　)にあてはまる言葉を［　　］から選んでかきましょう。 (各10点)

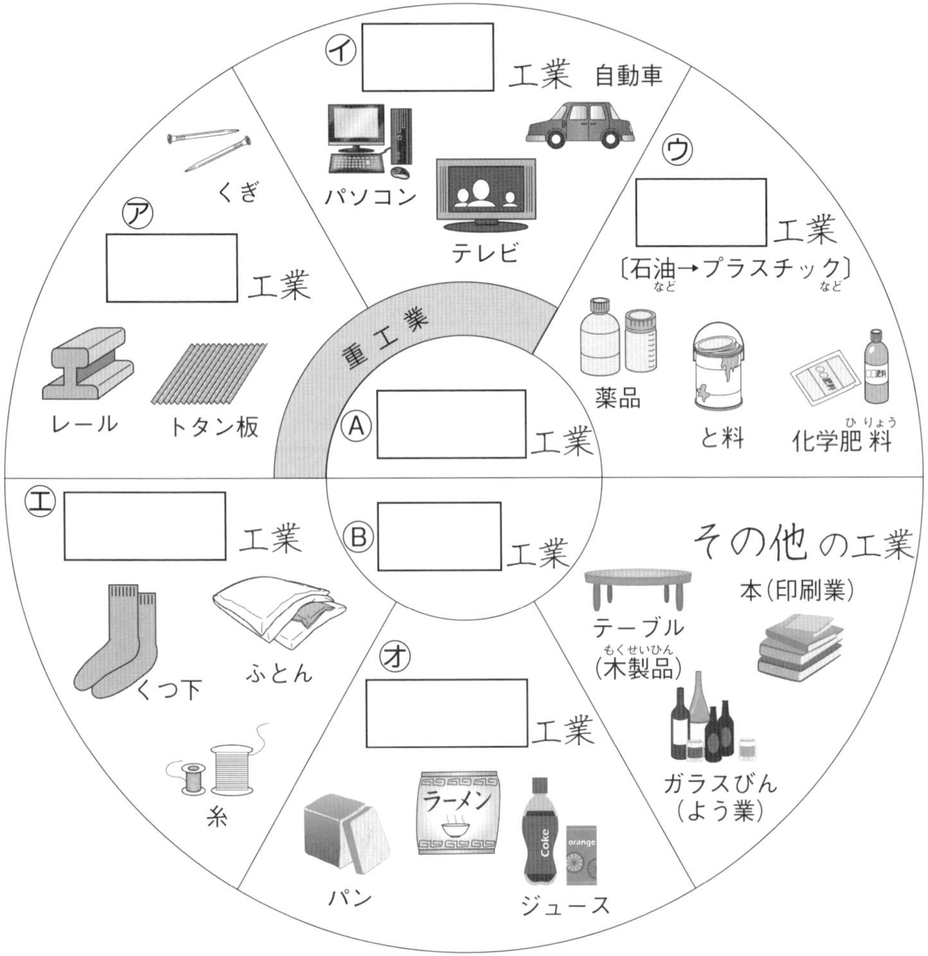

軽　　重化学　　食料品　　化学　　せんい
金属《きんぞく》　　機械

2 次の図を見て、後の問いに答えましょう。

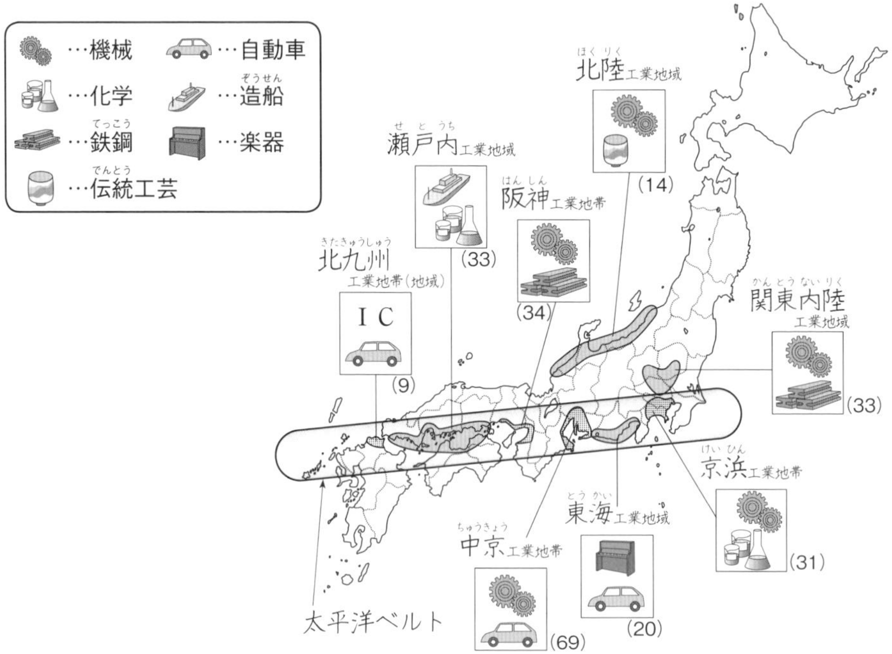

(1) 図の中で〔　　〕で囲《かこ》まれた地域《ちいき》を何といいますか。 (10点)

(　　　　　　　　)

(2) (1)について正しいものには○を、まちがっているものには×を(　　)につけましょう。 (各5点)

① (　　) 工業地帯と工業地域の全てが入っている。

② (　　) 人口が多くて、働く人がたくさんいる。

③ (　　) 原材料や製品を運ぶための、便利な港や道路がある。

④ (　　) うめ立て地など、広い用地が少ない。

23 工業地帯と工業地域

学習日　／

1回目　／100点　答えは168ページ　2回目　／100点

できた！

次の図は、日本の工業のようすを表しています。

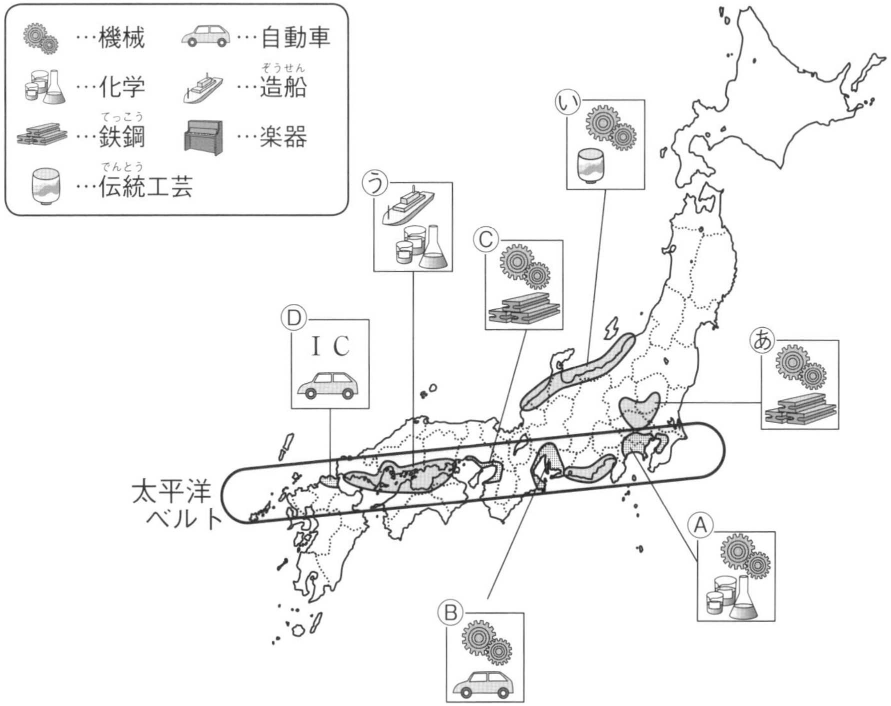

(1)　上の図のⒶ～Ⓓの工業地帯の名前を［　　］から選んでかきましょう。（各10点）

Ⓐ	工業地帯	Ⓑ	工業地帯
Ⓒ	工業地帯	Ⓓ	工業地帯（地域《ちいき》）

北九州《きたきゅうしゅう》　中京《ちゅうきょう》　京浜《けいひん》　阪神《はんしん》

(2)　次の㋐～㋒のグラフの表す工業地帯をⒶ～Ⓒから選んで（　　）にかきましょう。（各6点）

〈工業のさかんな地域《ちいき》の工業生産額《せいさんがく》〉

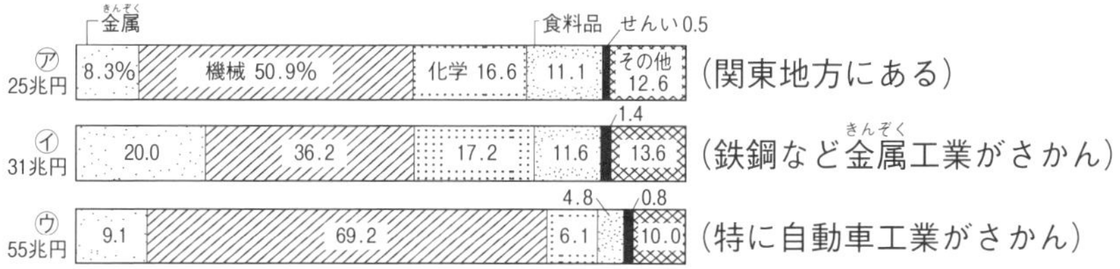

（『日本国勢図会　2019/20』より作成）

㋐（　　　）　㋑（　　　）　㋒（　　　）

(3)　①～③の工業地域名を（　　）にかき、その場所をあ～うから選んで□に答えましょう。（（　）…各8点、□…各6点）

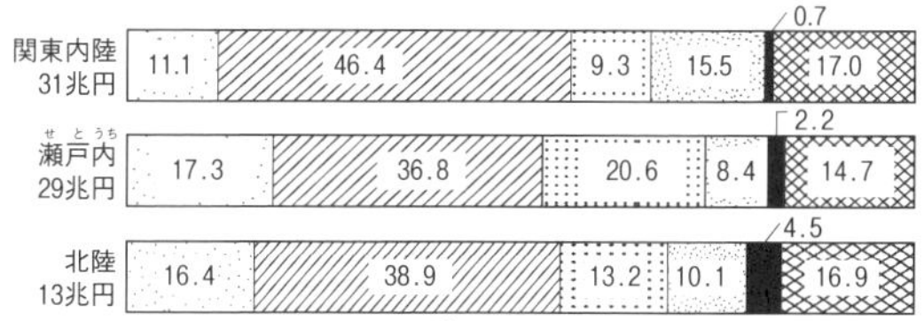

（『日本国勢図会　2019/20』より作成）

①　太平洋ベルトから外れている。

（　　　　　　　　工業地域）□

②　造船業がさかんで、中国・四国地方にまたがる。

（　　　　　　　　工業地域）□

③　東京都から内陸部にかけて発達。

（　　　　　　　　工業地帯）□

24 自動車づくり

学習日 ／

1回目 ／100点　答えは168ページ　2回目 ／100点

できた！

1 次の図は、自動車ができあがる順番を表しています。

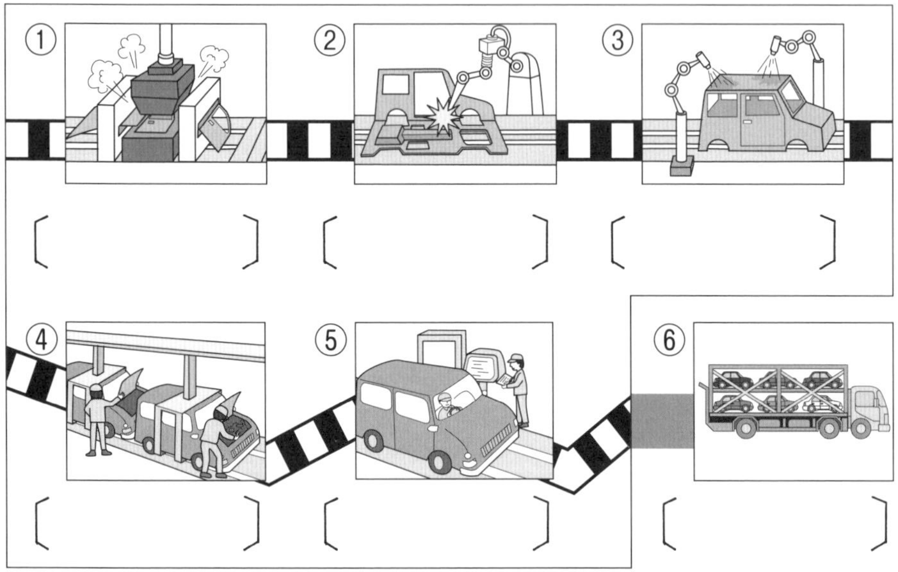

(1) ①～⑥の図の作業の名前を[　　]から選んで〔　　〕にかきましょう。（各6点）

検査《けんさ》　プレス　出荷　ようせつ　組み立て　とそう

(2) ㋐～㋔の作業は①～⑥のどこでしますか。（　）に番号をかきましょう。（各4点）

㋐（　）車体に色をぬる。

㋑（　）ドアなどの部品をようせつして車体をつくる。

㋒（　）１枚の鉄板からドアなどの部品をつくる。

㋓（　）ブレーキやメーター表示《ひょうじ》などを点検する。

㋔（　）エンジンやシートなどを車体にとりつける。

2 次の絵は、これからの自動車についてかかれています。

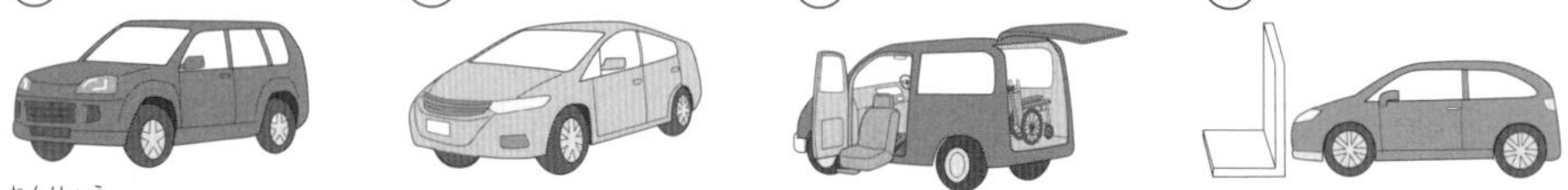

Ⓐ 燃料《ねんりょう》電池自動車　Ⓑ ハイブリットカー　Ⓒ 車いすでも乗りおりしやすい　Ⓓ 障害物《しょうがいぶつ》があると、その前で止まる

(1) ⒶとⒷの車について、（　）にあてはまる言葉を[　　]から選んでかきましょう。（（　）…各6点）

Ⓐ 燃料にガソリンを全く使いません。

使うのは（　　　）と酸素《さんそ》だけで、はい出するのも（　　　）だけです。

Ⓑ ガソリンエンジンと（　　　）モーターを使うので、はい出ガスにふくまれる（　　　　）の量が少ないです。

電気　水素　二酸化炭素　水

(2) Ⓐ～Ⓓの車は、次の①～③のどれにあてはまりますか。記号で答えましょう。（（　）…各5点）

① 安全を考えた自動車（　　）

② 人にやさしい自動車（　　）

③ かん境《きょう》にやさしい自動車（　　）（　　）

25 大工場と中小工場

1 次の図を見て、後の問いに答えましょう。

Ⓐ
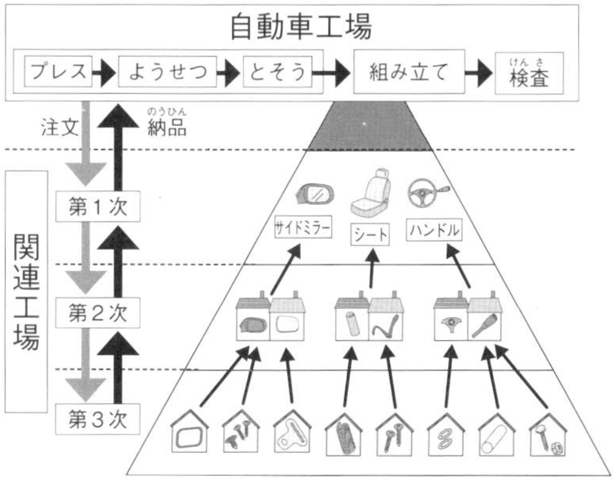

Ⓑ
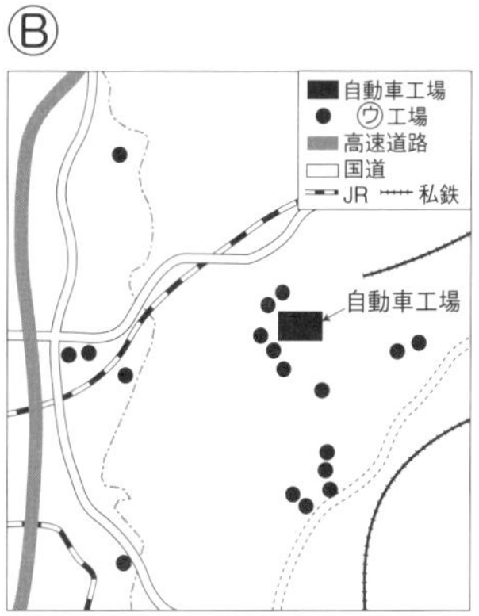

(1) 関連工場は、どんなところに建てられていますか。
次の文で正しいもの１つに○をつけましょう。（12点）

①（　　）車が通れないようなところ。

②（　　）人口の少ないところ。

③（　　）親工場の近く。

(2) 親工場と関連工場の関係について、正しいものには○を、まちがっているものには×をつけましょう。（各８点）

①（　　）関連工場は、好きな部品をどんどんつくる。

②（　　）関連工場は、決められた時こくに少しぐらいおくれて納品《のうひん》してもかまわない。

③（　　）親工場からの注文品に不良品は出さない。

④（　　）親工場の生産台数によって、部品の注文は増《ふ》えたり減《へ》ったりする。

2 グラフを見て、（　　）にあてはまる言葉をかきましょう。（各８点）

大工場は、すべての工場数の（①　　　）％もありません。そこで働いている人は、働く人の全体数の（②　　　）％です。

しかし、生産額は、全生産額の（③　　　）％をしめています。

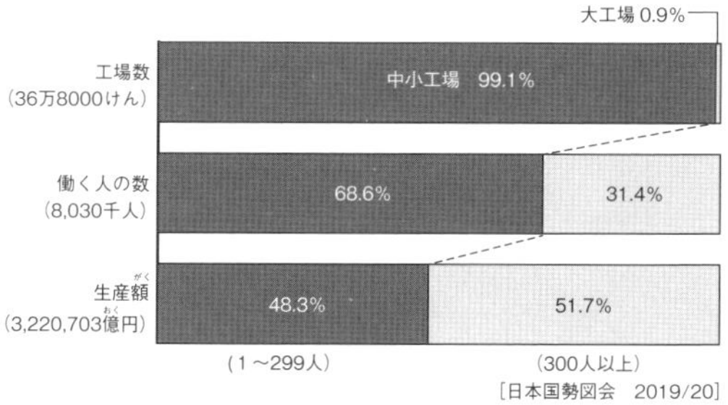

3 次のグラフを見て、正しいものには○を、まちがっているものには×をつけましょう。（各８点）

〈各工業の生産額にしめる中小工場と大工場の割合《わりあい》〉

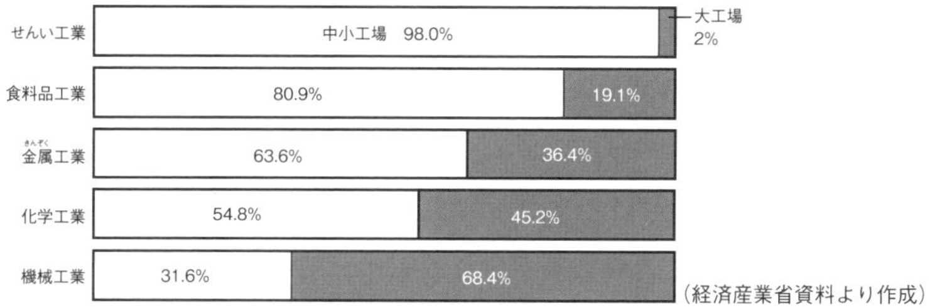

①（　　）大工場は、機械工業の割合《わりあい》が高い。

②（　　）せんい工場は、ほぼ大工場だ。

③（　　）化学工業の70％は中小工場だ。

④（　　）中小工場は、軽工業がさかんだ。

26 工業生産と貿易 ①

1 次のグラフを見て、それぞれの年の輸入品《ゆにゅうひん》を輸出品の第1位と2位をかきましょう。 （（ ）…各7点）

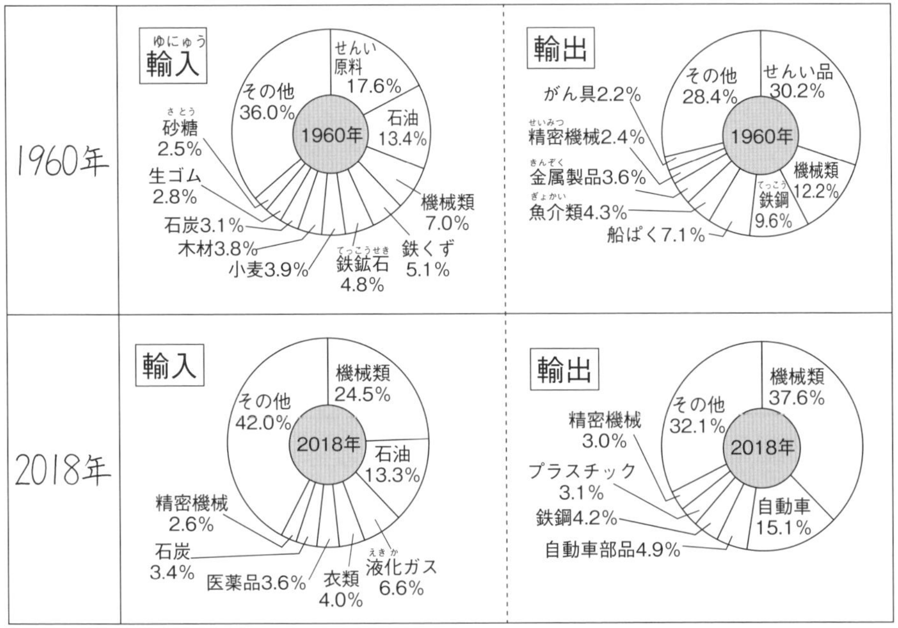

［『日本国勢図会 2019/20』より作成］

		輸入品	輸出品
Ⓐ 1960年	1位	（　　　）	（　　　）
	2位	（　　　）	（　　　）
Ⓑ 2018年	1位	（　　　）	（　　　）
	2位	（　　　）	（　　　）

2 1960年の貿易《ぼうえき》について、□にあてはまる言葉を⬚から選んでかきましょう。 （各8点）

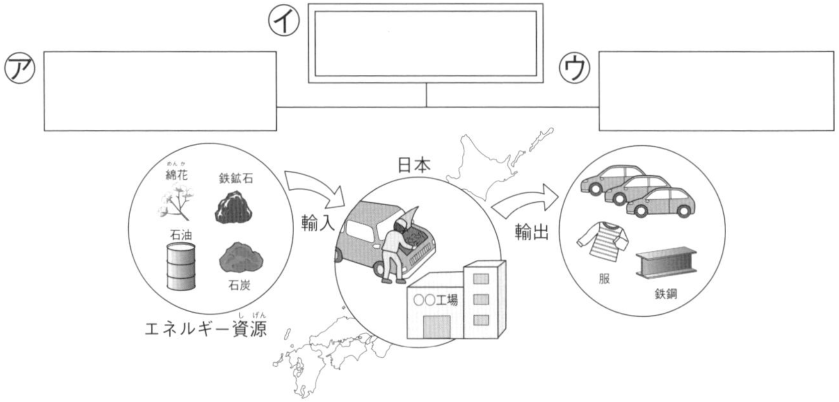

工業製品　　加工貿易　　工業原料

3 現在《げんざい》の貿易について、（ ）にあてはまる言葉を⬚から選んでかきましょう。 （各4点）

2018年には、輸出品だけではなく輸入品の第1位も（①　　　）になっています。これは最近、中国など（②　　　）の国々で工業化が進んだことや、日本製の製《せい》造業《ぞうぎょう》が工場を②などに移して、（③　　　）化されたものを日本に（④　　　）する方が（⑤　　　）生産できるからです。

製品　　アジア　　安く　　輸入　　機械類

答えは168ページ

27 工業生産と貿易 ②

1 次のグラフを見て、後の問いに答えましょう。

主な貿易《ぼうえき》相手国と輸出入総額《そうがく》（地域《ちいき》）2018年

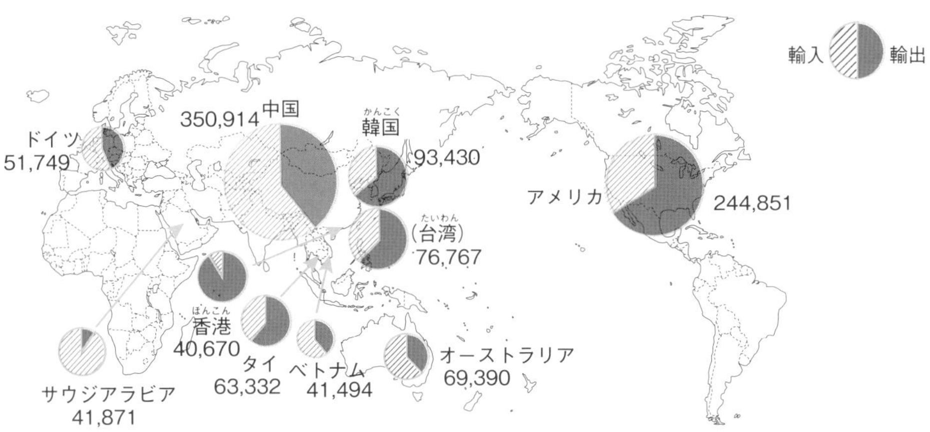

［『日本国勢図会2019/20』より作成］

(1) 日本と貿易額が多い国をかきましょう。（各５点）

１位（　　　　　　）　２位（　　　　　　）

(2) 日本と貿易が多いのは、アジア・オーストラリア・北アメリカの中のどこですか。（９点）

（　　　　　　）

(3) 次の国々から輸入しているものを線で結びましょう。（各７点）

① サウジアラビア　・　　・　㋐ 石炭・鉄鉱石

② 中国　・　　・　㋑ 原油（石油）

③ オーストラリア　・　　・　㋒ 衣類

2 次の図を見てアメリカとの関係について答えましょう。

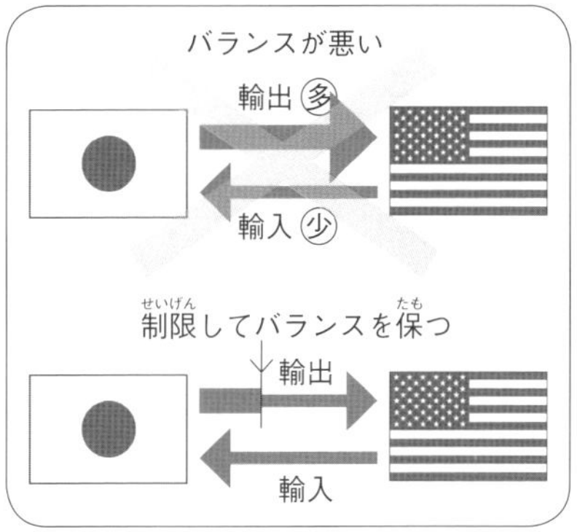

日本との
品目別輸入額割合《がくわりあい》

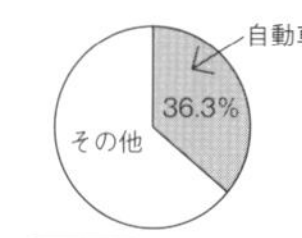

解決法《かいけつほう》
・現地工場で生産
・とうもろこしや牛肉などをさらに多く輸入

日本との輸出入額

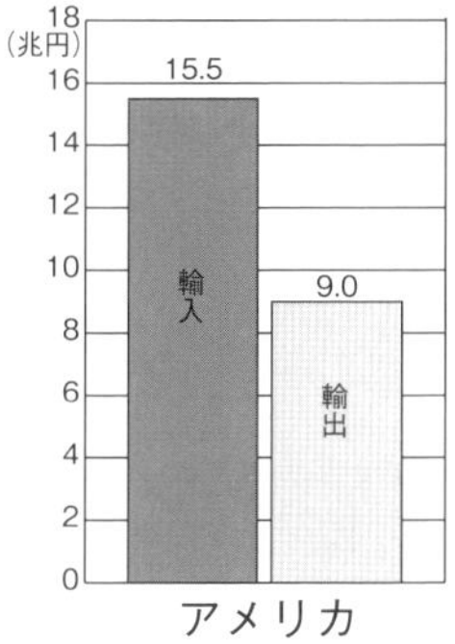

(1) アメリカは、日本と輸出と輸入のどちらが多いですか。（10点）

（　　　　　　）

(2) (1)のとき、アメリカはどうしますか。（各８点）

自動車が多く輸入されると、自国の（　　　　　）が売れなくなるために、輸入を（　　　　　）する。

(3) (2)のようにして起こる問題を何といいますか。（10点）

（　　　　　　）

(4) (3)の問題を解決するために日本とアメリカは、どうしますか。（（　）…各８点）

㋐ 日本………アメリカに（　　　　　）を建設《けんせつ》。

㋑ アメリカ…（　　　　　）や（　　　　　）を輸出。

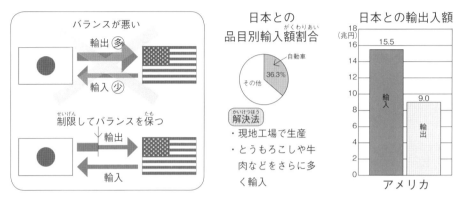

28 くらしと情報

学習日 ／

1回目 ／100点 答えは168ページ 2回目 ／100点

できた！

1 次の①～④の情報源《じょうほうげん》の名前をかきましょう。（各7点）

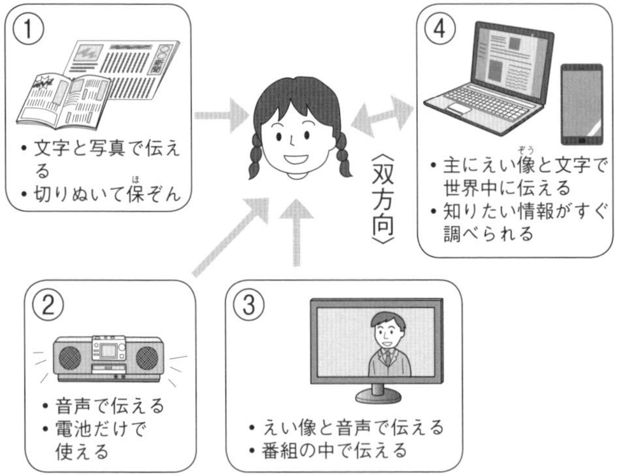

①
・文字と写真で伝える
・切りぬいて保《ほ》ぞん
②
・音声で伝える
・電池だけで使える
③
・えい像と音声で伝える
・番組の中で伝える
〈双方向〉
④
・主にえい像《ぞう》と文字で世界中に伝える
・知りたい情報がすぐ調べられる

	情報源
①	
②	
③	
④	

2 次の絵は、ニュース番組が放送されるまでの仕事を表しています。①～④の仕事を［　］から選んでかきましょう。（各7点）

① ② ③ ④ ⑤

①		②		③	
④		⑤	スタジオ本番		

取材　　原こうチェック
編集《へんしゅう》会議　　えい像の編集

3 次のような情報と関係する情報を［　］から選んでかきましょう。（各7点）

① 天気・気温・雨や雪がふる確率などを出す情報。
（　　　　　）

② 大きなゆれが来る前に出す情報。（　　　　　）

③ 名前・年れい・住所などで特定の人がわかってしまう情報。
（　　　　　）

④ 遠くはなれた地方の病院のかん者の電子カルテにもつなげられること。（　　　　　）

個人《こじん》情報　　きん急地震速報
医りょうネットワーク　　気象情報

4 次の絵を見て、インターネットの問題点を［　］から選んで記号で答えましょう。（各4点）

① 
［　　］の流出

② 
［　　］なメール

③ 
［　　］を書かれる

④ 
［　　］な請求《せいきゅう》

㋐ めいわく
㋑ 悪口
㋒ 個人情報
㋓ 高額《こうがく》

29 自然災害と情報

学習日　／

1回目　／100点　答えは169ページ　2回目　／100点

できた！

1 自然災害《さいがい》の起きた場所を地図にまとめました。後の問いに答えましょう。

(1) 図中の①～⑥の災害の名前を［　］から選んでかきましょう。（各9点）

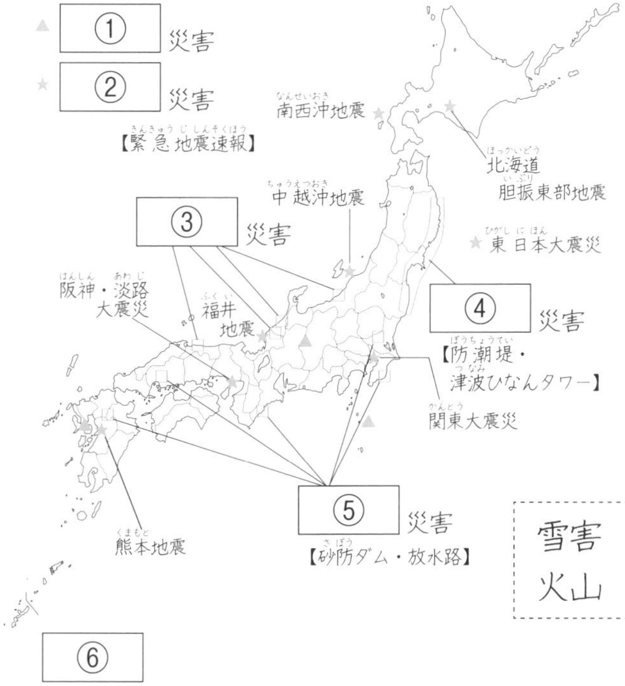

	名前
①	
②	
③	
④	
⑤	
⑥	

雪害　地震　津波
火山　風水害　台風

(2) ①～⑥の中で、とくに気候と関係するものを番号で答えましょう。（各4点）

（　　　）（　　　）（　　　）

2 次の㋐～㋒の説明に合う災害を **1**・①～⑥の中から選んでかきましょう。（各8点）

㋐ 日本のどこで起きても不思議ではないが、特に1995年に阪神・淡路で、2011年に東日本で起きた大災害。

（　　　）

㋑ 1991年の雲仙普賢岳《うんぜんふげんだけ》のばく発による高温度の水じょう気が流れてきたり、2014年の御岳山《おんたけさん》の岩石が飛んできたりする災害。（　　　）

3 次の図を見て、あとの問いに答えましょう。（各9点）

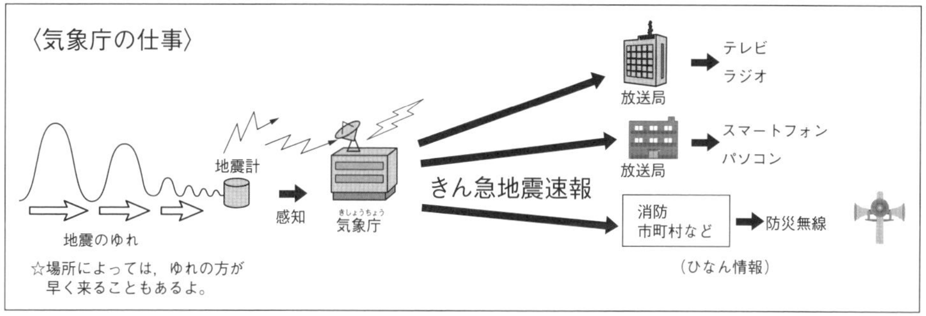

(1) 気象庁が、大きな地震が予想されたときに出す速報を何といいますか。（　　　）速報

(2) 住民を安全な場所ににげられるように出す情報を何といいますか。（　　　）情報

30 公害と四大公害病

答えは169ページ

1 次の絵を見て①～⑤にあてはまる公害をかきましょう。 (各10点)

〈7公害〉

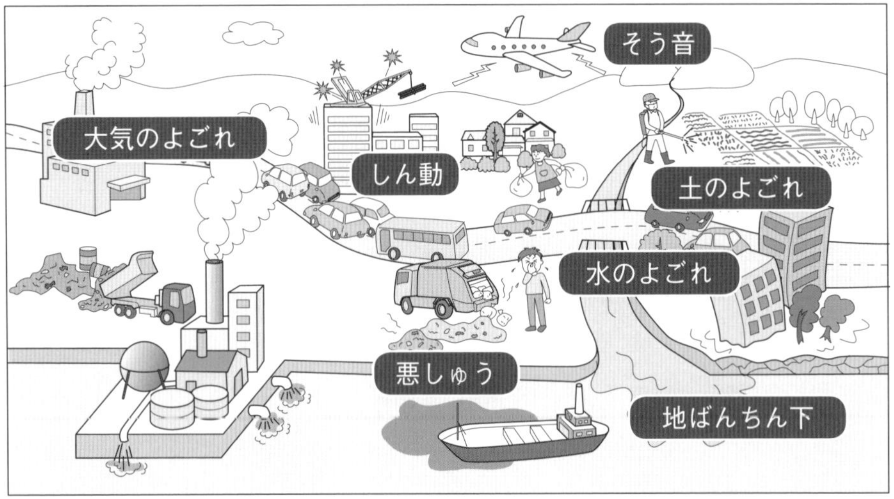

	原　因	公害名
①	工場や家庭などからの排水《はいすい》で、川や海がよごれる。	
②	工場からのけむりや、自動の排気ガスで、空気がよごれる。	
③	飛行機や工事などで、音がうるさい。	
④	工場や鉱山《こうざん》などからの排水で、土地がよごれる。	

2 四大公害病がおこった場所を表しています。あとの問いに答えましょう。

(1) 次の①～③が原因《げんいん》でおこった公害病をかきましょう。

① 鉱山からのカドミウム。 (10点)

(　　　　　　)

② 石油化学工場から出たけむり。 (10点)

(　　　　　　)

③ 化学工場からの有機水銀。 (各10点)

(　　　　　　)

(　　　　　　)

(2) 公害病が発生したのは、「地域《ちいき》の環境《かんきょう》」と「工場の生産を高めること」のどちらがゆう先されたからですか。 (10点)

(　　　　　　)

(3) 公害をなくすために、地球全体の環境問題までふみこんだきまりは、公害対策基本法《たいさくきほんほう》・環境基本法のどちらですか。 (10点)

(　　　　　　)

31 森林の働き

学習日 ／

1回目 ／100点

答えは169ページ

2回目 ／100点

できた！

1 次の絵を見て、森林の働きについてあてはまる言葉を[　]から選びましょう。

(1)　①～⑤にあてはまる言葉をかきましょう。　（各7点）

①　土を（　　　　　　）　②　木材を（　　　　　　）

③　動物たちの（　　　　　　）　④　空気を（　　　　　　）

⑤　人々の（　　　　　　）の場

すみか　　きれい　　支《ささ》える　　やすらぎ　　つくる

(2)　森林は、災害《さいがい》や公害を防ぐ働きもあります。それぞれ何を防ぐかをかきましょう。　（各10点）

㋐　災害（　　　　　　）（　　　　　　）

㋑　公害（　　　　　　）（　　　　　　）

津波《つなみ》　　そう音　　土砂《どしゃ》くずれ　　しん動

2 次の絵を見て、（　）にあてはまる言葉をかきましょう。　（各6点）

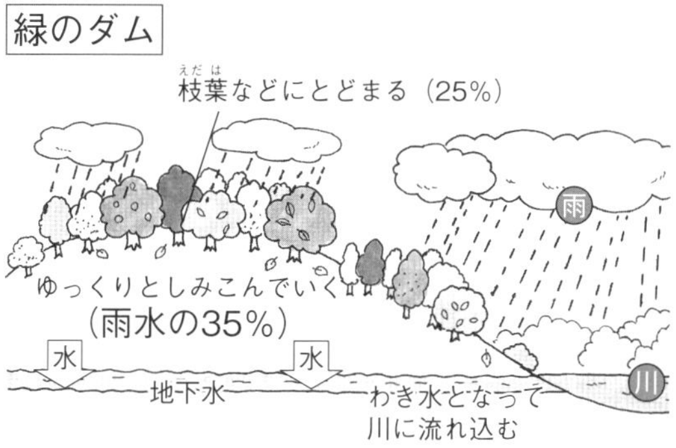

森林にふった雨の（①　　　　）%は地下にしみこみ、（②　　　　）になります。みきや枝葉には（③　　　　）%とどまります。こうして、ふった雨の（④　　　　）%が森林にたくわえられているので、（⑤　　　　　　）といわれています。

3 森林を育てるためにしている作業について、関係するものを線で結びましょう。　（各5点）

①　枝打ち　・　　・　㋐　木と木の間を広げて、日当たりをよくする。

②　間ばつ　・　　・　㋑　なえ木の成長を助ける。

③　下草がり　・　　・　㋒　節のないまっすぐな木にそだてる。

32 自然を守る・世界遺産

1 次の絵を見て答えましょう。 (各7点)

・ラムサール条約《じょうやく》	・世界遺産《いさん》条約	・ナショナルトラスト運動

(1) 次の文の条約や運動名をかきましょう。

① 世界のきちょうな自然や文化財《ぶんかざい》を守るための条約。
( )

② 水鳥などが集まる世界的に大切な湿地《しっち》を守る条約。
( )

③ 大切な自然や建物などを守るために、人々からのぼ金で、それらを買い取って保《ほ》ぞんする運動。
( )

(2) 次の㋐～㋒は(1)の①～③のどれと関係していますか。番号で答え、都道府県名もかきましょう。([ ]…各5点 ( )…各5点)

㋐ 屋久島《やくしま》 [ ] ( )

㋑ トトロの森 [ ] (東京都・)

㋑ 釧路湿原《くしろしつげん》 [ ] ( )

2 世界遺産は、2019年で国内で23になりました。その中で、「行くことができた世界遺産」は、次の通りです。どこに行きましたか。 (各7点)

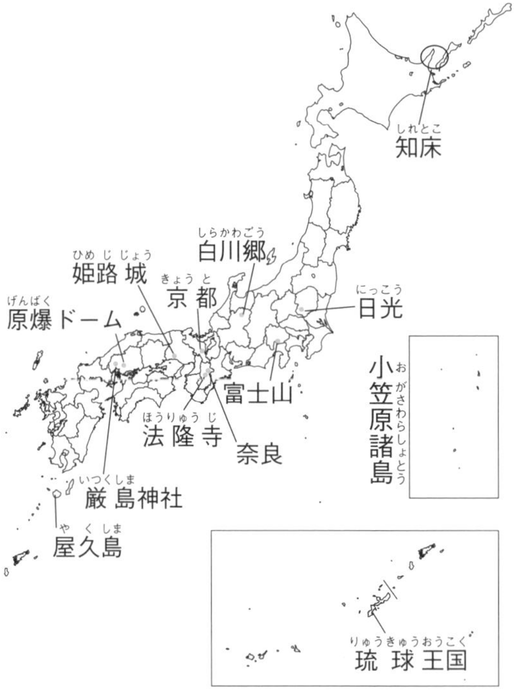

《ベスト3》

① 金閣《きんかく》をはじめとする神社・寺。
古都《こと》( )

② 大仏のある東大寺《とうだいじ》など昔の都。
古都( )

③ 栃木県にあり、徳《とく》川家康《がわいえやす》をまつる東照宮《とうしょうぐう》など。
( )の社寺

④ 瀬戸内海《せとないかい》にうかぶ神社。 ( )神社

⑤ 昔は中国や日本などと交流。( )・グスク

⑥ アイヌ語で「シリエトク」 ( )

⑦ 世界から核兵器《かくへいき》をなくした平和な世界をうったえる建物。 ( )

1 米の品種改良（「ゆめぴりか」ができるまで）

学習日　／

1回目　／100点
2回目　／100点

答えは169ページ

文章を読んで、問いに答えましょう。

イネは、もともと気温の高い地方の植物でした。Ⓐ、北海道での米づくりは、冷害とのたたかいでした。

冷害で不作の年に、ほの赤いイネが実をつけているのが発見され、㋐そのタネを改良していって㋑新品種を作り出しました。これが、寒さに強い「赤毛」です。ここから、北海道での本格的《ほんかくてき》な米づくりがスタートします。一八七三（明治六）年のことです。

Ⓑ、モミに毛のない新品種「坊主《ぼうず》」（一八八七年）、「赤坊主」（一九二三年）など、次々に品種が改良されて、米づくりは、北海道全体に広がりました。

Ⓒ、次は、うまい米をつくろうということになり、一九八〇（昭和五五）年「きらら397」が生まれました。

これで、北海道米のイメージが大きく変わりました。そして、二〇一一年の食味検《しょくみけん》定《てい》で、北海道米「ゆめぴりか」がトップ三に入りました。

これは、北海道内の品種をかけ合わせた純《じゅん》北海道産で、北海道民の「夢《ゆめ》」に、アイヌ語で美しいを意味する「ピリカ」を合わせて名付けられたものです。

これによってやっと長年の努力がむくわれました。

---

(1) イネはどんな地方の植物でしたか。（10点）

〔　　　　〕地方

(2) 北海道での米づくりは、何とのたたかいでしたか。（10点）

〔　　　　〕

(3) ㋐は、なんのタネですか。（15点）

〔　　　　〕

(4) ㋑の新品種は何ですか。（15点）

〔　　　　〕

(5) Ⓐ～Ⓒにあてはまる接続語《せつぞくご》を□から選んでかきましょう。（各5点）

Ⓐ（　　）　Ⓑ（　　）　Ⓒ（　　）

それから　すると　ですから

(6) 北海道米のイメージを大きく変えた北海道米の品種は何ですか。（15点）

〔　　　　〕

(7) 「ゆめぴりか」の名前の由来について、□に合う言葉を書きましょう。（各10点）

□□□□の夢　⇒　ゆめ

＋

□□□　⇐　ぴりか

（アイヌ語）

2 漢字①

学習日　／

1回目　／100点

2回目　／100点

できた！

答えは169ページ

1 次の漢字の読みをかきましょう。（各4点）

① 桜の枝《えだ》の液。（　）（　）（　）

② 衛星画《が》像《ぞう》の再生。（　）（　）

③ 永久に　解けない。（　）（　）

④ 入居《にゅうきょ》資格の検査。（　）（　）

⑤ 表現豊《ゆた》かな演技。（　）（　）

⑥ 標準的な　対応。（　）（　）

⑦ 基金《ききん》の利益を　寄付。（　）（　）

2 次の漢字で複合語《ふくごうご》をつくり、その読み方を（　）にかきましょう。（各4点）

雨　船　旅　車　風　雲

□□（　）

□□（　）

□□（　）

3 次の□に漢字をかきましょう。（各6点）

① □□□□《じこげんいん》。

② □□《ようい》に□□《いどう》。

③ □□《せんぞ》の□□《ぼち》。

④ □□□□□《れきしきこうぶん》。

⑤ □□《ぎゃっきょう》に強い□□《しゅうだん》。

⑥ □□□《しんかんせん》で□□《おうふく》。

⑦ □□《せいりょく》はん□《い》を□《しめ》す。

⑧ □□□□□《きゅうきゅうきゅうめいし》。

⑨ □□《あつりょく》に□《ま》ける。

⑩ □□《どくさつ》を□《つ》げる。

3 カラスの行動

学習日　／

1回目　／100点

2回目　／100点

答えは170ページ

文章を読んで、問いに答えましょう。

Ⓐ

① カラスの群《む》れのボスは、自分より下位のオスがおびえているにもかかわらず、そのオスに※毛づくろいをする。

② なぜ、㋐そのような行動をするのか。

③ それは、メスに、自分には強さだけでなく、弱いものにはやさしくする面もあることをアピールするためらしい。

④ カラスは、㋑人間と共通する所がある。

⑤ それだけに、メスは、相手を選ぶことにしん重になる。そこで、オスは、先ほどの「利他的行動」をしてメスに気に入ってもらえるようにする。

⑥ しかも、この行動は、かなり効果《こうか》があるらしい。

⑦ そういえば、人間も、周りの目を意識《いしき》して、自分のいい所を見せようとするときもある。

※（毛づくろい…よごれた毛なみなどをきれいにすること。）

(1) ㋐の行動とは、どんな行動ですか。（20点）

群れのボスが［　　　］行動。

(2) ㋐は、何のためにするのですか。（15点）

メスに［　　］の［　　　］を［　　　］するため。

(3) ①のことを、文中の言葉で言いかえると何ですか。（15点）

［　　　　］

(4) 次の文は、①～⑦のどの番号の次に入りますか。（15点）

例えば、一度ペアになると、一生（一五～二五年）の間、ずっと同じ相手と過《す》ごし、子育てもいっしょにするなど。

［　　］

(5) 人間とカラスが共通することは何ですか。（各12点）

① 一度［　　］になると、同じ相手。

② ［　　］も［　　　　］にする。

(6) Ⓐの題として、適当《てきとう》なものに○をつけましょう。（11点）

①（　）カラスの勝手

②（　）人間とちがうカラス

③（　）カラスのやさしさは何のため

4 漢字②

学習日　／

1回目　／100点

2回目　／100点

1 次の漢字の読みをかきましょう。（各4点）

① **技術**（　　）指《し》導《どう》の**講師**（　　）。

② **防災**（　　）活動を伝える**銅像**（　　）。

③ 旧《きゅう》**校舎**（　　）の**修理**（　　）。

④ 国際《こくさい》**保護鳥**（　　）が**減少**（　　）。

⑤ **評判**（　　）の店が**混雑**（　　）。

⑥ **運河**（　　）の通《つう》過《か》が**増加**（　　）。

⑦ **面接**（　　）の人数を**制限**（　　）。

2 意味が反対や対になる漢字で、熟語《じゅくご》をつくりましょう。（各3点）

高　楽　低　退《たい》　負　苦　進　勝

□□　□□

3 次の□に漢字をかきましょう。（各6点）

① □□□□《えいせいがぞう》。

② □□□《ひょうげんゆた》かな□□《えんぎ》。

③ □《さくら》の花を□□《ぜっさん》。

④ □□《たがく》の□□《りえき》。

⑤ □□□□《ひょうじゅんきかく》を決める。

⑥ □□□□《えいきゅうしかく》を得る。

⑦ □□□□《うんこうひよう》。

⑧ 建築《けんちく》□□《こうぞう》の□□《けんさ》。

⑨ □□《ききん》を□《た》める。

⑩ □□《えきたい》化は□□《かのう》。

できた！

答えは170ページ

5 ヒーローラッツ

学習日　／

1回目　／100点

2回目　／100点

できた！
答えは170ページ

次の文章を読んで後の問いに答えましょう。

「ヒーローラッツ（ネズミ）」とよばれているのは、中央アフリカに生息している大《おお》型《がた》のアフリカオニネズミだ。

このネズミは、犬と同じぐらいすぐれたきゅう覚をもっていて、火薬のにおいをかぎ分けることができる。㋐その能力で、戦争で地中にうめられたままになっている地《じ》雷《らい》を見つけ出せるのだ。

今まで仕事をしたり、遊んだりした人が知らずに㋑それをふみ、大けがをしてしまうようないたましい事故があったのだが、かれらのおかげで㋒それを防《ふせ》ぐことができるようになった。

では、どんな訓練をするのだろうか。

まず、カチッと音がしたら、ごほうびのエサがもらえることを教えていく。

次は、火薬のにおいを記おくさせる訓練のくり返しだ。

最後は、ネズミのせ中にハーネスをつけてロープを通し、地雷原に格子状《こうしじょう》に張ったロープにそって動くようにさせる。

㋓こうした訓練を受けたネズミは、地雷を見つけると、においのするところを引っかいて位置を教えてくれるようになる。

人間が金属探知機《きんぞくたんちき》を使うと四日はかかるところを、アフリカオニネズミは、なんと三十分ほどで終わらせてしまうのだ。

(1) 「ヒーローラッツ」とよばれるネズミの名前は何ですか。（10点）

（　　　　）

(2) 文中の㋐・㋑・㋒がさしている言葉をかきましょう。（各10点）

㋐（　　　　）

㋑（　　　　）

㋒（　　　　）

(3) 文中の㋓の訓練を（　）にかきましょう。（（　）…各8点）

① （　　　　）と音がしたら、ごほうびの（　　　　）がもらえる。

② （　　　　）のにおいをくり返し記憶させる。

③ 地雷原に張った（　　　　）にそって動く。

(4) 地雷を見つけると、どうやって知らせますか。（12点）

（　　　　）

(5) 人間とこのネズミとで、同じ面積を作業するのにどれぐらいかかりますか。（各8点）

㋐ 人間（　　　　）

㋑ ネズミ（　　　　）

国語

6 言葉と文①（品詞・単文・重文・複文）

学習日　／

1回目　／100点

2回目　／100点

答えは170ページ

1 次の——の単語を㋐名詞、㋑動詞、㋒形《けい》容《よう》詞《し》に分けて、（　）に記号をかきましょう。（（　）一つ各3点）

(1) カタツムリは、やわらかい わか葉を 食べます。

①（　）　②（　）　③（　）　④（　）

(2) カタツムリは、広い 海に すむ 貝の 仲間です。

①（　）　②（　）　③（　）

(3) カタツムリは、いつも 体の 回りが ぬれています。

①（　）　②（　）　③（　）

2 次の文の主語に═══、述《じゅつ》語《ご》に——を引き〔　〕には単文、重文、複《ふく》文《ぶん》をかきましょう。（複文は、中心となる主語と述語）（各10点）

① おじいさんは 山へ 行き、おばあさんは 川に 行きました。

〔　　〕

② 夕日が 水平線に 静かに しずんだ。

〔　　〕

③ わたしは、兄が 子どものころ 使っていた おもちゃで 遊んでいる。

〔　　〕

3 次の═══の指《し》示《じ》語《ご》が指している言葉を□にかきましょう。（①…8点、②…各8点）

① クモのおしりには、糸を出すイボが六個《こ》あります。その先には、小さなあながあいています。

□□の

② 今日、わたしは夏休みの宿題帳を持って図書館に行くことになっている。㋐そこで、友達と待ち合わせている。友達も㋑それを持ってきて、いっしょにやる予定だ。㋒それまで時間があるので、本屋に向かった。㋓そのとちゅうで、たまたま友達と出会った。

㋐

㋑

㋒

㋓

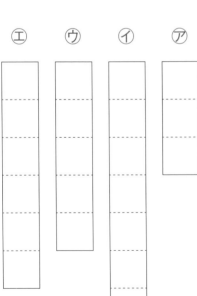

7 アゲハチョウの秘密ワザ

学習日　／

1回目　／100点
2回目　／100点

できた！　答えは170ページ

文章を読んで、問いに答えましょう。

アゲハチョウのよう虫は、ミカンの仲間の葉しか食べません。その仲間には、サンショウ、キンカン、ユズなどがあります。たくさんの木がある中で、どうして㋐それらの木を見つけ出すことができるのでしょうか。それは、葉の味見をしているからなのです。

（Ⓐ）、いきなり味見はしません。まず、目で、それらしい木を見つけ、（Ⓑ）味見をするのです。しかし、あのくるくる丸まったストローのような口ではしません。

（Ⓒ）、どこでしているのでしょうか。

それは、前足の先なのです。そこには、味を感じる毛が生えていて、止まった葉を左右の足で交互《こうご》にたたいて（ドラミング）味見をします。（Ⓓ）、ミカンの仲間の葉の味がする成分があるかを確《たし》かめます。

（Ⓔ）、アゲハチョウは、㋑必ずよう虫のエサとなるミカンの仲間の葉に、たまごを産みつけることができるのです。

ひょっとすると、チョウが止まっている葉に耳を近づけると、ドラミングしている音を聞くことができるかもしれません。

---

(1) 文中のⒶ～Ⓔに入る接続語《せつぞくご》を□から選んでかきましょう。（各6点）

Ⓐ（　　）　Ⓑ（　　）
Ⓒ（　　）　Ⓓ（　　）
Ⓔ（　　）

だから　そこで　それから　では　でも

(2) ㋐の指す言葉をかきましょう。（10点）

□□□□□□の木

(3) 次の□にあてはまる言葉を文中から選んでかきましょう。（各8点）

① 左右の□□で、葉を交互にたたく。

② □でミカンの仲間らしい木を見つける。

③ 必ずミカンの仲間の葉にたまごを□□□□□。

④ ミカンの仲間の葉の味がする□□があるかを確かめる。

(4) (3)の①～④を本文にあう順番にならべ変えましょう。（完答18点）

□→□→□→□

(5) どうして㋑ができるのですか。（10点）

葉を□□しているから。

国語

8
漢字③

学習日　／

1回目　／100点

2回目　／100点

できた！

答えは170ページ

1 次の漢字の読みをかきましょう。（各4点）

① 政治家の退任《たいにん》報道。（　）（　）（　）

② 無断欠席して謝罪。（　）（　）

③ 金属の製造。（　）（　）

④ 輸入額の規制。（　）（　）

⑤ 祝賀会で幹事《かんじ》が講演。（　）（　）

⑥ 眼科の検査《けんさ》後は快調。（　）（　）

⑦ 税《ぜい》の軽減を約束。（　）（　）

2 意味が似《に》た漢字で熟語《じゅくご》をつくりましょう。（各3点）

絵　久《きゅう》　助　豊《ほう》　永《えい》　画　救　富《ふ》

□□　□□　□□　□□

3 次の□に漢字をかきましょう。（各6点）

① □□□□《しどうぎじゅつ》を高める。

② □□□□□《こくさいほごちょう》。

③ □□《しいく》小屋の□□《しゅうり》。

④ □□□《しょうたいきゃく》の□□《せいげん》。

⑤ □□《じょうねつ》を□《も》やす。

⑥ □□《ぼうさい》に□《いのち》をかける。

⑦ □□□《きゅうこうしゃ》と□□《こうどう》。

⑧ □□□《ていかかく》で□□《ひょうばん》。

⑨ □□《うんが》を□□《つうか》。

⑩ 車が□□《ぞうか》して□□《こんざつ》。

9 人手不足でネコの舌（？）も借りたい

学習日　／

1回目　／100点
2回目　／100点

できた！
答えは170ページ

文章を読んで、問いに答えましょう。

たくさんのゴミがすえるそうじ機を作りたい。そのために人が借りたのがネコの舌なのです。

Ⓐ、ネコの舌とそうじ機とはどんな関係があるのでしょうか。

それは、ネコの舌の表面に秘密《ひみつ》があるのです。㋐そこは、㋑ザラザラしているので、毛づくろいした毛を丸めて、かさを小さくできるのです。

Ⓑ、ネコの舌のように小さく飛び出したものがたくさんついた部品を、そうじ機の中のゴミを圧《あつ》しゅくするところにつけてみました。

Ⓒ、ゴミは、今までは1/4にしか圧しゅくできなかったのが、1/10までちぢめることができ、たくさんのゴミをすいとれるようになりました。

このように、生物の仕組みをまねる技《ぎ》術《じゅつ》を「㋒生物模《も》ほう」といいます。これを使って作られた製品《せいひん》は、他にもあります。

(1) Ⓐ〜Ⓒに入る接続語《せつぞくご》を□から選んでかきましょう。（各7点）

Ⓐ（　　）　Ⓑ（　　）
Ⓒ（　　）

そこで　すると　では

(2) たくさんのゴミが吸えるそうじ機を作るために、何を参考にしましたか。（10点）

(3) ㋐は、何を指していますか。（15点）

(4) ㋑の文をまとめましょう。（15点）

(5) ㋒の意味を文中の言葉でかきましょう。（15点）

(6) ㋒をして作られた「生物と製品」の関係を線で結びましょう。（各8点）

〈生物〉

〈ネコの舌〉 ①・

〈ハスの葉〉 ②・

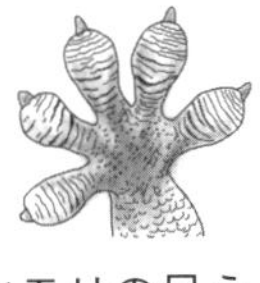
〈ヤモリの足うら〉 ③・

〈製品〉

・あ
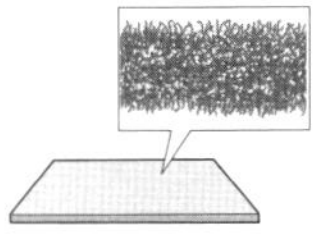
〈接着剤《せっちゃくざい》を使わないシート〉

・い
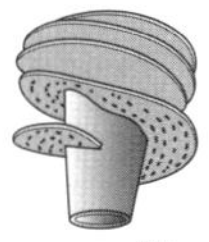
〈そうじ機のゴミ圧《あつ》しゅく〉

・う

〈水をはじく生地《きじ》〉

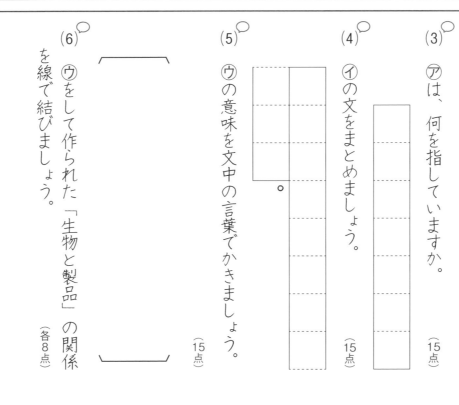

国語

10 漢字④

学習日　／

1回目　／100点

2回目　／100点

できた！

答えは170ページ

1 次の漢字の読みをかきましょう。（各4点）

① **慣用句**を使う**独り**者。

② **清潔**な布《ぬの》で**仏像**をふく。

③ **暴走**の経過《けいか》を**述**べる。

④ **志望**の職業《しょくぎょう》**調査**。

⑤ **仮設**の家で**再興**準備《じゅんび》。

⑥ **賞金**を出す **条件**だ。

⑦ **新築**した家に**保険**。

2 上の漢字が下の漢字を修飾《しゅうしょく》する熟語《じゅくご》になるように漢字をかきましょう。（各3点）

〈例〉強→敵

① □橋

② 海□

③ 時□

④ □営《えい》

直　鉄　報《ほう》　底

3 次の□に漢字をかきましょう。（各6点）

① □□□《せいじか》の□□《しゃざい》。

② □□《きんぞく》の□□《せいぞう》。

③ □□《むだん》で使用□□《きんし》。

④ □□《どうぞう》を守る□□《ぎむ》。

⑤ □□□《しゅくがかい》で□□《こうえん》。

⑥ □□《かんじ》に□《えら》ばれる。

⑦ □□《がんか》医を□《いとな》む。

⑧ □□《かふん》を□《よ》せ集める。

⑨ □□《げんぜい》を□□《ちょうかん》で表明。

⑩ □□《かいてき》な□□《そうごう》住宅《じゅうたく》。

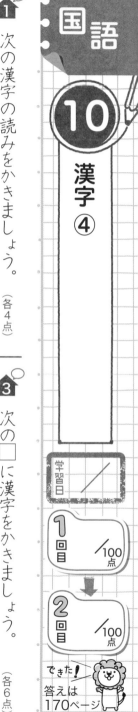

11 地熱発電のこれから

学習日　／

1回目　／100点

2回目　／100点

文章を読んで、問いに答えましょう。

将来《しょうらい》の安定したエネルギーとして地熱発電が、今、注目されています。

なぜなら、その発電の熱源《ねつげん》は、地球の「マグマだまり」だからです。

日本は、火山国ですから、㋐それは、日本のあちこちにあり、しかも、地球そのものが熱源なので、なくなる心配もないのです。また、石油やウランといった燃料《ねんりょう》を使わなくていいので、温暖化《おんだんか》や放射能《ほうしゃのう》の心配もいりません。輸入《ゆにゅう》もしなくていいのです。そのうえ、太陽光や風力のように天候を気にせず、二四時間安定して電力を出すこともできます。

この発電の仕組みは、深さ数キロほどの浅い所にある「マグマだまり」によって熱せられた地下水（熱水）から水じょう気を取り出し、それでタービン（羽）を回して電力を起こすのです。

この発電方法は、世界的にはのび続けているのに、日本では、ひろがっていません。というのは、この発電の適地《てきち》が国立公園内にあって開発しにくいことと、このことによって温泉《おんせん》が出なくなるのではという不安が地元にあるからです。

しかし、地熱発電は地球かん境《きょう》にもやさしく、いつまでも安定して発電できるので、これからさらに開発していってほしいものです。

(1) これからのエネルギーとして、何が注目されていますか。（10点）

〔　　　　〕

(2) ㋐は、何ですか。（15点）

(3) (1)の発電の仕組みを図に表しました。（　）にあてはまる言葉を文中から選んでかきましょう。（各5点）

①（　　　）

②（　　　）

③（　　　）

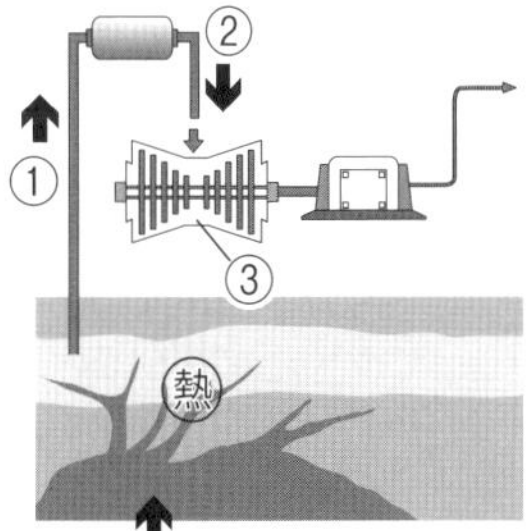

マグマだまり

(4) (1)の発電の良さをかきましょう。（各10点）

① □□がなくなる心配がない。

② □□□や□□□□の心配がない。

③ □□□□□安定して発電。

(5) なぜ、(1)は、日本ではひろがらないのですか。（各15点）

①〔　　　　〕

②〔　　　　〕

できた！
答えは171ページ

国語

12 言葉と文②（文図と敬語）

学習日　／

1回目　／100点

2回目　／100点

できた！　答えは171ページ

1 次の＝＝の単語が名詞なら㊔、動詞なら㊍、形容詞《けいようし》なら㊋をかきましょう。（各6点）

①
㋐ 山からの川の流れ（　）を調査《ちょうさ》する。
㋑ 川はゆっくり流れ（　）、海にとう達する。

②
㋐ 友達に会って楽しい（　）気持ちになった。
㋑ 友達に会って楽しむ（　）気持ちが出てきた。
㋒ 友達に会って楽しさ（　）が倍増《ばいぞう》した。

2 次の文を文図に表し、重文か複文《ふくぶん》かを〔　〕にかきましょう。（図…各3点　〔　〕2点）

① わたしは音楽を聞いて、兄は絵をかいている。〔　　〕

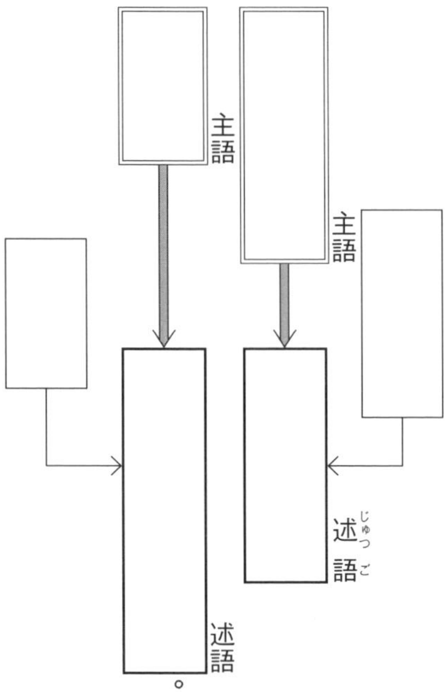

② ぼくがこわしたおもちゃを、兄はかんたんに直した。〔　　〕

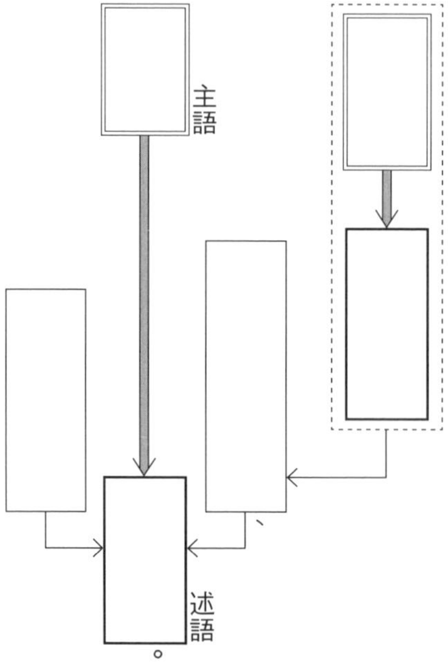

3 次の文は、㋐尊敬語《そんけいご》、㋑けんじょう語、㋒ていねい語のどれですか。（　）に記号で答えましょう。（各5点）

① 木村さんが、本をお読みになる。（　）
② 山下さんが、コンサートホールで演《えん》そうされた。（　）
③ 母が、今からごあいさつにうかがいます。（　）
④ 山本さんは、歴史の本を読みます。（　）
⑤ 友だちのお母さんから、プレゼントをいただきました。（　）
⑥ 冬休みには君の家に行きます。（　）

13 おいしい米づくり

学習日　／

1回目　／100点

2回目　／100点

できた！

答えは171ページ

文章を読んで、問いに答えましょう。

ⓐおいしい米の地域《ちいき》が変わりつつある。米どころといえば、新潟や東北地方であった。

しかし、二〇一一年度の食味検定《しょくみけんてい》でおいしい米のトップ三に北海道米「ゆめぴりか」と福岡米「元気つくし」が入った。この地域の米は、今まであまり人気がなかった。

北海道米は、これまで「冷害に強い品種」が優先《ゆうせん》されてきたが、おいしさも追求し始めて、「ななつぼし」が特Aに入り、今回の「ゆめぴりか」となった。九州米は、逆《ぎゃく》に「猛《もう》暑に強い品種」の開発が進められた。その努力が実り、「元気つくし」以外にも、「さがびより（佐賀県）」「にこまる（長崎県）」「森のくまさん（熊本県）」が、特A入りした。また、「異常《いじょう》気象に強い品種」として開発された「つやひめ（山形県）」も特Aであった。

その一方で今まで特Aであった「ササニシキ（宮城県）」「あきたこまち（秋田県）」は、今回は入っていない。

その中で、おいしさの代表「コシヒカリ」は、新潟県以外にも複数《ふくすう》の地域でⓐ特Aに評価《ひょうか》されているが、トップ三には、この系統《けいとう》の「ヒノヒカリ（奈良県）」がなんとか入った。

品種改良が進み、米の品質《ひんしつ》が良くなってきたのだ。

(1) 今までの米どころはどこですか。（各5点）

［　　　］県や［　　　］地方

(2) 食味検定でトップ三に入った米の名前をかきましょう。（各10点）

① ［　　　］（北海道米）

② ［　　　］（福岡米）

③ ［　　　］（奈良米）

(3) 次のように品種改良された米の名前をかきましょう。（各10点）

① 冷害に強くて最初に特Aに入ったおいしい米

② 暑さに強くておいしい米（熊本県）

③ 異常気象に強くておいしい米

(4) ㋐の指す言葉をかきましょう。（10点）

［　　　］の

(5) どうしてⓐなのですか。（20点）

［　　　］

国語

14 漢字⑤

学習日 ／

1回目 ／100点

2回目 ／100点

できた！

答えは171ページ

1 次の漢字の読みをかきましょう。（各4点）

① かれは大統領（　）に最適（　）だ。

② 厚《あつ》着《ぎ》での採血（　）は非常識（　）。

③ 券《けん》を破損（　）した婦人（　）。

④ 酸性雨（　）で耕作（　）に支《し》障《しょう》。

⑤ 確《たし》かな素材（　）と賛美（　）する。

⑥ 直《ちょく》接《せつ》成績（　）を比（　）べる。

⑦ 貿易（　）会社での職務（　）。

2 下の漢字が上の漢字を修飾《しゅうしょく》する熟語《じゅくご》になるように漢字をかきましょう。（各3点）

〈例〉 帰 → 国

① 入 □

② □ 金

③ □ 馬

④ 消 □

乗　毒　院　預《よ》

3 次の□に漢字をかきましょう。（各6点）

① □□□《かんようく》を□《の》べる。

② □□《こくさい》の□□《じょうけん》。

③ □□□《ざいこうせい》の□□《しぼう》校。

④ □□《かせつ》の□□《たてもの》。

⑤ □□《ざいさん》に□□《ほけん》。

⑥ □□□□《ふっこうじゅんび》。

⑦ □□《ぼうそう》の□□《けいか》。

⑧ □□《せいけつ》な□《ぬの》。

⑨ □《みゃく》の□□《そくてい》。

⑩ □《えだ》で□□《ぶつぞう》をつくる。

15 レンコンの穴は何のため

学習日　／

1回目　／100点
2回目　／100点

できた！
答えは171ページ

文章を読んで、問いに答えましょう。

レンコンには、穴《あな》があることから、「将来《しょうらい》の見通しがよい」ということで、お正月のおせち料理にも使われている。

では、㋐その穴は何のために開《あ》いているのだろうか。

このレンコンを漢字で書くと「蓮根」なので、ハス（蓮）の根だろうと思われやすいが、実は根ではなく地下にあるくきなのだ。

レンコンは、水深いどろの中で育つので、空気にふれることができない。そこで、空気の通り道が必要となる。人間でいうと、鼻や口から肺《はい》へつながる空気の通り道のようなもの。㋑それが、あの穴なのだ。だから、あの穴は、レンコンだけでなく、地上に出ているくきにもある。

また、レンコンとレンコンをつないだところを切ってみると、㋒そこにも、小さな穴がたくさん開いていて、スポンジのようになっている。

このように、レンコンの穴は、すべて地上に出ている花や葉、くきにつながって、空気の通り道となっていることがわかる。

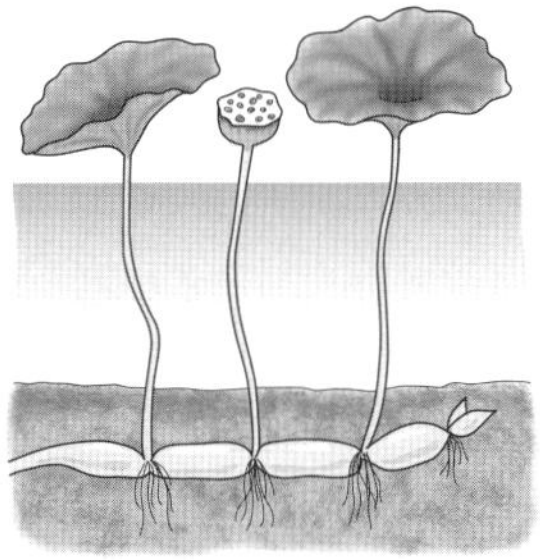

(1) レンコンは、どうしてお正月のおせち料理に使われるのですか。（10点）

（　　　）

(2) 問いかけの文に～～線を引きましょう。（10点）

(3) レンコンは、ハスの何だと思われやすいですか。（10点）

（　　　）

(4) レンコンは、実は何ですか。（10点）

（　　　）

(5) レンコンは、どこで育っていますか。（10点）

（　　　）

(6) ㋐～㋒の指していることをかきましょう。（各12点）

㋐（　　　）

㋑（　　　）

㋒（　　　）

(7) (2)の問いかけの答えをかきましょう。（14点）

（　　　）

16 漢字⑥

学習日　／

1回目　／100点

2回目　／100点

できた！

答えは171ページ

1

次の漢字の読みをかきましょう。（各4点）

① 武器庫の測量。（　　）（　　）

② 祖母に似《に》る妻。（　　）（　　）

③ 規則破《やぶ》りは犯罪的だ。（　　）（　　）

④ 出版社での編集が夢《ゆめ》。（　　）（　　）

⑤ 豊富な綿織物。（　　）（　　）

⑥ 帳面の貸し借り。（　　）（　　）

⑦ 有効利《り》用《よう》に迷う。（　　）（　　）

2

次の熟語《じゅくご》の上下を入れかえて熟語をつくり、読み方もかきましょう。（各6点）

① 学科《がっか》 → □□者になる（　　）

② 力学《りきがく》 → 算数の□□（　　）

3

次の□に漢字をかきましょう。（各6点）

① □□□《だいとうりょう》が□□《さんび》。

② □□《さいてき》な□□《じょせつ》を書く。

③ □□□《さんせいう》を□《くら》べる。

④ □□《ぼうえき》会社の□□《どくりつ》。

⑤ □《たし》かな□□《そざい》。

⑥ □□《じゅうせき》ある□□《しょくむ》。

⑦ □□□《ひじょうしき》な□□《だんたい》。

⑧ □□《せいせき》を□□《さいてん》する。

⑨ □□《あつぎ》で畑を□《たがや》す。

⑩ □□《きんけん》を□□《はそん》する。

17 つばめの話

学習日　／

1回目　／100点

2回目　／100点

できた！

答えは171ページ

文章を読んで、問いに答えましょう。

太郎《たろう》は、他の家には、つばめが巣をつくって毎日、店先から出たり入ったりするのを見て、なぜ自分の家にも巣をつくらないのかと思いました。そして、このことをお母さんに話しますと、

「つばめが、巣のつくれるように、場所をつくってやらなければなりません。」

と、お母さんは言われました。

「どうか、つばめが巣をつくられるように場所をつくってください。」

と言って、太郎はお母さんにたのみました。太郎のお母さんは、㋐このことを太郎のお父さんに話しました。お父さんは、店先のはり※（柱の横木）へ箱のように板をつけました。こうしておけば、どこかいい場所がないかとさがしているつばめが見つけて、㋑きっとここに巣をつくるに（㋑）からです。

太郎は、㋒早くつばめがここにくるように待っていました。すると、ある日のこと、つばめが入ってきてこの場所に止まりました。そのつぎには、二羽でここにやってきました。そして、そこに止まって頭をかしげて何やら考えているような様子でありましたが、その日から毎日、二羽のつばめは、どこからか、土や、わらくずをくわえて運んできて、せっせと巣をつくり始めました。

小川《おがわ》未明《みめい》（青空文庫）

---

(1) 太郎は、他の家の何を見ていましたか。（15点）

(2) ㋐の指す内容《ないよう》をかきましょう。（15点）

(3) ㋐をお母さんから聞いたのはだれでその人は、どうしましたか。（各10点）

だれ

どうした

(4) ㋑に注意してその後の（㋑）に入る言葉をかきましょう。（15点）

(5) ㋒のときの、太郎の思いをあ～うから選びましょう。（15点）

あ　箱ができたから、もうこれで十分だ。

い　早くつばめが巣をつくる所を見たい。

う　どんな鳥が来るのか楽しみだ。

(6) 巣をつくる順番をかきましょう。（完答20点）

あ（　）二羽そろってやって来る。

い（　）一羽だけで来る。

う（　）二羽で、土やわらなどを運ぶ。

国語

18 言葉と文③（文図と和語・漢語・外来語）

学習日　／

1回目　／100点

2回目　／100点

できた！ 答えは171ページ

1 次の複文《ふくぶん》を文図で表しましょう。（各15点）

① 父の作った曲が、会場で演《えん》そうされた。

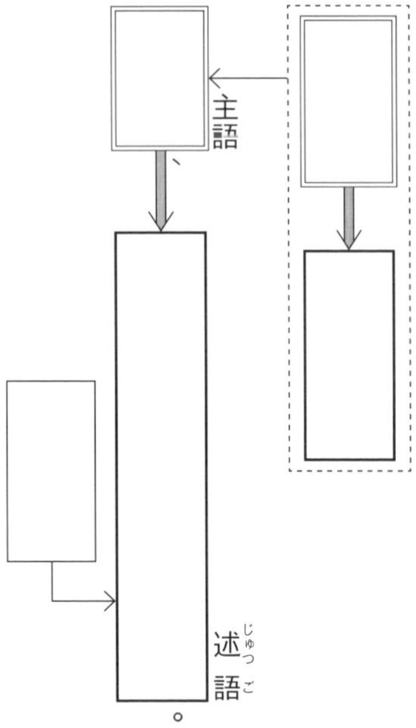

② 子どもたちは、演そう会が始まるのを、静かに待っている。

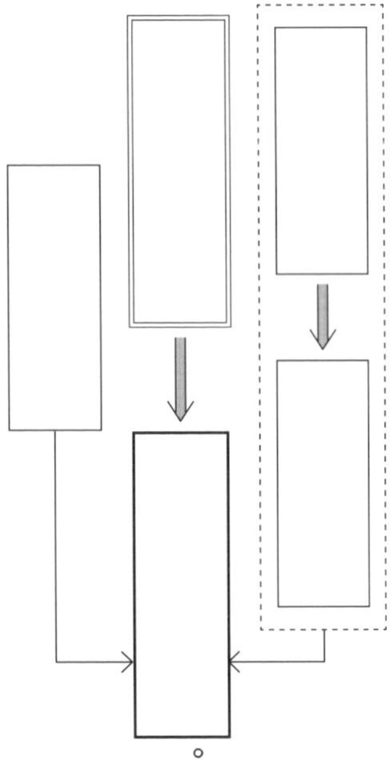

2 次の①・②の文の中心となる主語と述語をかきましょう。（各8点）

① クヌギやコナラの木がしげる林の中が、夜のやみに包まれるころ、カブトムシは、動いた。

② 昼間、地中にもぐって休んでいたカブトムシが近くの木を登った。

① ㊟　㊦

② ㊟　㊦

3 次の（　）にあてはまる接続語《せつぞくご》をかきましょう。（各6点）

① テストの勉強を夜おそくまでした。（　　）、テストに合格《ごうかく》した。

② 試合の後半はつかれてきた。（　　）、最後までがんばった。

③ 山登りに行こうか。（　　）、魚つりに行こうか。

④ 雨がふってきた。（　　）、風まで強くなってきた。

それとも　しかし　だから
なぜなら　そのうえ

4 次の表の空いているところの言葉を□から選んでかきましょう。（各5点）

和語	漢語	外来語
昼飯	昼食	①
②	果実	③
決まり	④	ルール
⑤	⑥	スタート

規則《きそく》　始まり　ランチ
フルーツ　果物　開始

国語

19 おじいさんのランプ

学習日　／

1回目　／100点

2回目　／100点

できた！

答えは172ページ

文章を読んで、問いに答えましょう。

巳之助《みのすけ》を一番おどろかしたのは、大きな商店が、一つ一つともしている、花のように明るいガラスのランプであった。巳之助の村では夜は、あかりなしの家が多かった。真っ暗な家の中を、人々は手でさぐりながら、水がめや、石のうすや大黒柱をさぐり当てるのであった。少しぜいたくな家では、おかみさんがよめ入りのとき持って来たあんどんを使うのであった。あんどんは紙を四方に張《は》りめぐらした中に、油の入った皿があって、その皿のふちにのぞいている灯心に、桜《さくら》のつぼみぐらいの小さなほのおがともると、まわりの紙にみかん色のあたたかな光がさし、付近は少し明るくなったのである。しかし、どんなあんどんにしろ、巳之助が大野《おおの》の町で見たランプの明るさには㋐とてもおよばなかった。

　このランプのために、大野の町全体がりゅう宮城《ぐうじょう》か何かのように明るく感じられた。もう巳之助は、㋑自分の村へ帰りたくないとさえ思った。人間はだれでも明るい所から暗い所に帰るのを好まないのである。

　巳之助は、お酒にでもよったように、波の音の絶《た》えないこの浜辺《はまべ》の町を、めずらしい商店をのぞき、美しく明るいランプに見とれて、さまよっていた。

新美《にいみ》　南吉《なんきち》（青空文庫）

---

(1) 巳之助を一番おどろかしたものは何ですか。（15点）

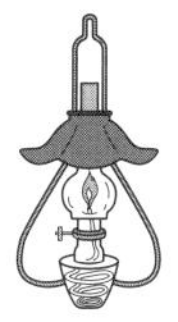

［　　　　］の［　　　　］

(2) 巳之助の村では、どんな家が多いですか。（15点）

［　　　　］の家

(3) 巳之助の村でのあかりは何ですか。（15点）

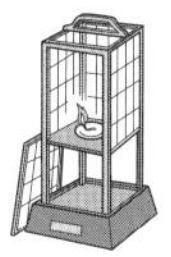

［　　　　］

(4) ㋐と同じ意味になる慣用句《かんようく》を㋐～㋒から選んで○をつけましょう。（15点）

あ（　）歯をくいしばる

い（　）かたをもつ

う（　）歯がたたない

(5) あんどんとランプは、どのくらい明るいですか。（各10点）

① あんどん…あんどんの付近が［　　　　］

② ランプ…大野の町全体が［　　　　］のよう

(6) 巳之助は、どうして㋑のように思ったのですか。（20点）

［　　　　］

国語

20 漢字⑦

学習日　／

1回目　／100点

2回目　／100点

できた！ 答えは172ページ

1 次の漢字の読みをかきましょう。（各4点）

① 複雑な提案《ていあん》は保留。（　）（　）（　）

② 鉱山《こうざん》の状態を提示。（　）（　）

③ 個性豊《ゆた》かな教師。（　）（　）

④ 道徳の授業《じゅぎょう》を参観。（　）（　）

⑤ 肥えた土地を耕す。（　）（　）

⑥ 弁護士の許可証。（　）（　）

⑦ 文章の構成。（　）（　）

2 次の絵を見て、四字熟語《じゅくご》をつくり読み方もかきましょう。（各4点）

① 

絶□絶□（　）

② 

油□大□（　）

3 次の□に漢字をかきましょう。（各6点）

① □□《おおがた》の□□□《ぶきこ》。

② □□《そぼ》に□《に》る□《つま》。

③ □□《きそく》破《やぶ》りの□□《けんちく》。

④ □□□《はんざいてき》な□□《ゆしゅつ》。

⑤ □《か》し□《か》りの□□《ばいりつ》。

⑥ □□□《さいへんしゅう》を□《よろこ》ぶ。

⑦ □□《ほうふ》な□□□《めんおりもの》。

⑧ □《あま》りの□□《ゆうこう》利用。

⑨ □□《ちょくせつ》□□《そくりょう》する。

⑩ 本の□□《しゅっぱん》が□《ゆめ》。

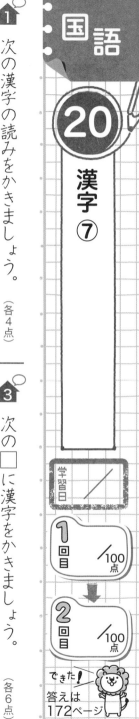

21 本番で自分の力を出すために

学習日　／

1回目　／100点

2回目　／100点

できた！
答えは172ページ

文章を読んで、問いに答えましょう。

「こんなはずではなかった。本当なら、もっとできたのに」と、思ったことはありませんか。

自分の力が出せるようになるには、「心」と「脳《のう》」の関係を知ることが大事です。

心のトレーニングは、最初、一九五〇年代、旧《きゅう》ソ連がうちゅう飛行士の不安を取りのぞくために始まりました。

まずは、個人《こじん》の能力《のうりょく》を調べ、そこから、目標を設定《せってい》します。このとき、いきなり高い目標を設定しないようにします。

Ⓐ、脳は、急げきな変化を受け入れられないからです。というのも、一度自分はできないと思うと、㋐それが脳全体に広がってしまいます。Ⓑ自分を守るために、できない理由をさがし始めます。㋑初め、やる気があっても長続きしないのは、このためです。Ⓒ、自分のできそうな目標を一つずつ着実にやりとげて、自信をつけて、㋒プラス思考を高めることが大事なのです。

このような自分を思いうかべながらふく式呼吸《こきゅう》をして、気持ちを落ち着かせるのです。

Ⓓ、集中力を高めると、本番でもリラックスして、自分の力が出せるようになるのです。

---

(1) 自分の力が出せるようになるためには、何の関係を知ることが大事ですか。（12点）

（　　　　）と（　　　　）の関係

(2) Ⓐ〜Ⓓに入る言葉を□から選んでかきましょう。（各7点）

Ⓐ（　　　　）　Ⓑ（　　　　）

Ⓒ（　　　　）　Ⓓ（　　　　）

こうして　ですから　すると　なぜなら

(3) ㋐の指す内容《ないよう》をかきましょう。（12点）

（　　　　）

(4) どうして㋑のようになるのですか。（12点）

（　　　　）

(5) ㋒のためには、どんな目標設定をするとよいか、文中の言葉でかきましょう。（12点）

□□□□□□□□目標

(6) 本番で自分の力を出すために大事なことを三つかきましょう。（各8点）

① □□□思考

② □□□呼吸

③ □□□を高める

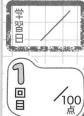

国語

22

漢字⑧

学習日　／

1回目　／100点

2回目　／100点

答えは172ページ

1 次の漢字の読みをかきましょう。（各4点）

① 時差（　）に慣れ（　）る。

② 逆境（　）に強い集団（　）。

③ 観光地を容易（　）に移動（　）。

④ 勢力（　）はん囲を省略（　）。

⑤ 先祖（　）の墓参り（　）。

⑥ 常識（　）的な質問（　）。

⑦ 新幹線（　）の 停車駅（　）。

2 次の□に○と反対の意味の漢字をかいて四字熟語《じゅくご》を完成させましょう。（各3点）

① 一㊧進一□

② 自㊧問自□

③ □名㊧無実

④ □肉㊧強食

3 次の□に漢字をかきましょう。（各6点）

① □□《ふくざつ》な□□《ていあん》。

② □□《こうざん》から□《どう》をとる。

③ □□□《こうとくてん》を□《え》る。

④ □□《どうとく》の□□《じゅぎょう》参観《さんかん》。

⑤ □《こ》えた土地の□□《こうさく》。

⑥ □□《こせい》□《ゆた》かな文章。

⑦ □□《いし》に□□《かんしゃ》する。

⑧ □□□《きょかしょう》の□□《さくせい》。

⑨ □□《ようい》な□□《はんだん》。

⑩ □□□《べんごし》の□□《しかく》。

23 一房の葡萄《ぶどう》

文章を読んで、問いに答えましょう。

ぼくは、小さいときに絵をかくことが好きでした。ぼくの通っていた学校は、横浜《よこはま》の山の手という所にありましたが、そこいらは西洋人ばかり住んでいる町で、ぼくの学校も教師《きょうし》は西洋人ばかりでした。

Ⓐ、その学校の行き帰りにはいつでもホテルや西洋人の会社などがならんでいる海岸通りを通るのでした。

通りの海ぞいに立って見ると、真っ青な海の上に軍かんだの商船だのが一ぱいならんでいて、えんとつからけむりの出ているのや、ほばしらからほばしらへ万国旗をかけわたしたのやらがあって、眼《め》がいたいようにきれいでした。

ぼくは、よく岸に立ってその景色を見渡《みわた》して、家に帰ると、覚えているだけをできるだけ美しく絵にかいてみようとしました。

Ⓑ、あのすき通るような海のあい色と、白いはん船などの水際《みずぎわ》近くにぬってある洋こう(紅)色とは、ぼくの持っている絵の具ではどうしてもうまく出ませんでした。いくらかいてもかいても本当の景色で見るような色にはかけませんでした。

有島《ありしま》　武郎《たけお》（青空文庫）

(1) 小さいとき、何が好きでしたか。（15点）

「　　」

(2) 学校の行き帰りには、どこを通っていましたか。（15点）

「　　」

(3) (2)から何がならんでいるのが見えましたか。（各7点）

「　　」や「　　」など

(4) (3)は、どれぐらいきれいですか。文中の言葉でかきましょう。（15点）

□□□□□□□□ きれい

(5) Ⓐ・Ⓑに入る接続語《せつぞくご》をかきましょう。（各6点）

Ⓐ（　　）　Ⓑ（　　）

それとも　そして　けれども

(6) 家に帰ると、どうしましたか。（15点）

「　　」

(7) 本当の景色のような色に出せないのは、何色と何色ですか。（各7点）

「　　」と「　　」

学習日 ／

1回目 ／100点

2回目 ／100点

できた！

答えは172ページ

国語

24 言葉と文④（要点と指示語）

学習日　／

1回目　／100点

2回目　／100点

1 次の文の要点をかきましょう。（各15点）

① ミツバチは、前足と中足を器用に使って、みつをすうときについた花粉で、花粉だんごを作る。

主語［　　］、（何を）［　　　　　　］述語《じゅつご》［　　］。

② 血液型《けつえきがた》がわかる物質《ぶっしつ》が汗《あせ》にふくまれていて、蚊《か》は、血をすう前に人間の血液型を判別《はんべつ》しているらしい。

主語［　　］、（何を）［　　　　］述語［　　　　　　］。

2 次の＝＝の指示語《しじご》が指している言葉を〔　〕にかきましょう。

① 友達から絵はがきがとどいた。それには信州の山々がえがかれていた。（10点）

〔　　　　　　　　〕

② たん生日にグローブをもらった。いつも、それを大事に使っている。（10点）

〔　　　　　　　　〕

③ ぼくは、明《あきら》君と沖縄《おきなわ》に行った。ぼくにとってそれは、とてもすばらしい思い出だ。（15点）

〔　　　　　　　　〕

④ 冬の夜空に、中央に三つならんでいる星があります。あれは、オリオン座です。（15点）

〔　　　　　　　　〕

3 次の文の「れる」「られる」は、㋐受け身、㋑可能《かのう》、㋒尊敬《そんけい》のどれですか。（　）に記号で答えましょう。（各4点）

①（　）毎朝、校長先生は、校門の前に立たれる。

②（　）二さいになると、なんでも食べられる。

③（　）子どもは、お母さんに手を引っ張《ぱ》られた。

④（　）マラソン大会で、最後まで走れる。

⑤（　）昼からお客様が来られる。

できた！

答えは172ページ

25 総合 ど根性大根のひみつ

学習日 ／

1回目 ／100点
2回目 ／100点

できた！ 答えは172ページ

1 文章を読んで、問いに答えましょう。

昔、「ど根性《こんじょう》大根」とよばれて、道路のすき間から芽を出して、大きくなった大根があった。

「どうして、そんなところでもこの大根は、大きくなれたのだろうか。」と、人間からしてみればすごいことだと思われて、そうよばれたのだ。

しかし、植物にとってみたら、実は㋐そこは過《す》ごしやすい場所だったのだ。

まず、広いところは、水と日光があればたくさんの植物が育つので、ほかの植物と日光のうばい合いをしなければならない。そして、㋑それに負けるとかれてしまう。

それに比べたら、まわりがアスファルトなどで固められたⒶ道路のすき間も、発芽さえできれば天国になる。

なぜなら、そこでは、まわりに競争相手がいないので日光をひとりじめにできるうえに、アスファルトが土中の水分のじょう発も防《ふせ》いでくれるからである。

「ど根性大根」とよばれた大根は、ほどよい水と日光のおかげで、あたりまえのように大きく育つことができた。それなのに、Ⓑそれを見た人間が、勝手にそのようによんだのである。

(1) ㋐と㋑の指す内容をかきましょう。（各15点）

㋐（　　　）

㋑（　　　）

(2) なぜ、Ⓐの場所は天国になるのですか。理由を二つ答えましょう。（各15点）

（　　　）

（　　　）

(3) Ⓑで、正しいものに○をつけましょう。（10点）

①（　）大根らしい大根。

②（　）さがし続けていた大根。

③（　）育つはずのないところの大根。

2 次の「れる」「られる」の文から受身の文に○をつけましょう。（10点）

①（　）先生は、絵をかかれる。

②（　）ぼくは、ボールを受けられる。

③（　）弟は、兄に追いかけられる。

3 次の特別な読み方をする漢字をかきましょう。（各5点）

① まっか　□っ□

② やおや　□□

③ たなばた　□□

④ けさ　□□

26 総合 いのちを守る森

学習日　／

1回目　／100点

2回目　／100点

できた！
答えは172ページ

1 文章を読んで、問いに答えましょう。

二〇一一年三月の東日本大震災《しんさい》で発生したがれきは、一八七九万トンもありました。しかし、一年経っても一五・五パーセントしか処理《しょり》されていませんでした。

（二〇一二年五月時点の推計）

この残された大量のがれきをどうするか。これが㋐大きな課題だったのです。

Ⓐ、そのがれきを活用することにしたのです。青森県から福島県の太平洋側の海岸ぞいに土《ど》るいを築《きず》き、そこに広葉《こうよう》じゅ（樹）を植えて、「いのちを守る森」をつくるという取り組みが進められました。

（あ）がれきの木片は、一〇年で土に返り木の養分になります。Ⓑ、（い）コンクリートは根がまき付けば、木のささえになります。

Ⓒ、がれきというゴミを有効《ゆうこう》な資《し》げんとして役立てる取り組みを、これからもさらに考え、進めていく必要があります。

(1) Ⓐ〜Ⓒに入る接続語《せつぞくご》をかきましょう。（各6点）

Ⓐ（　　）　Ⓑ（　　）　Ⓒ（　　）

こうして　しかし　そこで　また

(2) ㋐は、どんな課題ですか。（15点）

［　　　　］

(3) (2)のために、何をつくる取り組みが進められていますか。（15点）

［　　　　］

(4) がれきの木片やコンクリートは、どのように役立ちますか。（各8点）

（あ）がれきの木片 ⇒ 木の□□

（い）コンクリート ⇒ 木の□□□

(5) 作者がいいたいことは、何ですか。（各8点）

がれきという［　　　］を有効な［　　　］として役立てること。

2 次の□に合う漢字と送りがなをかきましょう。（各10点）

①
㋐ 紙が　やぶれる □。
㋑ 試合に □。

破　敗

②
㋐ すがたを　あらわす □。
㋑ 気持ちを □。

表　現

27 総合 和食の基本「だし」

学習日　／

1回目　／100点
2回目　／100点

できた！
答えは173ページ

1 文章を読んで、問いに答えましょう。

日本の和食が、無形文化遺産《いさん》にみとめられた。㋐その基本《きほん》は、だし。㋑それは、日本独《どく》自《じ》の食文化だ。

コンブなどを水につけて、だしを取って料理すると、だしのかおりと、うま味が出てくる。このうま味が、(あ)世界ではなかなかみとめてもらえなかった。しかし、百年ほど前に、今までの基本の味、「酸味《さんみ》・甘《あま》味・塩味・苦味」にそれが追加された。

うま味を引き出す代表四素材《そざい》は、コンブ・かつお節《ぶし》・ニボシ・ほしシイタケだ。これらは、野菜や海そうなどを食べやすくするために、だしの力で味付けしている。また、だしをとったあとのこれらも食べることをおすすめする。

わたしたちは、(い)命をもっているものをいただくのだから、食べ物すべてを活かし切るようにしなければならないのだ。

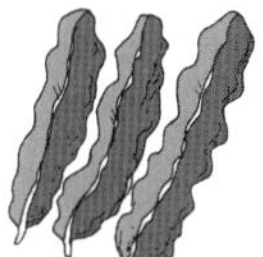
コンブ

ほしシイタケ

ニボシ

かつお節

(1) ㋐・㋑の指す言葉をかきましょう。（各8点）

㋐ ［　　］
㋑ ［　　］

(2) (あ)の味は、何ですか。（10点）

［　　］

(3) (2)を引き出す素材は、何ですか。（各4点）

［　　］［　　］［　　］［　　］

(4) (3)で野菜や海そうをどうしますか。（15点）

［　　］

(5) なぜ(い)のようにしていますか。（15点）

［　　］

2 次の言葉を和語と漢語に分けましょう。（各6点）

調査《ちょうさ》　野原　近道　近所

① 和語 ［　　］［　　］
② 漢語 ［　　］［　　］

3 次の言葉を組み合わせて、複合語《ふくごうご》をつくりましょう。（各4点）

筆　昼　箱　漁業　総合　遠洋　休み　問題

① ［　　］
② ［　　］
③ ［　　］
④ ［　　］

国語

28 総合 人口減少する社会に必要なものは？

学習日　／

1回目　／100点
2回目　／100点

できた！
答えは173ページ

1 文章を読んで、問いに答えましょう。

①　二一〇〇年には、日本の人口は最少で、七五〇〇万人程度《ていど》になると予想※されている。今の六割《わり》ほどだ。

②　このことを考えたときに、これからどういう社会を目指すのかを考えなくてはならない。

③　人口減《げん》少《しょう》社会になると、今までにつくってきた道路、橋、トンネルなどが古くなり、不要なものが増《ふ》えてくる。

④　これまでの「つくる」から「こわす」という発想も必要になってくるだろう。

⑤　また、エネルギーを初め、自給自足が可《か》能《のう》な「かん境《きょう》配りょ型」の小さな社会が、これからのモデルになるのかもしれない。

⑥　しかし、人口が減《へ》ってくると、となり近所が、子育てや介護《かいご》を喜んで助ける、「共に助け合う社会」がさらに大切になってくると考える。

⑦　これからの日本は、「競争の社会」から「共助《きょうじょ》の社会」へと変えていくべきだろう。

※（国立社会保障、人口問題研究所の将来推計による）

(1)　日本は、二一〇〇年には最少で、何程度になると予想されていますか。（10点）

［　　　　］人

(2)　この文で課題がかかれているのは、何段落ですか。（10点）

（　　）段落

(3)　人口が減って、不要なものが増えてくると、どんな発想が必要ですか。（15点）

［　　　　］という発想

(4)　人口が減ってきたら、どんな社会が大切になってきますか。（各10点）

㋐［　　　　　　］の小さな社会

㋑［　　　　　　］社会

(5)　(2)の答えは、どういう社会がいいですか。（15点）

［　　　　　　］

2 次の言葉の□に合う打ち消しの漢字を［　］から選んでかきましょう。（各3点）

［不　未　無　非］

㋐ □完全
㋑ □完成
㋒ □常識《じょうしき》
㋓ □関心
㋔ □規則《きそく》

3 次の言葉に合う熟語《じゅくご》をかきましょう。（各5点）

しゅうかん

㋐ 一［　　］
㋑ ［　　］誌
㋒ 歯をみがく［　　］

［習慣　週間　週刊］

29 総合

ひがたからのエール

学習日　／

1回目　／100点
2回目　／100点

できた！
答えは173ページ

1 文章を読んで、問いに答えましょう。

(あ)

ひがたには、川から運ばれてきた栄養分がたまり、㋐それを食べる貝やカニなどがくらしている。さらに、㋑それらを食べるわたり鳥がやってくる。多くの生き物にとって大切な場所だ。

東日本大震災《だいしんさい》で、仙台《せんだい》にあるひがたも津《つ》波《なみ》におそわれた。㋒そこにすむ小さな生き物たちもひとたまりもなかったにちがいない。しかし、震災から二年目の夏、多くの生き物を見つけることができた。中でも、体長一センチメートルほどのチゴガニは、巣あなから出てくると、小さな体全部を使ってハサミをふり上げる。(い)そのようすは、まるで「がんばれ、がんばれ」と私たちにエールを送っているように見えた。

(1) ㋐～㋒は、何を指していますか。（各6点）

㋐

㋑　　　　など

㋒（　　　　）

(2) (あ)の文章を二十字以内にまとめましょう。（20点）

(3) (い)は、どんなようすですか。（18点）

(4) (い)は、どのように見えましたか。（18点）

2 次の言葉の読みを、和語と漢語でかきましょう。（各2点）

	〈和語〉	〈漢語〉
(1) 生物	（　　）	（　　）
(2) 色紙	（　　）	（　　）
(3) 市場	（　　）	（　　）
(4) 風車	（　　）	（　　）

3 次の言葉から熟語《じゅくご》をかきましょう。（各5点）

① 熱を加える

② 静かに保養《ほよう》

国語

30 総合 アンパンマンはどうして生まれたか

学習日 ／

1回目 ／100点

2回目 ／100点

できた！

答えは173ページ

1 文章を読んで、問いに答えましょう。

自分の顔であるあんパンを、おなかをすかせた人に食べさせるアンパンマン。

㋐この作者、やなせたかしさんは、この作品に㋑かれの今までの人生をこめている。

やなせさんの子ども時代は、弟はいたが親がいないので、さびしいときもあった。また、戦争中は、うえに苦しみながら中国大陸を一〇〇〇キロメートルも歩き回ったことがあったのだ。

この苦しみを知ったことで、かれは、自分をぎせいにしても、目の前にいるうえた人にひとかけらのパンを差し出すことが、正義《せいぎ》だと考えたのだ。

アンパンマンのマーチにもあるように、アンパンマンは人びとにとってまるで太陽のようだ。

(1) ㋐は、何を指していますか。（10点）

(2) (1)は、どんな人に食べさせますか。（10点）

(3) ㋑の大きなできごとは何でしたか。（各10点）

① 子ども時代

② 戦争時代

(4) かれの考える正義とは何ですか。（20点）

(5) 人びとにとってアンパンマンは、何ですか。（10点）

2 次の文は、体の部分を使った慣用句《かんようく》です。□に合う漢字をかきましょう。（各5点）

① □がぼうになるまで、歩き回った。

② あまりにも高く、□が出ない。

③ 百点とって□が高い。

3 次の漢字のもとになっている形を選んで、線で結びましょう。（各3点）

① 馬 ・　・ ㋐ 

② 鳥 ・　・ ㋑ 

③ 象 ・　・ ㋒ 

④ 魚 ・　・ ㋓ 

⑤ 足 ・　・ ㋔ 

31 総合 マララさんのスピーチ

学習日 ／

1回目 ／100点
2回目 ／100点

できた！ 答えは173ページ

1 文章を読んで、問いに答えましょう。

パキスタンで㋐女子教育の権《けん》利をうったえて、武そう勢力に頭をうたれた十七才のマララさんが、二〇一四年に「ノーベル平和賞」を受賞した。

彼女《かのじょ》は、二〇一三年にも、人権《じんけん》や表現《ひょうげん》の自由を守る活動をたたえる「サハロフ賞」をもらっている。

そのときも、彼女は、「世界で五七〇〇万人の子どもが、教育を受けられないでいる。㋑その子どもたちに必要なのは、スマホでもチョコレートでもない。一さつの本と一本のペンだ。」とうったえ、支《し》えんをよびかけた。

また、彼女がうたれた後に寄《よ》せられたお金をもとに「㋒マララ基金《ききん》」がつくられ、女子教育を支えんしている。

(1) ㋐をうったえたのはだれですか。（10点）

〔　　　　〕

(2) (1)の人は次の年に、何賞をもらいましたか。（各5点）

① 二〇一三年 〔　　　　〕

② 二〇一四年 〔　　　　〕

(3) (2)の①は、どのような活動が認《みと》められたのですか。（10点）

〔　　　　〕

(4) ㋑は、だれのことですか。（15点）

〔　　　　〕

(5) (4)の人たちは、何が必要ですか。（15点）

〔　　　　〕

(6) ㋒は、何を支えんしていますか。（10点）

□□□□

2 次の文の中心となる主語と述語《じゅつご》をかきましょう。（各10点）

① くまは、小太郎がいきなり後ろから鉄ぽうをうたないことを知っていた。

主語 □　述語 □

② 春の雨がふり出したので、カタツムリは木の葉の上などをはい回った。

主語 □　述語 □

3 二つの文字の意味を組み合わせてできた漢字を□にかきましょう。（各5点）

① 田　力 → □

② 分　貝 → □

国語

32

総合

マンデラさんの考え方

学習日 ／

1回目 ／100点

2回目 ／100点

できた！ 答えは173ページ

1 文章を読んで、問いに答えましょう。

二〇一三年に、九五才でなくなったマンデラさん。かれは、南アフリカの「白人と黒人が、いっしょに生活してはいけない」というやり方に反対して、二七年間もとらえられていた。かれは、「生きるうえで㋐最もい大《だい》な栄光は、決して転ばないことにあるのではない。転ぶたびに起き上がり続けることにある。」といっていた。

（Ⓐ）、とうとう一九九四年に大統領《だいとうりょう》になった。（Ⓑ）、かれは、自分を苦しめた白人に対して報復《ほうふく》はしなかった。かれは、白人による黒人支配《しはい》にも黒人による白人支配にも反対した。（Ⓒ）、㋑さまざまなはだの色の人びとがにじのように調和して生きる共同体をつくることが、かれの考えだからだ。

かれは、神が世界につかわした人といわれ、一九九三年にはノーベル平和賞を受賞している。

(1) Ⓐ～Ⓒに入る接続詞《せつぞくし》をかきましょう。（各7点）

Ⓐ（　　　）　Ⓑ（　　　）

Ⓒ（　　　）

しかし　なぜなら　そして

(2) マンデラさんは、何に反対していましたか。（14点）

［　　　］というやり方。

(3) かれのいう㋐は何ですか。（15点）

［　　　］

(4) かれは、㋑の人たちが、どのような共同体をつくるべきだと考えていますか。（15点）

［　　　］共同体

(5) かれは、どのような人といわれていましたか。（15点）

［　　　］

2 次の（　）に合う動物をかきましょう。（各4点）

① （　　　）の耳に念仏《ねんぶつ》

② （　　　）ににらまれたかえる

③ （　　　）の一声

④ （　　　）も木から落ちる

⑤ （　　　）も歩けばぼうにあたる

1 アルファベット大文字・小文字①

学習日 ／

1回目 ／100点

答えは174ページ

2回目 ／100点

できた！

1 次の大文字をなぞり、右に1文字かきましょう。（完答50点）

A　B　C　D

E　F　G　H

I　J　K　L

M　N　O　P

Q　R　S　T

U　V　W　X

Y　Z

2 次の小文字をなぞり、右に1文字かきましょう。（完答50点）

a　b　c　d

e　f　g　h

i　j　k　l

m　n　o　p

q　r　s　t

u　v　w　x

y　z

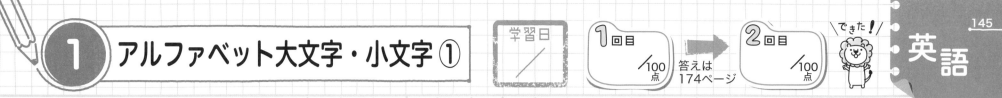

2 アルファベット大文字・小文字②

学習日 ／

1回目 ／100点

答えは174ページ

2回目 ／100点

できた！

1 大文字のアルファベットの一部が見えています。その大文字と同じアルファベットを表す小文字を選んで、線でつなぎ、そのあと小文字をなぞりましょう。（線各５点、なぞり完答15点）

① 

② 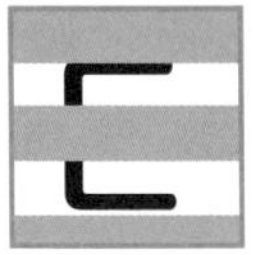

③ 

④ 

⑤ 

⑥ 

⑦ 

㋐ v

㋑ m

㋒ s

㋓ a

㋔ z

㋕ e

㋖ g

2 小文字のアルファベットの一部が見えています。その小文字と同じアルファベットを表す大文字を選んで、線でつなぎ、そのあと大文字をなぞりましょう。（線各５点、なぞり完答15点）

① 

② 

③ 

④ 

⑤ 

⑥ 

⑦ 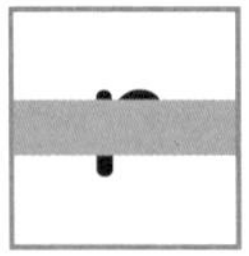

㋐ J

㋑ K

㋒ T

㋓ R

㋔ F

㋕ H

㋖ C

3 初対面のあいさつをしよう！

学習日 ／

1回目 ／100点

答えは174ページ

2回目 ／100点

1 自分の名前を英語でかきましょう。 (10点)

2 □に自分の名前を英語でかき、自分の名前を伝える文をかきましょう。 (20点)

I'm □ .

(わたしは～です。)

3 次の「はじめまして」のあいさつをなぞりましょう。(20点)

Nice to meet you.

(はじめまして。)

Nice to meet you,too.

(こちらこそ、はじめまして。)

4 □に自分の下の名前を英語でかき、自分の名前を伝える文をかきましょう。 (20点)

My name is □ .

(わたしの名前は～です。)

5 □に自分の下の名前の英語のつづりをかき、自分の名前のつづりを伝える文をかきましょう。 (30点)

How do you spell your name?

(あなたの名前はどうかきますか。)

〈例〉つづり

K-o-s-e-i.

4 好きなものを話そう！

学習日 ／

1回目 ／100点

答えは174ページ

2回目 ／100点

できた！

1 次の自分の好きな食べもの、好きでない食べものを伝える英文をなぞりましょう。（20点）

I like ice cream.

（わたしはアイスクリームが好きです。）

I don't like cucumbers.

（わたしはきゅうりが好きではありません。）

2 自分の好きな食べものと、好きでない食べものを下から選んで□にかき、それを伝える英文をかきましょう。（30点）

I like □.

I don't like □.

ramen
ラーメン

pizza
ピザ

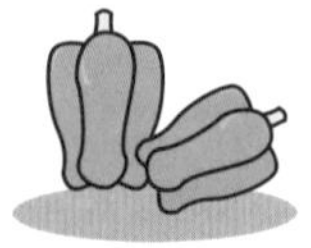

green peppers
ピーマン

celeries
セロリ

3 次の好きなスポーツをたずねて、伝える英文をなぞりましょう。（20点）

Do you like baseball?

（あなたは野球が好きですか。）

Yes, I do.

（はい、好きです。）

No, I don't.

（いいえ、好きではありません。）

4 自分の好きなスポーツを下から選んで□にかき、相手に好きかたずねる英文をかきましょう。（30点）

I like □.

Do you like □?

marathon
マラソン

rugby
ラグビー

tennis
テニス

volleyball
バレーボール

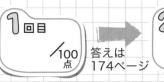

5 持ちもの、ほしいものを話そう！

学習日 ／

1回目 ／100点

答えは174ページ

2回目 ／100点

できた！

1 次の持っているものをたずねて、伝える英文をなぞりましょう。（20点）

Do you have a pencil?

（あなたはえんぴつを持っていますか。）

No, I don't.

（いいえ、持っていません。）

I have a ruler.

（わたしは定規《じょう ぎ》を持っています。）

2 絵を見て、□にあてはまる英文をかきましょう。（30点）

Do you have a notebook?

（あなたはノートを持っていますか。）

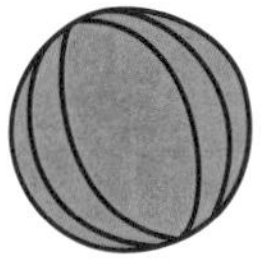

ball

ボール

No, ＿＿＿＿＿.

I have a ＿＿＿＿＿.

3 次のほしいものをたずねて、伝える英文をなぞりましょう。（20点）

What do you want?

（あなたは何がほしいですか。）

I want a glove.

（わたしはグローブがほしいです。）

4 今から友達とケーキをつくります。ほしいものを下から選んでかきましょう。（30点）

What do you want?

（あなたは何がほしいですか。）

I want ＿＿＿＿＿.

sugar

さとう

milk

牛にゅう

flour

小麦粉

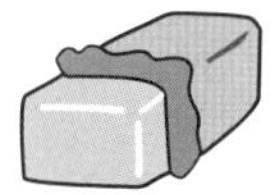

butter

バター

6 時間わりについて話そう

学習日 ／

1回目 ／100点 → 2回目 ／100点

答えは174ページ

1 次の時間わりについての英文をなぞりましょう。（20点）

Do you have P.E. on Monday?

（月曜日に体育はありますか。）

Yes, I do.（はい、あります。）

No, I don't.（いいえ、ありません。）

2 右の時間わりを見て、伝える英文をかきましょう。（30点）

Do you have math on Tuesday?

（火曜日に算数はありますか。）

social studies
社会

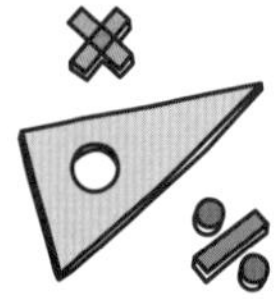

math
算数

English
英語

火曜日の時間わり	
1	math
2	Japanese
3	English

3 次の時間わりについての英文をなぞりましょう。（20点）

When do you have music?

（いつ音楽がありますか。）

It's Thursday.

（木曜日です。）

4 水曜日にある教科を下から1つ選んで、それがいつあるかたずねる英文をかきましょう。（30点）

＿＿＿＿ do you have ＿＿＿＿？

It's Wednesday.

（水曜日です。）

science
理科

English
英語

Japanese
国語

水曜日の時間わり	
1	music
2	math
3	English

7 どんなものが好きかたずねよう！

学習日 ／

1回目 ／100点 2回目 ／100点

答えは174ページ

1 次の好きな動物をたずねて、伝える英文をなぞりましょう。 (20点)

What animal do you like?

（あなたはどんな動物が好きですか。）

I like dogs.

（わたしは犬が好きです。）

2 自分の好きな動物を下から選んでかきましょう。 (30点)

What animal do you like?

I like ＿＿＿＿＿＿＿＿.

birds
鳥

cats
ネコ

dogs
犬

rabbits
ウサギ

3 次の好きな色をたずねて、伝える英文をなぞりましょう。 (20点)

What color do you like?

（あなたはどんな色が好きですか。）

I like red.

（わたしは赤が好きです。）

4 自分の好きな色を下から選んでかきましょう。 (30点)

What color do you like?

I like ＿＿＿＿＿＿＿＿.

yellow
黄

blue
青

green
緑

red
赤

8 たん生日について話そう！

学習日　／

1回目　／100点　→　答えは174ページ　2回目　／100点

答えは174ページ

1 次の月の名前をなぞり、自分のたん生日の月に○をつけ、日付には色をぬりましょう。 (完答50点)

1月 ( )	January	7月 ( )	July
2月 ( )	February	8月 ( )	August
3月 ( )	March	9月 ( )	September
4月 ( )	April	10月 ( )	October
5月 ( )	May	11月 ( )	November
6月 ( )	June	12月 ( )	December

●日付

1st	2nd	3rd	4th	5th	6th	7th	8th	9th
10th	11th	12th	13th	14th	15th	16th	17th	18th
19th	20th	21st	22nd	23rd	24th	25th	26th	27th
28th	29th	30th	31st					

2 次のたん生日をたずねて、伝える英文をなぞりましょう。 (20点)

When is your birthday?

（あなたのたん生日はいつですか。）

My birthday is August 19th.

（わたしのたん生日は、8月19日です。）

3 □ に自分のたん生日をかき、自分のたん生日を伝える英文をかきましょう。 (30点)

When is your birthday?

My birthday is

□ .

9 できることを話そう！

学習日 ／

1回目 ／100点 答えは174ページ 2回目 ／100点

できた！

1 次のできることを伝える英文をなぞりましょう。（10点）

I can sing well.

（わたしは上手に歌えます。）

2 自分ができることを下から選んで英文をかきましょう。（20点）

I can ＿＿＿＿＿＿＿＿ .

run fast 速く走る	draw well 上手に絵をかく	sing well 上手に歌う	dance well 上手におどる

3 次の英文にあてはまる絵を選んで、スタートからゴールまで線を引きましょう。（30点）

4 次のできることを伝える英文をなぞりましょう。（10点）

This is Ms.Tanaka.

（こちらは田中さんです。）

She can cook well.

（かの女は上手に料理ができます。）

5 ケンができることをそれぞれ英文でかきましょう。（1問30点）

① He can ＿＿＿＿＿＿＿＿ .

② He can ＿＿＿＿＿＿＿＿ .

10 何がどこにあるかを話そう！

学習日 ／

1回目 ／100点

答えは174ページ

2回目 ／100点

1 次のものがどこにあるかを伝える英文をなぞりましょう。

（完答20点）

①
The cap is on the bed.

（ぼうしはベッドの上にあります。）

②
The ball is under the desk.

（ボールはつくえの下にあります。）

③
The basket is by the bed.

（かごは、ベッドのそばにあります。）

④
The glove is in the bag.

（グローブは、かばんの中にあります。）

2 かばんがつくえのどこにあるか、あてはまる絵と英語を線でつなぎましょう。

（各20点）

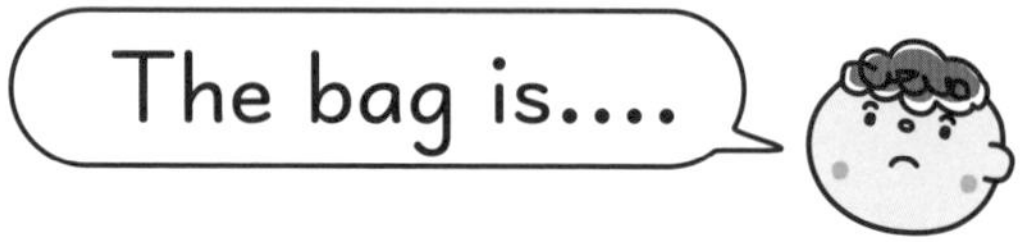

①  ・　　　・㋐ by the desk

② 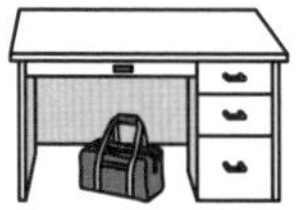 ・　　　・㋑ on the desk

③ 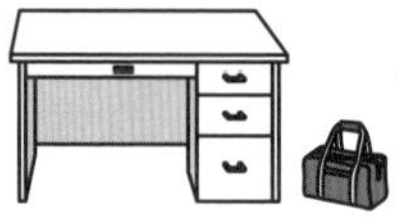 ・　　　・㋒ under the desk

3 次の英文を読んで、下の絵のどこにネコがいるかを選んで、（　）に○をつけましょう。

（20点）

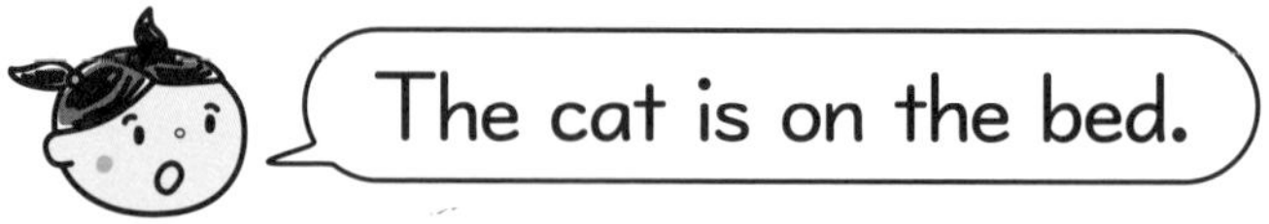

㋐（　　　）

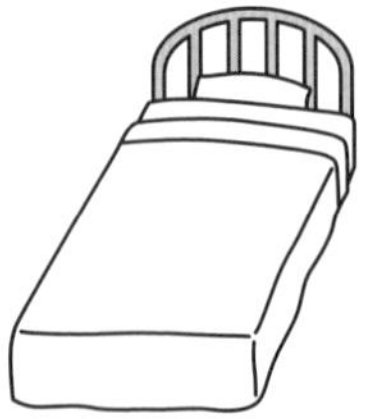

㋑（　　　）

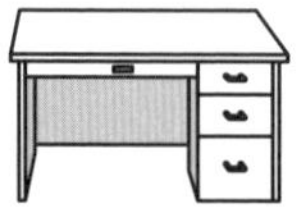

㋒（　　　）

11 道案内をしよう！

学習日 ／

1回目 ／100点

答えは174ページ

2回目 ／100点

できた！

1 次の道を伝える英語をなぞりましょう。 (20点)

① go straight

（まっすぐに行く）

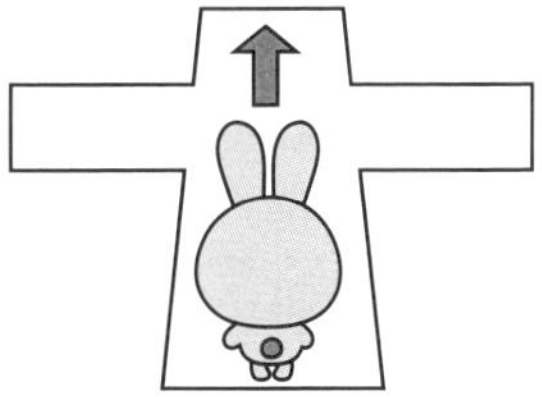

② turn left

（左に曲がる）

③ turn right

（右に曲がる）

④ on your left

（左側に）

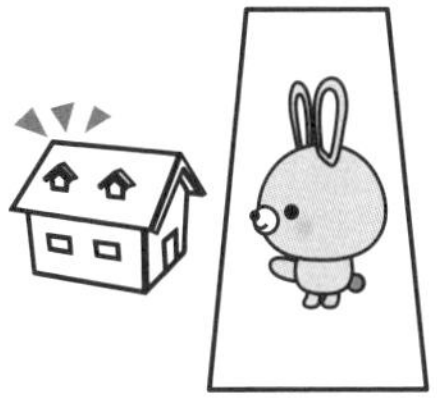

⑤ on your right

（右側に）

2 次のし設《せつ》の名前をなぞりましょう。 (20点)

① 

library

② 
park

③ 

hospital

3 図書館はどこにありますか。□に○をかきましょう。(30点)

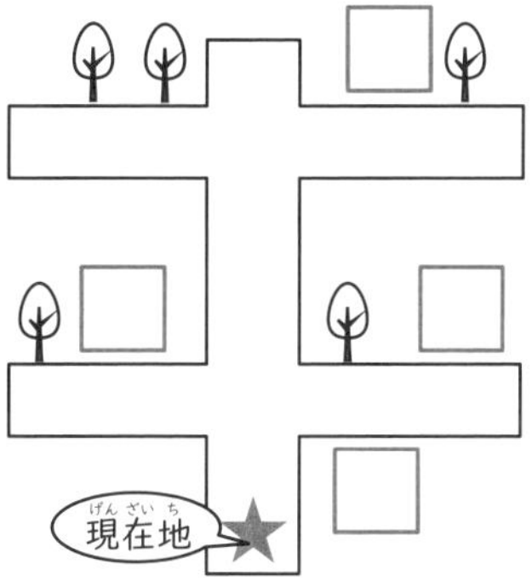

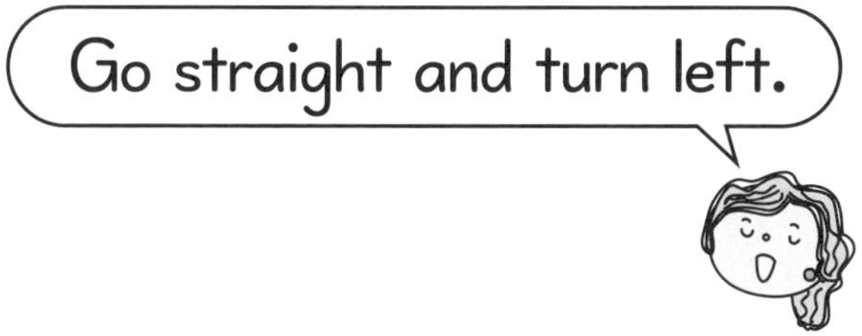

4 3 でたどり着いた図書館はあなたのどちら側にありますか。 (30点)

on your ＿＿＿＿

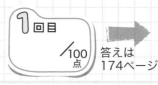

12 ご注文は？

学習日 ／

1回目 ／100点 答えは174ページ 2回目 ／100点 できた！

1 次の注文をたずねて、伝える英文をなぞりましょう。(20点)

What would you like?

(何になさいますか。)

Pizza, please.

(ピザをお願いします。)

2 自分の食べたいものを、下から選んで英文をかき、注文してみましょう。(30点)

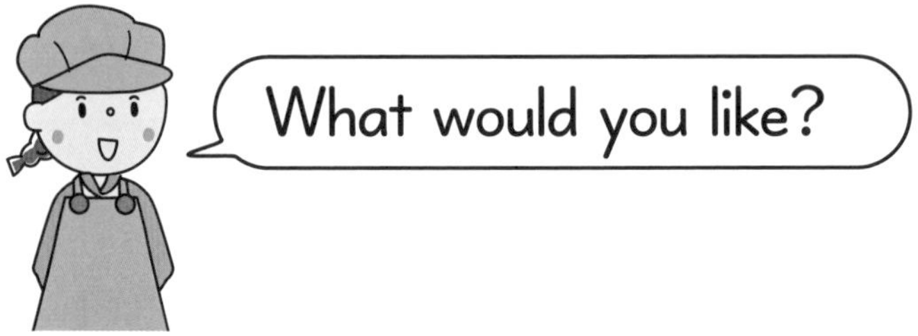

＿＿＿＿＿＿＿＿, please.

beaf stew
ビーフシチュー

omelets
オムレツ

curry and rice
カレーライス

ramen
ラーメン

3 次の英単語を読んだあと、ねだんをたずねる英文をなぞりましょう。(20点)

10	20	30	40	50
ten	twenty	thirty	forty	fifty
60	70	80	90	
sixty	seventy	eighty	ninety	
100	200	300	400	500
one hundred	two hundred	three hundred	four hundred	five hundred
600	700	800	900	1000
six hundred	seven hundred	eight hundred	nine hundred	one thousand

How much?

(いくらですか。)

Six hundred yen.

(600円です。)

4 お店の人が伝えたねだんを、上の表を見ながら英文をかいてみましょう。(30点)

＿＿＿＿＿＿＿＿ yen.

全科ノート　小学5年生　答え

算数

1　整数と小数（小数のしくみ）…………〈P. 3〉

1　① 4，7，3　② 9，0，5

③ 60.428

2　① 7　② 53　③ 6215　④ 5800

3　① 43　② 2.1　③ 359　④ 76

⑤ 340　⑥ 2386

4　① 58.4　② 5.84　③ 0.584　④ 0.58

⑤ 0.467　⑥ 0.03553

5　① 0.43m　② 0.5kg　③ 59cm

④ 20g　⑤ 2100m　⑥ 2700mL

6　① 12.579　② 97.512　③ 79.521

2　直方体や立方体の体積①……………〈P. 4〉

1　① 6×6×6＝216　216cm^3

② 7×7×7＝343　343cm^3

③ 9×11×7＝693　693cm^3

④ 8×12×10＝960　960cm^3

2　① 5×5×4＝100　100m^3

② 0.7×0.8×0.6＝0.336　0.336m^3

③ 1×0.05×0.02＝0.001　0.001m^3

④ 1.2×0.3×0.2＝0.072　0.072m^3

3　直方体や立方体の体積②……………〈P. 5〉

1　① 8×8×10＝640　8×12×6＝576

640＋576＝1216　1216cm^3

② 4×6×2＝48　6×2×2＝24

48＋24＝72　72cm^3

③ 8×6×12＝576　8×6×2＝96

576＋96＝672　672cm^3

④ 4×5×4＝80　2×3×2＝12

80－12＝68　68cm^3

2　① 15×10×3＝450　7×5×3＝105

450－105＝345　345m^3

② 4×4×4＝64　4×4×2＝32

4×2×5＝40　64+32+40＝136　136m^3

4　直方体や立方体の体積③……………〈P. 6〉

1　7×7×12＝588　588m^3

2　30×36×24＝25920　25920cm^3

3　(8＋2)×(15＋2)×(6＋2)＝1360

8×15×6＝720　1360－720＝640　640cm^3

4　15×20×2.5＝750　750cm^3

5　1L＝1000cm^3　45L＝45000cm^3

30×50＝1500　45000÷1500＝30　30cm

6　(12－2)×(13－2)×(14－1)＝1430　1430cm^3

5　直方体や立方体の体積④……………〈P. 7〉

1　(13－2)×(17－2)×(11－1)＝1650

2000－1650＝350　350mL

2　① 40×60＝2400

36000÷2400＝15　15cm

② 40×60×(21－15)＝14400　14400cm^3

3　① ㋐ (40－10)×(40－10)×5＝4500　4500cm^3

㋑ (40－14)×(40－14)×7＝4732　4732cm^3

㋒ (40－20)×(40－20)×10＝4000　4000cm^3

② 4732－4000＝732　732cm^3

6　比　例………………………………〈P. 8〉

1　① ○　② ×　③ ○　④ ×　⑤ ○

2　① ㋐ 2，㋑ 21，㋒ 35，□＝7×○

② ㋓ 6，㋔ 3，□＝6×○

③ ㋕ 1，㋖ 40，□＝10×○

④ ㋗ 70，㋘ 140，㋙ 280，□＝70×○

7　比例・ともなって変わる量…………〈P. 9〉

1　① ×　② ○，□＝3.5×○

③ ○，□＝140×○　④ ×

2　① ㋐ 6.28　㋑ 9.42　㋒ 12.56　㋓ 15.7

② □＝3.14×○

3　① ㋐ 10　㋑ 13　㋒ 16　㋓ 31

② 3本　③ 46本

4　□＝5×○÷2（□＝2.5×○）

8　小数のかけ算①……………………〈P. 10〉

1　① 20.01　② 31.08　③ 31.28

④ 40.32　⑤ 25.35　⑥ 51.3

⑦ 13.44　⑧ 22.62　⑨ 33.6

2　① 4.2　② 2

③ 7.2　④ 0.06　⑤ 0.3

3　① 12.663　② 26.166　③ 56.163

④ 26.226　⑤ 15.573　⑥ 12.482

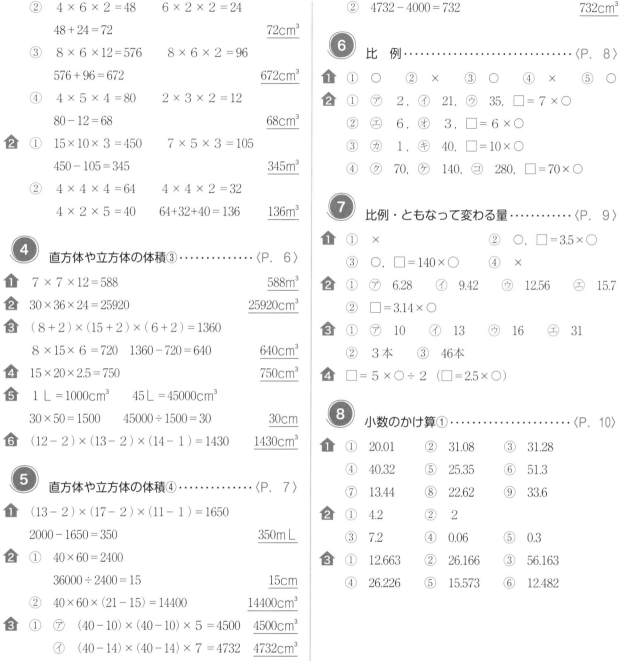

9 小数のかけ算②……〈P. 11〉

1 ① 32.43　② 20.72　③ 80.04
④ 19　⑤ 21.09　⑥ 30.08
⑦ 77.74　⑧ 84.87　⑨ 13.884

2 ① 57.27　② 58.29　③ 36.34
④ 457.41　⑤ 26.452

3 $4.07 \times 7.4 = 30.118$　$30.118m^2$

10 小数のかけ算③……〈P. 12〉

1 $3.4 \times 3.4 = 11.56$　$11.56m^2$

2 $3.24 \times 4.6 = 14.904$　14.904kg

3 $6.35 \times 8.5 = 53.975$　$53.975m^2$

4 $1.36 \times 0.8 = 1.088$　1.088kg

5 ① $2.45 \times 3.6 = 8.82$　8.82m
② $2.45 \times 8.82 = 21.609$　$21.609m^2$

11 小数のかけ算④……〈P. 13〉

1 ① $1.2 \times 2.5 = 3$　3 m
② $1.2 \times 0.75 = 0.9$　0.9m

2 ① $4 \times 3.2 = 12.8$　12.8m
② $12.8 \times 0.7 = 8.96$　8.96m

3 $3.45 \times 2.5 = 8.625$　8.625kg

4 $1.8 + 0.9 = 2.7$　$1.8 + 1.8 = 3.6$
$2.7 \times 3.6 = 9.72$　$9.72m^2$

5 $11.7 - 7.8 = 3.9$　$11.7 \times 3.9 = 45.63$　45.63

12 小数のわり算①……〈P. 14〉

1 ① 40　② 50　③ 70
④ 3.5　⑤ 1.5　⑥ 1.8
⑦ 0.5　⑧ 5.9　⑨ 3.9

2 ① 3.4…0.13　② 4.5…0.11　③ 3.9…0.17

3 ① 1.9　② 1.5

4 ④

13 小数のわり算②……〈P. 15〉

1 ① 7　② 6　③ 0.8
④ 5.7　⑤ 2.8　⑥ 2.6

2 ① 2.3　② 1.5

3 ① 6.75　② 12.6

4 ① 1.8…0.08　② 1.1…0.52

5 ③

14 小数のわり算③……〈P. 16〉

1 $16.92 \div 3.6 = 4.7$　4.7m

2 $10.4 \div 6.5 = 1.6$　1.6倍

3 $25.7 \div 0.7 = 36 \cdots 0.5$　37ふくろ

4 $20 \div 2.6 = 7 \cdots 1.8$　7本とれて1.8m残る

5 $2.4 \div 2.8 = 0.857$　0.86kg

15 小数のわり算④……〈P. 17〉

1 $42.3 \div 4.5 = 9.4$　9.4km

2 $9.72 \div 2.7 = 3.6$　3.6m

3 $9.52 \div 3.4 = 2.8$　2.8m

4 $800 \div 75 = 10 \cdots 50$　10本とれて50cmあまる

5 $430.1 \div 0.85 = 506$　506kg

16 合同な図形①……〈P. 18〉

1 ㋑と㋙　㋔と㋕　㋖と㋚　（順不同）

2 ① E　② F　③ CB　④ ED
⑤ F　⑥ A

3 ① ○　② ×　③ ○
④ ×　⑤ ○　⑥ ○

4 ① ㋐，㋓　② ㋔，㋗

17 合同な図形②……〈P. 19〉

1 ① ㋐ H　㋑ F
② ㋐ 3.3cm　㋑ 2.5cm
㋒ 4.5cm　㋓ 2.9cm
③ ㋐ 80°　㋑ 80°　㋒ 60°　㋓ 140°

2 ① ○　② ×　③ ×　④ ○　⑤ ○

3 ①（例）　②

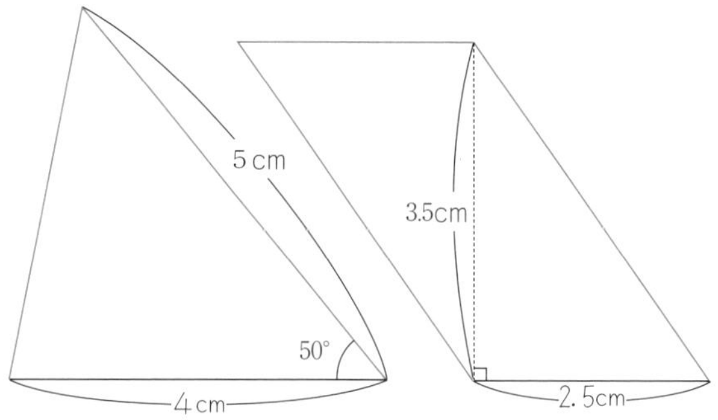

18 倍数・約数①……〈P. 20〉

1 ① 偶数　0，36，48，304
② 奇数　19，53，407，661

2 ① ㋐　② ㋐　③ ㋑
④ ㋐　⑤ ㋑　⑥ ㋐

3 (1) ① 6の倍数　6，12，18，24，30
② 9の倍数　9，18，27，36，45
(2) 18，36，54

4 ①

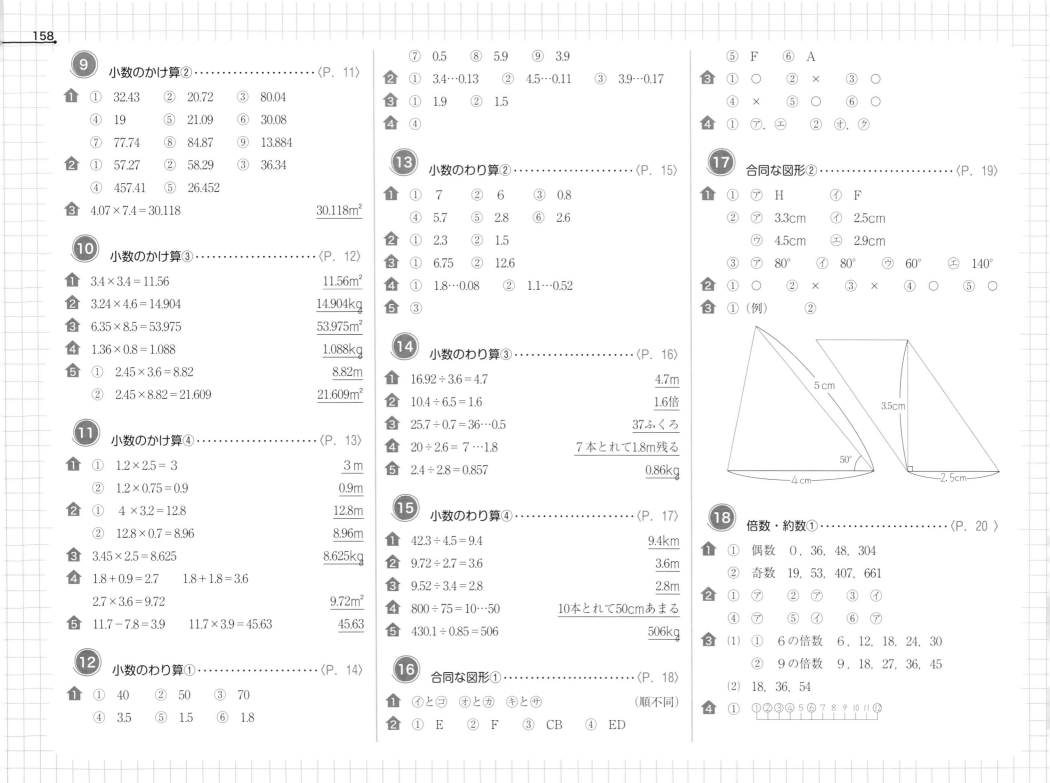

② ① ② ③ 4 5 ⑥ 7 8 ⑨ 10 11 12 13 14 15 16 17 ⑱

③ 1, 2, 3, 6

5 ①

人数と色紙の数

人　　数（人）	1	2	3	4	5	6	7	8
色紙の数（まい）	4	8	12	16	20	24	28	32

② 4の倍数

③ 48まい

19 倍数・約数②……〈P. 21〉

1 ① あ 2, 4, 6, 8, 10

い 5, 10, 15

う 10

② あ 3, 6, 9, 12, 15

い 5, 10, 15

う 15

2 ① 30　② 28　③ 36

④ 42　⑤ 30　⑥ 80

3 ① 5) 15 20

3 4

60cm

② 3 × 4 = 12

12まい

4 ① 4) 8 12

2 3

午前6時24分

② 6 : 00, 6 : 24, 6 : 48, 7 : 12

7 : 36, 8 : 00

6回

20 倍数・約数③……〈P. 22〉

1 ① あ 1, 2, 5, 10

い 1, 3, 5, 15

う 5

② あ 1, 2, 3, 6

い 1, 2, 3, 6, 9, 18

う 6

2 ① 5　② 2　③ 5

④ 6　⑤ 6　⑥ 12

3 ① 6) 12 18

2 3

2 × 3 = 6

6けん

② 12 ÷ 6 = 2, 18 ÷ 6 = 3　りんご2個, みかん3個

4 15) 45 60

3 4

60 ÷ 15 = 4, 45 ÷ 15 = 3, 4 × 3 = 12

15cm, 12まい

21 倍数・約数④……〈P. 23〉

1 ① 3グループ, 9グループ

② 男子4人, 女子3人

2 カキ7箱, クリ3箱

3 24cm

4 虫かご　4個

みんみんぜみ　3びき

あぶらぜみ　5ひき

22 分数のたし算・ひき算①……〈P. 24〉

1 ① 15, 30　② 24, 42

③ 10, 2　④ 16, 10

2 ① $\frac{3}{4}$　② $\frac{2}{3}$　③ $\frac{11}{9}$

3 ① $\frac{14}{35}$, $\frac{25}{35}$　② $\frac{10}{24}$, $\frac{9}{24}$

③ $\frac{15}{42}$, $\frac{20}{42}$　④ $\frac{33}{72}$, $\frac{10}{72}$

4 ① $\frac{23}{36}$　② $\frac{19}{24}$　③ $3\frac{31}{60}\left(\frac{211}{60}\right)$　④ $\frac{13}{12}\left(1\frac{1}{12}\right)$

⑤ $\frac{17}{42}$　⑥ $\frac{29}{48}$　⑦ $1\frac{13}{18}\left(\frac{31}{18}\right)$　⑧ $\frac{2}{9}$

23 分数のたし算・ひき算②……〈P. 25〉

1 ①, ④, ⑥, ⑧

2 ① $\frac{5}{7}$　② $\frac{7}{12}$　③ $\frac{7}{6}$

3 ① $\frac{20}{24}$, $\frac{9}{24}$　② $\frac{16}{60}$, $\frac{35}{60}$

4 ① $\frac{13}{24}$　② $\frac{19}{20}$　③ $3\frac{23}{36}\left(\frac{131}{36}\right)$　④ $\frac{5}{24}$

⑤ $\frac{17}{36}$　⑥ $\frac{9}{10}$　⑦ $\frac{13}{28}$　⑧ $\frac{3}{8}$

24 分数のたし算・ひき算③……〈P. 26〉

1 ① $\frac{5}{6}+\frac{2}{9}=\frac{19}{18}$

$\frac{19}{18}\left(1\frac{1}{18}\right)$kg

② $\frac{5}{6}-\frac{2}{9}=\frac{11}{18}$

$\frac{11}{18}$kg

2 $\frac{5}{6}+\frac{13}{24}=\frac{33}{24}=\frac{11}{8}=1\frac{3}{8}$

$\frac{11}{8}\left(1\frac{3}{8}\right)$L

3 $\frac{1}{6}+\frac{7}{10}=\frac{26}{30}=\frac{13}{15}$

$\frac{13}{15}$kg

4 $2\frac{1}{6}-\frac{8}{15}=1\frac{19}{30}$

$1\frac{19}{30}\left(\frac{49}{30}\right)$km

5 $2\frac{3}{5}-1\frac{3}{4}=\frac{17}{20}$

$\frac{17}{20}$時間

25 分数のたし算・ひき算④……〈P. 27〉

1 $\frac{4}{3}-\frac{3}{7}=\frac{19}{21}$

$\frac{19}{21}$L

2 $\frac{5}{6}-\frac{7}{10}=\frac{4}{30}=\frac{2}{15}$

野菜畑の方が$\frac{2}{15}$a広い

3 $\frac{8}{15}+\frac{3}{10}=\frac{25}{30}=\frac{5}{6}$

$\frac{5}{6}$kg

4 ① $\frac{5}{12}+\frac{3}{8}=\frac{19}{24}$

$\frac{19}{24}$

② $1-\frac{19}{24}=\frac{5}{24}$

$\frac{5}{24}$

③ $\frac{5}{12}-\frac{3}{8}=\frac{1}{24}$　　$\frac{1}{24}$

26 平均とその利用 ……〈P. 28〉

1 ① (57＋58＋60＋62＋61＋62)÷6＝60　　60g

② (748＋774＋740＋762)÷4＝756　　756円

2 (4＋0＋3＋2＋3)÷5＝2.4　　2.4人

3 3000÷60＝50　　50個

4 92＋93＋100＋95＝380　96×5＝480

480－380＝100　　100点

5 ① (621+618+617+624)÷4＝2480÷4＝620

620÷10＝62　　0.62m

② 0.62×875＝542.5（m）　　約543m

27 単位量あたり① ……〈P. 29〉

1 ① 450÷36＝12.5　　$12.5m^2$

② 540÷40＝13.5　　$13.5m^2$

③ A

2 南店　225÷3＝75

北店　360÷5＝72　　北店

3 12.8÷4＝3.2　3.2×22＝70.4　　70.4dL

4 15÷5＝3　51÷3＝17　　$17cm^3$

5 290÷14.5＝20　290÷25＝11.6

20－11.6＝8.4　　8.4L

28 単位量あたり② ……〈P. 30〉

1 440÷5＝88　　88人

2 4900÷3.5＝1400　　1400円

3 28×4.5＝126　　126g

4 2000÷80＝25　　25分間

5 1500÷10＝150　1680÷12＝140

色えんぴつの方が10円高い

6 自動車A　52÷4＝13

自動車B　108÷9＝12　　自動車A

29 単位量あたり③ ……〈P. 31〉

1 ① 127000000÷378000＝335.97…　　336人

② 51000000÷98000＝520.40…　　520人

③ 韓国

2 A：570÷11＝51.81…

B：680÷14＝48.57…　　A

3 ① 1040×34＝35360　　35360円

② 35360÷32＝1105　　1105円

4 ① 8×4.5＝36　　36個

② 180÷8＝22.5　　22.5分間

30 速　さ① ……〈P. 32〉

1 ① 速　さ＝(道のり)÷(時　間)

② 道のり＝(速　さ)×(時　間)

③ 時　間＝(道のり)÷(速　さ)

2 ① 7.2÷4＝1.8　　1.8m

② 5.1÷3＝1.7　　1.7m

3 ① 55×2＝110　　110km

② 32×7＝224　　224m

③ 6.5×30＝195　　195m

4 Ⓐ 24÷3＝8　　8秒

Ⓑ 600÷80＝7.5　　7.5分

Ⓒ 31.5÷10.5＝3　　3時間

31 速　さ② ……〈P. 33〉

1

	時速	分速	秒速
マグロ	216km	3600m	60m
新幹線《しんかんせん》	252km	4.2km	70m
飛行機	900km	15km	250m

2 春山　式　72×60＝4320m

秋田　式　4.2km＝4200m　　春山さん

3 式　㋐ 20分間＝$\frac{20}{60}=\frac{1}{3}$

48×$\frac{1}{3}$＝16

㋑ 48000÷60＝800

800×20＝16000

16000m＝16km　　16km

4 式　225÷45＝5　　5時間

5 式　156÷60＝2.6　　分速2.6km

6 式　384000÷500＝768

768÷60＝12…48　　約12時間48分

32 速　さ③ ……〈P. 34〉

1 式　28÷35＝0.8　　分速0.8m

2 式　5×2＝10　10km＝10000m

10000÷250＝40　　40分

3 式　340×9＝3060　　3060m

4 式　1.5×2＝3　　3km

5 式　1.5時間＝90分

60×90＝5400　45×40＝1800

5400＋1800＝7200　7200m＝7.2km

7.2km

6 式　120＋80＝200

200÷20＝10　　10秒

33 図形の角① ……………………………〈P. 35〉

1 ① 180°　② 360°　③ 多角形

2 ① 180－(60＋30)＝90　90°

② 180－(120＋25)＝35　35°

③ (180－100)÷2＝40　40°

④ 80＋40＝120°　120°

⑤ 360－(115＋65＋80)＝100　100°

⑥ 360－(70＋130＋60)＝100

180－100＝80　80°

⑦ 180－70＝110　110°

⑧ 360－(75＋115＋65)＝105

180－105＝75　75°

34 図形の角② ……………………………〈P. 36〉

1 ① 3　② 5

③ 360°　④ 540°　⑤ 900°

2 360－(50＋90＋60＋45)＝115　115°

3 あ 130－60＝70　70°

い 180－(70＋70)＝40

40＋60＝100　100°

4 ① あ 60°　い 45°

② 180－45＝135　135°

③ 360－(60＋90＋45)　＝165　165°

5 ① 正三角形　② あ 60°　い 120°

35 図形の面積① ……………………………〈P. 37〉

1 ① 5×4＝20　20cm^2

② 6×9＝54　54cm^2

2 ① 6×6÷2＝18　18cm^2

② 12×8÷2＝48　48cm^2

3 ① (6＋10)×6÷2＝48　48cm^2

② (20＋8)×12÷2＝168　168cm^2

4 ① 18×12÷2＝108　108cm^2

② 9×18÷2＝81　81m^2

36 図形の面積② ……………………………〈P. 38〉

1 ① 5×3.5＝17.5　17.5cm^2

② 5×6÷2＝15　15cm^2

③ (3.7＋9.7)×8÷2＝53.6　53.6cm^2

④ 8×6÷2＝24　24cm^2

2 ① 5×4.5÷2＝11.25　5×2÷2＝5

11.25＋5＝16.25　16.25cm^2

② 20×25÷2＝250　35×16÷2＝280

250＋280＝530　530m^2

3 ① 10÷2.5＝4　4 cm

② 16×12÷2＝96

96×2÷20＝9.6　9.6cm

37 図形の面積③ ……………………………〈P. 39〉

1 ① 20×12＝240　10×12÷2＝60

240－60＝180　180cm^2

② 12×8÷2＝48　48cm^2

③ (15－1)×(7－1)＝14×6＝84　84m^2

2 ① 32×2÷8＝8　8 cm

② 8×7÷2＝28　28cm^2

3 ① (8－4)×4＝16　16cm^2

② 8×4÷2＝16　16×4＋16＝80　80cm^2

38 割合とグラフ① ……………………………〈P. 40〉

1 ① 70%　② 7割　③ 34%　④ 0.4

⑤ 4割　⑥ 0.57　⑦ 5割7分

⑧ 60%　⑨ 0.82　⑩ 82%

2 102÷120＝0.85

小数　0.85，百分率　85%，歩合　8割5分

3 4600×0.75＝3450　3450円

4 84÷0.4＝210　210人

5 845÷1.3＝650　650円

39 割合とグラフ② ……………………………〈P. 41〉

1 70÷0.28＝250　250m^2

2 ① 306÷0.45＝680　680個

② 680－306＝374　374個

3 2500×0.28＝700　2500－700＝1800　1800円

4 240×(1－0.75)＝240×0.25＝60　60m^2

5 500－180＝320　320÷500＝0.64　6割4分

40 割合とグラフ③ ……………………………〈P. 42〉

1 ① 24%　② 17%

③ 21＋19＝40　40%

④ 5000×0.24＝1200　1200さつ

⑤ 5000×0.17＝850　850さつ

2 ① ア 35　イ 25　ウ 15　エ 5　オ 20

②

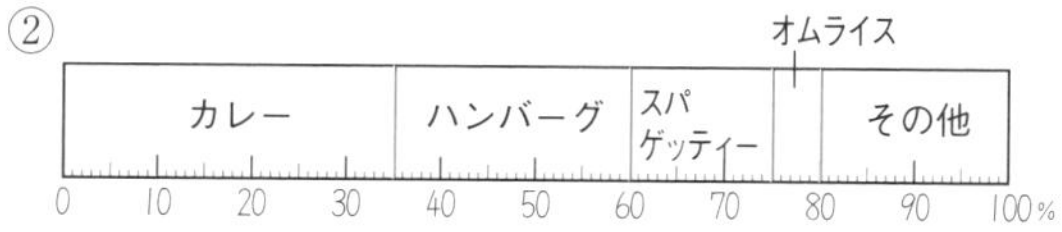

③

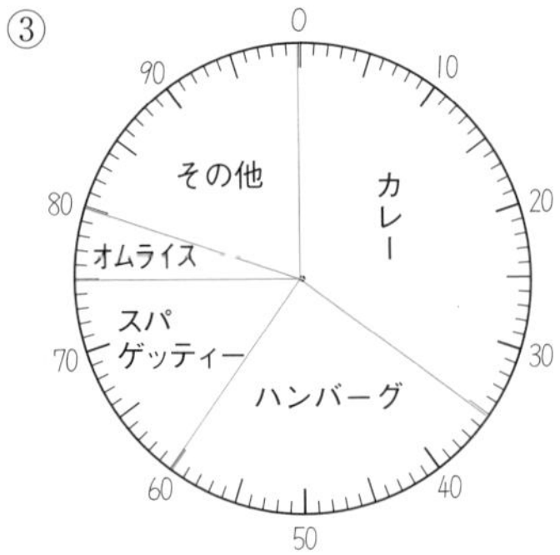

41 割合とグラフ④ 〈P. 43〉

1 ① 35%　② 154%　③ 0.27　④ 2.2

2 ① 4.5÷15＝0.3　3割

② 300×1.4＝420　420人

③ 2400×（1－0.3）＝1680　1680円

3 350×（1＋0.1）＝350×1.1＝385　385円

4 ① 19%　② 約$\frac{1}{5}$

③ 38÷13＝2.92…　約3倍

④ 24×0.38＝9.12　約9.1km^2

42 正多角形と円周の長さ① 〈P. 44〉

1 ① あ 120°　い 90°　う 60°　え 45°

② あ 正三角形　い 正方形

う 正六角形　え 正八角形

2

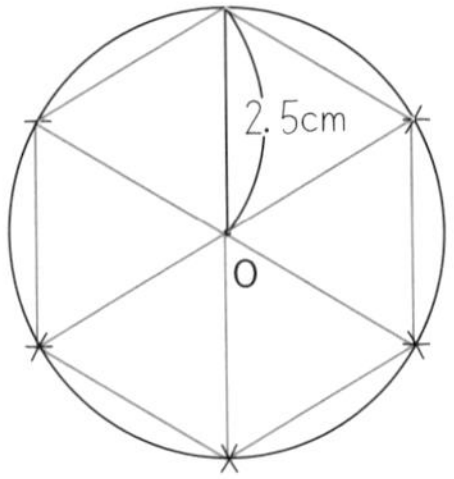

3 ア 3.14cm　イ 6.28cm　ウ 9.42cm

4 190÷3.14＝60.50…　約61cm

5 50×3.14＝157　10000÷157＝63.69…　約64回転

43 正多角形と円周の長さ② 〈P. 45〉

1 ① 3×3.14＝9.42　9.42cm

② 10×3.14＝31.4　31.4cm

③ 15.7÷3.14＝5　5cm

④ 314÷3.14＝100　100÷2＝50　50m

2 6×2×3.14＝37.68　3×2×3.14＝18.84

37.68－18.84＝18.84　18.84cm

3 ① 10×3.14÷4＝7.85

5＋5＋7.85＝17.85　17.85cm

② 30×3.14＝94.2

30＋30＋94.2＝154.2　154.2m

4 ① 20×3.14÷2＝31.4　10×3.14＝31.4

31.4＋31.4＝62.8　62.8cm

② 10×3.14＝31.4　5×6＝30

31.4＋30＝61.4　61.4cm

44 分数と小数、整数の関係 〈P. 46〉

1 ① 3　② 3　③ 11，6

④ 5　⑤ 4　⑥ 10

2 ① $\frac{4}{3}$　② $\frac{7}{12}$　③ $\frac{8}{5}$　④ $\frac{4}{7}$

3 ① $\frac{3}{5}$　② $\frac{7}{100}$　③ $\frac{23}{100}$　④ $1\frac{2}{5}$ $\left(\frac{7}{5}\right)$

⑤ $5\frac{1}{10}$ $\left(\frac{51}{10}\right)$　⑥ $3\frac{7}{50}$ $\left(\frac{157}{50}\right)$

4 ① 0.6　② 0.25　③ 2　④ 1.4　⑤ 3

5 ① $\frac{3}{5}$，0.6　② $\frac{14}{5}$，2.8　③ $\frac{8}{5}$，1.6

6

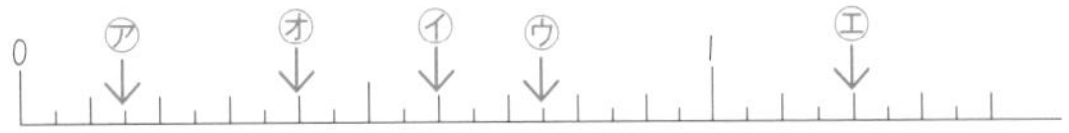

45 角柱と円柱① 〈P. 47〉

1 ① あ 三角柱，三角形　い 四角柱，四角形

う 円柱，円

② い

③ 3×2×3.14＝18.84　18.84cm

2 ア 底面　イ 側面　ウ ちょう点　エ 辺

3 ① 六角柱　② 面キクケコサシ

③ 6つ　④ 辺ウケ，辺エコ

46 角柱と円柱② 〈P. 48〉

1 ①　②　③

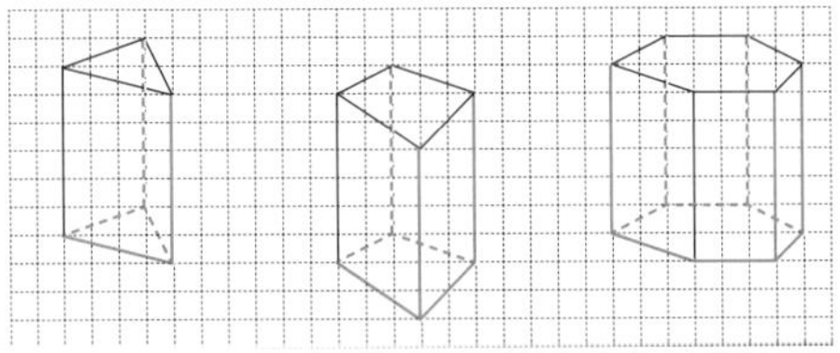

2 ① 円柱　② 5cm

③ 約12.6cm（約13cm）

3

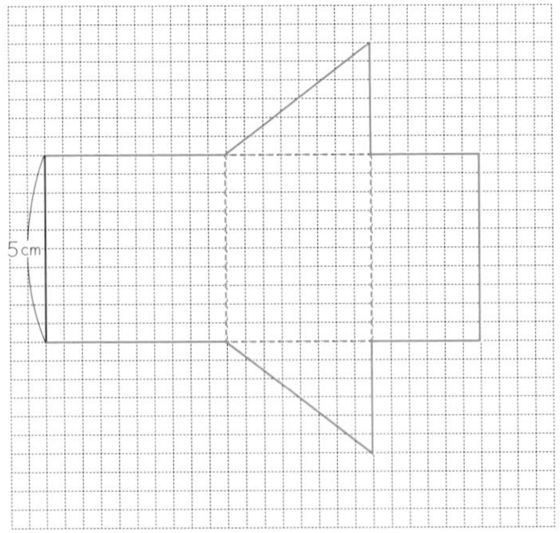

理科

1 発芽の条件①……〈P. 49〉

1 ① ある ② ない ③ する ④ しない ⑤ 水

2 ① ある ② ない ③ する ④ しない ⑤ 空気

2 発芽の条件②……〈P. 50〉

1 ① 適当な ② 低い ③ する ④ しない ⑤ 適当な温度

2 ① 土 ② 水分 ③ 温度 ④ 箱 ⑤ 発芽 ⑥ 植物 ⑦ 冬 ⑧ 温度

3 種子のつくり……〈P. 51〉

1 ① やわらかく ② 2つ ③ 子葉 ④ 養分

2 ① ㋐ ② ㋓ ③ ㋒ ④ ㋑

3 ① ヨウ素 ② でんぷん ③ 青むらさき色 ④ ヨウ素 ⑤ 変わりません ⑥ でんぷん

4 植物の成長と日光・養分……〈P. 52〉

1 ① ㋐ ② ㋑ ③ ㋙ ④ ㋓ ⑤ ㋒ ⑥ ㋔ ⑦ ㋕ ⑧ ㋗ ⑨ ㋖ ⑩ ㋘

2 ① 大きく ② 低く ③ うすく ④ 日光 ⑤ 肥料 （④，⑤は順不同）

5 雲と天気の変化①……〈P. 53〉

1 (1) ① 形 ② 量 ③ 天気の変化

(2) ① 雲の量 ② 10 ③ 0～8 ④ 9～10 ⑤ 雲の量 ⑥ 雨 ⑦ 雪

2 (1) ㋐ 入道雲 ㋑ うろこ雲 ㋒ すじ雲 ㋓ うす雲

(2) ① ㋒ ② ㋐ ③ ㋓ ④ ㋑

6 雲と天気の変化②……〈P. 54〉

1 (1) ① 記録温度計 ② しつ度計 ③ 気圧計 ④ 風向・風力計

(2) ① 南風 ② 風力 ③ 雨量 ④ 5mm

2 ① × ② ○ ③ ○ ④ ○ ⑤ ○ ⑥ × ⑦ × ⑧ ○ ⑨ × ⑩ ○

7 天気の変化のきまり……〈P. 55〉

1 ① 西 ② 東 ③ 福岡 ④ 東京 ⑤ 西 ⑥ 東

2 ① 気象衛星 ② アメダス ③ 各地の天気 ④ 1300 ⑤ 雨量 ⑥ 自動的 ⑦ 気象台

8 季節と天気・台風……〈P. 56〉

1 (1) ① 南風 ② 変わりやすく ③ 梅雨 ④ 夕立

(2) ① 長雨 ② 台風 ③ 北西 ④ 雪

2 ① 風 ② 災害 ③ 南方 ④ 夏から秋 ⑤ 反時計回り

3 (1) ① 32° 00" ② 東経

(2) 気圧

(3) 41

(4) 25

9 メダカの飼い方……〈P. 57〉

1 ① 明るい ② 小石やすな ③ くみおき ④ 水草 ⑤ おすとめす ⑥ 食べ残し ⑦ 1～2回 ⑧ くみおき

2 ① 切れこみがない ② はらがふくれている ③ うしろが短い ④ 切れこみがある ⑤ はらがほっそりいている ⑥ 平行四辺形に近い

10 メダカのたんじょう……〈P. 58〉

1 (1) ① 水温 ② たまご ③ 水草 ④ すき通って ⑤ 毛 ⑥ 1mm

(2) ① 卵子 ② 精子 ③ 受精卵 ④ 成長

2 ①－(い) ②－(え) ③－(あ) ④－(お) ⑤－(う)

11 けんび鏡の使い方……〈P. 59〉

1 (1) ① 小さい ② つくり ③ 解ぼう ④ 400～600

(2) ① 目 ② 日光 ③ 明るい ④ アーム ⑤ 台

(3) ① せまく ② 対物レンズ ③ 接眼レンズ （②，③は順不同）

2 ① ㋕ ② ㋖ ③ ㋒ ④ ㋓ ⑤ ㋔ ⑥ ㋐ ⑦ ㋑ ⑧ ㋗

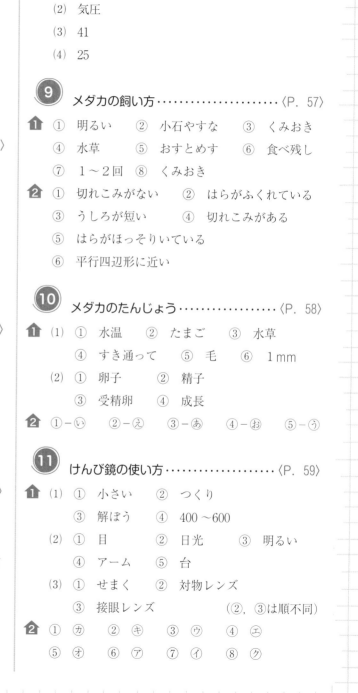

12 ヒトのたんじょう①……〈P. 60〉

1 (1) ① 精子　② 卵子　③ 子宮
④ 受精卵　⑤ 子宮　⑥ たいばん
⑦ へそのお　⑧ 酸素
(2) ㋐ たいばん　㋑ へそのお
㋒ 子宮　㋓ 羊水

2 ① ㋑　② ㋔　③ ㋐　④ ㋒　⑤ ㋓

13 ヒトのたんじょう②……〈P. 61〉

1 ① 羊水　② やわらげ　③ 守る
④ うかんだ　⑤ 手足

2 ① ○　② ○　③ ×　④ ○
⑤ ○　⑥ ○　⑦ ×　⑧ ○

14 花のつくり①……〈P. 62〉

1 (1) ① 花びら　② おしべ
③ めしべ　④ がく
(2) ①, ③, ⑥, ⑦

2 ① めばな　② おばな　③ 花びら
④ めしべ　⑤ がく　⑥ おしべ

3 ① おしべ　② めしべ
③ ヘチマ　④ おばな　（①, ②順不同）

15 花のつくり②……〈P. 63〉

1 (1) ① めばな　② 花びら　③ めしべ
④ がく　⑤ おばな　⑥ 花びら
⑦ おしべ　⑧ がく
(2) ㋐
(3) ㋑

2 ① Ⓐ　② Ⓑ　③ Ⓑ
④ Ⓐ　⑤ Ⓑ　⑥ Ⓐ

16 受粉①……〈P. 64〉

1 (1) ① 花粉　② めしべ　③ こん虫
④ 花粉　⑤ 受粉
(2) ① 風　② 花粉　③ 受粉
④ 長い　⑤ めしべ

2 ① 花粉　② Ⓐ　③ 受粉

17 受粉②……〈P. 65〉

1 (1) ① こん虫　② みつ　③ 花粉
④ おしべ　⑤ 受粉
(2) ① めばな　② 上
③ 風　④ めしべ
(3) ① 軽い　② 数十km　③ 花粉しょう

2 (1) 受粉
(2) ① Ⓐ, Ⓑ　② Ⓐ, Ⓒ　③ Ⓒ
(3) Ⓐ
(4) けんび鏡

18 流れる水のはたらき……〈P. 66〉

1 (1) ① かたむき　② しん食　③ 運ぱん
(2) ① 小さく　② おそく　③ たい積
(3) ① 速く　② 運ぱん　③ しん食
④ たい積　（②, ③順不同）

2 (1) ① 速く　② おそく
③ 中央　④ 川原
(2) ① 速く　② おそく
③ がけ　④ 川原

19 流れる水と土地の変化①……〈P. 67〉

1 (1) ① 大きく　② 速く
③ しん食　④ 深い谷
(2) ① ゆるやか　② 運ぱん　③ たい積
④ 年月　⑤ 変えて　⑥ 平野

2 ① 上流　② がけ　③ V字谷
④ 下流　⑤ 中州　⑥ 三日月湖

20 流れる水と土地の変化②……〈P. 68〉

1 (1) Ⓐ ㋐　Ⓒ ㋒
(2) Ⓐ しん食作用　Ⓒ たい積作用
(3) ① 中流　② 下流　③ 上流

2 (1) ① 梅雨　② 大雨
③ 水量　④ 流れ
(2) ① 大きく　② けずられ　③ こう水
④ 土や石　⑤ 運ばれてくる
(3) ① 災害　② 農作物　③ 運ぱん

21 川とわたしたちのくらし……〈P. 69〉

1 (1) ① 速く　② はたらき
③ けずられ　④ 災害
(2) ① さ防ダム　② 川岸　③ ブロック
(3) ① 自然の石　② 近く　③ 遊水池

2 ① 魚　② 植物　③ 虫
④ 川岸　⑤ 植物

22 もののとけ方……〈P. 70〉

1 ① すき通って　② 水よう液　③ 重さ
④ におい　⑤ 色　⑥ かきまぜ
（④，⑤順不同）

2 (1) ㋐ ×　㋑ ×　㋒ ○　㋓ ○
(2) あ すき通っている　い すき通っていない
う 塩味　え うす茶

23 水にとけるものの量①……〈P. 71〉

(1) ① 限度　② とけ残り　③ 温度
④ 高く　⑥ とける量
(2) 食塩
(3) ㋐
(4) 28.7－8.8＝19.9　　19.9g

24 水にとけるものの量②……〈P. 72〉

1 (1) Ⓒ
(2) Ⓐ

2 (1) ㋑
(2) 6g
(3) 2g
(4) 54g

25 水よう液の重さ……〈P. 73〉

1 ① 水　② 薬ほう紙　③ 同じ
④ 重さ　⑤ 食塩　⑥ 水よう液

2 (1) ① 60g　② 見えません
(2) ① 65g　② 見えません

26 とけているものをとり出す……〈P. 74〉

1 (1) ミョウバン
(2) ① ろ過
② ㋐ ガラス棒　㋑ ろうと　㋒ ろ紙
㋓ ろうと台　㋔ ビーカー
③ ミョウバン

2 (1) ① 冷や　② ミョウバン　③ 水
④ じょう発　⑤ ミョウバン
(2) ㋐ じょう発皿　㋑ 金あみ
㋒ 三きゃく

27 ふりこのきまり①……〈P. 75〉

1 ① ふりこ　② ふれはば
③ 10　④ 3　⑤ 平均

2 ① 長さ　② ㋑　③ ふれはば
④ 同じ　⑤ おもり　⑥ 同じ

28 ふりこのきまり②……〈P. 76〉

1 (1) 短い ㋒，長い ㋑
(2) ㋐と㋓
(3) ① 長さ　② 同じ
③ 1往復する時間　④ 長さ

2 ① ふりこ　② 同じ　③ 位置
④ 短く　⑤ 速く　⑥ 位置
⑦ おそく　⑧ メトロノーム

29 電磁石の性質①……〈P. 77〉

1 ① 磁石の力　② 動き　③ コイル
④ 磁石の力　⑤ 強く

2 ①

3 (1) ① ×　② ×　③ ○
(2) ① 鉄しん　② 磁石の力　③ 強め

30 電磁石の性質②……〈P. 78〉

1 (1) S極
(2) N極
(3) ① 電流　② S極
③ N極　④ 止まり

2 (1) ㋓
(2) ㋐
(3) ① 多い　② 強い

31 電磁石のはたらき……〈P. 79〉

1 (1) ㋑
(2) ① ㋒　② ㋓
(3) ㋓
(4) ① ㋐　② ㋔

2 (1) ① 電磁石　② しりぞけ合っ
③ 電流　④ 強く　⑤ 速く
(2) ① ブザー　② 電磁石　③ 鉄

32 電源そう置・電流計……〈P. 80〉

1 ① 調節　② 直流　③ かん電池
④ 1.5V　⑤ 1

2 ① 3A　② 300mA　③ 30mA

3 ① 直列　② ＋　③ －
④ 5A　⑤ 500mA　⑥ 50mA

社会

1 六大陸・三大洋と日本の国土 ……… 〈P. 81〉

1 ① ユーラシア　② 北アメリカ
③ 南アメリカ　④ アフリカ
⑤ オーストラリア　⑥ 南極
Ⓐ インド洋　Ⓑ 太平洋　Ⓒ 大西洋

2 (1) ① ロシア連邦　② 中華人民共和国
③ 朝鮮民主主義人民共和国
④ 大韓民国
Ⓐ 与那国島　Ⓑ 沖ノ鳥島
Ⓒ 南鳥島　Ⓓ 択捉島
(2) ㋐ オホーツク海　㋑ 日本海
㋒ 東シナ海

2 都道府県名① ……………………… 〈P. 82〉

(1) ① 栃木　② 群馬　③ 埼玉　④ 山梨
⑤ 長野　⑥ 岐阜　⑦ 滋賀　⑧ 奈良
(2) ⑨ 鳥取　⑩ 熊本　⑪ 鹿児島
(3) ㋐ 山形　㋑ 静岡　㋒ 愛知　㋓ 新潟
(4) ㋐ 青森　㋑ 石川　㋒ 長崎　㋓ 富山

3 都道府県名② ……………………… 〈P. 83〉

1 Ⓐ Ⓐ 北海道　Ⓘ 岩手県　Ⓤ 福島県
Ⓔ 長野県　Ⓞ 新潟県
Ⓑ ㋐ 香川県　㋑ 大阪府　㋒ 東京都
㋓ 沖縄県　㋔ 神奈川県

2 ①

松山市	愛媛県	松江市	島根県

②

津市	三重県	大津市	滋賀県

③
ⓐ 金沢市《かなざわ》　㋐ 嬬恋《つまごい》キャベツ　[群馬県]
ⓑ 神戸市《こうべ》　㋑ 輪島《わじま》ぬり　[石川県]
ⓒ 甲府市《こうふ》　㋒ 但馬《たじま》牛　[兵庫県]
ⓓ 前橋市《まえばし》　㋓ 富士山　[山梨県]
ⓔ 仙台市《せんだい》　㋔ 七夕《たなばた》まつり　[宮城県]

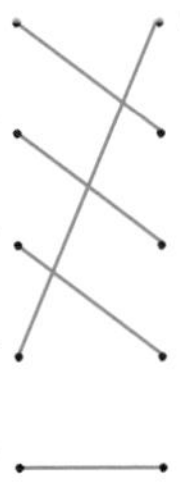

4 日本の川と平地 ………………… 〈P. 84〉

(1) ① 十勝、十勝
② 石狩、石狩
③ （秋田平野）、雄物
④ 仙台、（北上川）
⑤ 庄内、最上
⑥ 越後、信濃
⑦ 関東、利根
⑧ 濃尾、木曽
⑨ （大阪平野）、淀
⑩ 筑紫、筑後
(2) ㋐ 根釧　㋑ 甲府
㋒ シラス

5 日本の山地と山脈① ……………… 〈P. 85〉

1 (1) ㋐ 日高　㋑ 奥羽　㋒ 越後
㋓ 飛驒　㋔ 木曽　㋕ 赤石

(2) Ⓐ 関東　Ⓑ 紀伊　Ⓒ 中国
Ⓓ 四国　Ⓔ 九州
(3) ① ４分の３　② 北海道
③ せぼね
④ 日本の屋根（日本アルプス）

6 日本の山地と山脈② ……………… 〈P. 86〉

1 ㋐ 山地　㋑ 平地　㋒ 川・湖
2 ① 山脈　② 山地　③ 盆地
④ 台地　⑤ 平野
3 (1) Ⓐ ナイル川
Ⓑ 信濃川
(2) ① 長い　② 短い　③ 急
④ 土やすな　⑤ 平地

7 高い土地と低い土地の人々のくらし … 〈P. 87〉

1 (1) ① 約26　② 約19
(2) ① 火山ばい　② やせた
③ 米づくり　④ 牛のフン
⑤ 高原野菜
2 ① 低い　② てい防　③ 輪中
④ 水屋　⑤ はい水機場

8 日本の気候 ……………………… 〈P. 88〉

(1) ① 北海道　② 日本海側　③ 太平洋側
④ 中央高地　⑤ 瀬戸内　⑥ 南西諸島
(2) ① ㋔　② ㋐　③ ㋕
④ ㋓　⑤ ㋒　⑥ ㋑
(3) ②, ④

9 あたたかい地域と寒い地域 ……〈P. 89〉

1 (1) 沖縄県 ㋐, ㋒　北海道 ㋑, ㋓
(2) ① 広い戸，貯水タンク
② 2重まど，灯油タンク

2 (1) さとうきび，パイナップル
(2) らく農
(3) 根釧
(4) 軍用地

10 米づくりのさかんな地域 ……〈P. 90〉

1 (1) 東北，関東東山（順不同）
(2) 日本海側
(3) 米どころ
(4) 東京都

2 (1) ① 高く　② 長い　③ 広い　④ 水
(2) ㋐ 庄内，最上　㋑ 越後，信濃
(3) 晴れの日

11 米づくりのさかんな地形と仕事 ……〈P. 91〉

1 ① ×　② ○　③ ○
④ ○　⑤ ×　⑥ ×

2 (1) ㋐ ②　㋑ ⑥　㋒ ⑦　㋓ ③
(2) Ⓐ ①　Ⓑ ②　Ⓒ ⑤　Ⓓ ⑥
(3) ㋐ トラクター　㋒ コンバイン

12 米づくりのくふう ……〈P. 92〉

1 (1) Ⓐ 耕地整理　Ⓑ 品種改良
(2) Ⓐ 農業機械，短しゅく
Ⓑ すぐれた，消費者

2 (1) ① ㋒　② ㋐　③ ㋑
(2) 12
(3) ① 短く　② 多く　③ 共同

13 これからの米づくり ……〈P. 93〉

1 (1) ① ○　② ×　③ ○　④ ×
(2) ① 減らす　② 転作
③ 生産調整　④ 安い

2 (1) ① たい肥　② 牛　③ 化学
(2) ① あいがも　② 雑草　③ 農薬

14 野菜・くだものづくり ……〈P. 94〉

1 Ⓐ－㋐　Ⓑ－㋒　Ⓒ－㋑

2 (1) ㋐ 群馬，㋑ 長野，Ⓑ
(2) ㋒ 高知，㋓ 宮崎，Ⓒ
(3) ㋔ 茨城，㋕ 千葉，Ⓐ

3 (1) ㋐ 青森　㋑ 長野　㋒ 岩手
㋓ 和歌山　㋔ 愛媛　㋕ 静岡
(2) 長野県，山梨県（順不同）
(3) ① すずしい　② あたたかい
③ 夜　④ 大きい

15 野菜・くだもの・ちく産のさかんな地域 ……〈P. 95〉

1 (1) ① 高知，宮崎，ピーマン
② 和歌山，愛媛，みかん
(2) ① 長野，群馬，キャベツ
② 青森，長野，りんご

2 (1) ① 北海道　② 鹿児島(県)
③ 鹿児島(県)　④ 宮崎(県)
(2) ① 広い　② すずしい
③ 根釧　④ むずかしい

16 海流と漁業のさかんな地域 ……〈P. 96〉

1 (1) ① ㋐, ㋑　② ㋒, ㋓
(2) ① リマン海流　② 親潮　③ 対馬海流
④ 黒潮　⑤ 大陸だな　⑥ プランクトン

2 (1) ① 銚子　② 焼津
(2) 太平洋側
(3) ① 親潮　② 黒潮　③ 潮目
④ プランクトン　⑤ 太平洋側

17 とる漁業から育てる漁業へ ……〈P. 97〉

1 (1) ① 沿岸　② 沖合　③ 遠洋
④ さいばい　⑤ 養しょく
(2) ㋐ ①, ②, ③　㋑ ④, ⑤

2 (1) ㋐ 沖合　㋑ 遠洋
(2) 沖合
(3) さいばい

18 育てる漁業と200海里問題 ……〈P. 98〉

1 (1) Ⓐ 養しょく　Ⓑ さいばい
(2) 放流
(3) ① 安定　② 赤潮

2 (1) ㋓
(2) 200
(3) ①
(4) ③

19 これからの漁業……………………〈P. 99〉

1 (1) まぐろ

(2) さけ・ます

(3) ① ○　② ○　③ ×　④ ○

2 (1) ① 漁師　② 山

③ プランクトン　④ 落ち葉

(2) ① 魚つき林　② 木かげ

③ 土しゃ　④ 風

20 これからの食料生産①……………〈P. 100〉

1 (1) ① 生産　② 食料自給率　③ 100%

(2)

	原料	自給率	主な輸入相手国	
つ ゆ	大豆	7%	アメリカ	ブラジル
ころも	小麦	13%	アメリカ	カナダ

(3) 外国産

2 (1) 肉類，牛乳・乳製品　（順不同）

(2) 米

(3) ㋐ 牛肉　㋑ 3 (2.7)

21 これからの食料生産②……………〈P. 101〉

1 (1) アメリカ，フランス

(2) 日本

(3) 米

(4) ① 小麦　② 大豆

2 (1) ふかしいも，焼きいも　（順不同）

(2) 9日に1食

(3) ① 上げる　② 農薬

③ 化学肥料　④ 地産地消

22 工業と工業地域…………………〈P. 102〉

1 Ⓐ 重化学　Ⓑ 軽

㋐ 金属　㋑ 機械　㋒ 化学

㋓ せんい　㋔ 食料品

2 (1) 太平洋ベルト

(2) ① ×　② ○　③ ○　④ ×

23 工業地帯と工業地域………………〈P. 103〉

(1) Ⓐ 京浜　Ⓑ 中京　Ⓒ 阪神　Ⓓ 北九州

(2) ㋐ Ⓐ　㋑ Ⓒ　㋒ Ⓑ

(3) ① 北陸，㋷　② 瀬戸内，㋒

③ 関東内陸，㋐

24 自動車づくり………………………〈P. 104〉

1 (1) ① プレス　② ようせつ　③ とそう

④ 組み立て　⑤ 検査　⑥ 出荷

(2) ㋐ ③　㋑ ②　㋒ ①

㋓ ⑤　㋔ ④

2 (1) Ⓐ 水素，水　Ⓑ 電気，二酸化炭素

(2) ① Ⓓ　② Ⓒ　③ Ⓐ，Ⓑ

25 大工場と中小工場…………………〈P. 105〉

1 (1) ③

(2) ① ×　② ×　③ ○　④ ○

2 ① 1　② 31.4　③ 51.7

3 ① ○　② ×　③ ×　④ ○

26 工業生産と貿易①…………………〈P. 106〉

1

		輸入品	輸出品
Ⓐ	1位	(せんい原料)	(せんい品)
	2位	(石油)	(機械類)
Ⓑ	1位	(機械類)	(機械類)
	2位	(石油)	(自動車)

2 ㋐ 工業原料　㋑ 加工貿易　㋒ 工業製品

3 ① 機械類　② アジア　③ 製品

④ 輸入　⑤ 安く

27 工業生産と貿易②…………………〈P. 107〉

1 (1) 1位　中国，2位　アメリカ

(2) アジア

(3) ①－㋑　②－㋒　③－㋐

2 (1) 輸入

(2) 自動車，制限

(3) 貿易まさつ

(4) ㋐ 工場　㋑ とうもろこし，牛肉

28 くらしと情報………………………〈P. 108〉

1 ① 新聞（雑誌）　② ラジオ

③ テレビ　④ インターネット

2 ① 編集会議　② 取材　③ えい像の編集

④ 原こうチェック

3 ① 気象情報　② きん急地震速報

③ 個人情報　④ 医りょうネットワーク

4 ① ㋒　② ㋐　③ ㋑　④ ㋓

29 自然災害と情報 〈P. 109〉

1 (1) ① 火山　② 地震　③ 雪害
④ 津波　⑤ 風水害　⑥ 台風
(2) ③, ⑤, ⑥　（順不同）

2 ㋐ 地震　㋑ 火山

3 (1) きん急地震
(2) ひなん

30 公害と四大公害病 〈P. 110〉

1 ① 水のよごれ　② 大気のよごれ
③ そう音　④ 土のよごれ

2 (1) ① イタイイタイ病　② 四日市ぜんそく
③ 水俣病, 新潟水俣病　（③順不同）
(2) 工場の生産を高めること
(3) 環境基本法

31 森林の働き 〈P. 111〉

1 (1) ① 支える　② つくる　③ すみか
④ きれい　⑤ やすらぎ
(2) ㋐ 津波, 土砂くずれ
㋑ そう音, しん動

2 ① 35　② 地下水　③ 25
④ 60　⑤ 緑のダム

3 ①－㋒　②－㋐　③－㋑

32 自然を守る・世界遺産 〈P. 112〉

1 (1) ① 世界遺産条約
② ラムサール条約
③ ナショナルトラスト運動
(2) ㋐ ①, 鹿児島県　㋑ ③, 埼玉県
㋒ ②, 北海道

2 ① 京都　② 奈良　③ 日光
④ 厳島　⑤ 琉球王国　⑥ 知床
⑦ 原爆ドーム

国語

1 読解：米の品種改良（「ゆめぴりか」ができるまで） 〈P. 113〉

(1) 気温の高い
(2) 冷害（とのたたかい）
(3) ほの赤いイネ（のタネ）
(4) 赤毛
(5) Ⓐ ですから　Ⓑ それから　Ⓒ すると
(6) きらら397
(7) 北海道民、美しい

2 漢字① 〈P. 114〉

1 ① さくら・えき　② えいせい・さいせい
③ えいきゅう・と　④ しかく・けんさ
⑤ ひょうげん・えんぎ
⑥ ひょうじゅん・たいおう　⑦ りえき・きふ

2 雨雲（あまぐも）・船旅（ふなたび）
風車（かざぐるま・ふうしゃ）（順不同）

3 ① 事故原因　② 容易・移動
③ 先祖・墓地　④ 歴史紀行文
⑤ 逆境・集団　⑥ 新幹線・往復
⑦ 勢力・囲・示　⑧ 救急救命士
⑨ 圧力・負ける　⑩ 毒殺・告

3 読解：カラスの行動 ………………〈P. 115〉

(1) 下位のオスに毛づくろいをする

(2) 自分・やさしさ・アピール

(3) 利他的行動

(4) ④

(5) ① ペア・一生　② 子育て・いっしょ

(6) ③

4 漢字② ………………………………〈P. 116〉

1 ① ぎじゅつ・こうし　② ぼうさい・どうぞう

③ こうしゃ・しゅうり

④ ほごちょう・げんしょう

⑤ ひょうばん・こんざつ

⑥ うんが・ぞうか　⑦ めんせつ・せいげん

2 苦楽・高低・勝負・進退　（順不同）

3 ① 衛星画像　② 表現豊・演技

③ 桜・絶賛　④ 多額・利益

⑤ 標準規格　⑥ 永久資格

⑦ 運航費用　⑧ 構造・検査

⑨ 基金・貯　⑩ 液体・可能

5 読解：ヒーローラッツ ……………〈P. 117〉

(1) アフリカオニネズミ

(2) ㋐ 火薬のにおいをかぎ分ける

㋑ 戦争で地中にうめられたままになっている地雷

㋒ 大けがをしてしまうようないたましい事故

(3) ① カチッ，エサ　② 火薬　③ ロープ

(4) においのするところを引っかいて知らせる。

(5) ㋐ 四日　㋑ 三十分ほど

6 言葉と文①（品詞・単文・重文・複文）…〈P. 118〉

1 (1) ① ㋐　② ㋒　③ ㋐　④ ㋑

(2) ① ㋒　② ㋑　③ ㋐

(3) ① ㋐　② ㋐　③ ㋑

2 ① おじいさんは　山へ　行き、

おばあさんは　川へ　行きました。　（重文）

② 夕日が　水平線に　静かに　しずんだ。（単文）

③ わたしは、兄が　子どものころ

使っていた　おもちゃで　遊んでいる。（複文）

3 ① イボの

② ㋐ 図書館　㋑ 夏休みの宿題帳

㋒ 待ち合わせ　㋓ 本屋に向かう

7 読解：アゲハチョウの秘密ワザ ……〈P. 119〉

(1) Ⓐ でも　Ⓑ それから　Ⓒ では

Ⓓ そこで　Ⓔ だから

(2) ミカンの仲間

(3) ① 前足　② 目

③ 産みつける　④ 成分

(4) ②→①→④→③

(5) 味見

8 漢字③ ………………………………〈P. 120〉

1 ① せいじか・ほうどう

② むだんけっせき・しゃざい

③ きんぞく・せいぞう

④ ゆにゅうがく・きせい

⑤ しゅくが・こうえん　⑥ がんか・かいちょう

⑦ けいげん・やくそく

2 絵画・救助・豊富・永久　（順不同）

3 ① 指導技術　② 国際保護鳥

③ 飼育・修理　④ 招待客・制限

⑤ 情熱・燃　⑥ 防災・命

⑦ 旧校舎・講堂　⑧ 低価格・評判

⑨ 運河・通過　⑩ 増加・混雑

9 読解：人手不足でネコの舌（？）も借りたい…〈P. 121〉

(1) Ⓐ では　Ⓑ そこで　Ⓒ すると

(2) ネコの舌

(3) ネコの舌の表面

(4) 毛のかさを小さくできる

(5) 生物の仕組みをまねる技術

(6) ①－Ⓘ　②－㋒　③－Ⓐ

10 漢字④ ………………………………〈P. 122〉

1 ① かんようく・ひと　② せいけつ・ぶつぞう

③ ぼうそう・の　④ しぼう・ちょうさ

⑤ かせつ・さいこう

⑥ しょうきん・じょうけん

⑦ しんちく・ほけん

2 ① 鉄　② 底　③ 報　④ 直

3 ① 政治家・謝罪　② 金属・製造

③ 無断・禁止　④ 銅像・義務

⑤ 祝賀会・講演　⑥ 幹事・選

⑦ 眼科・営　⑧ 花粉・寄

⑨ 減税・朝刊　⑩ 快適・総合

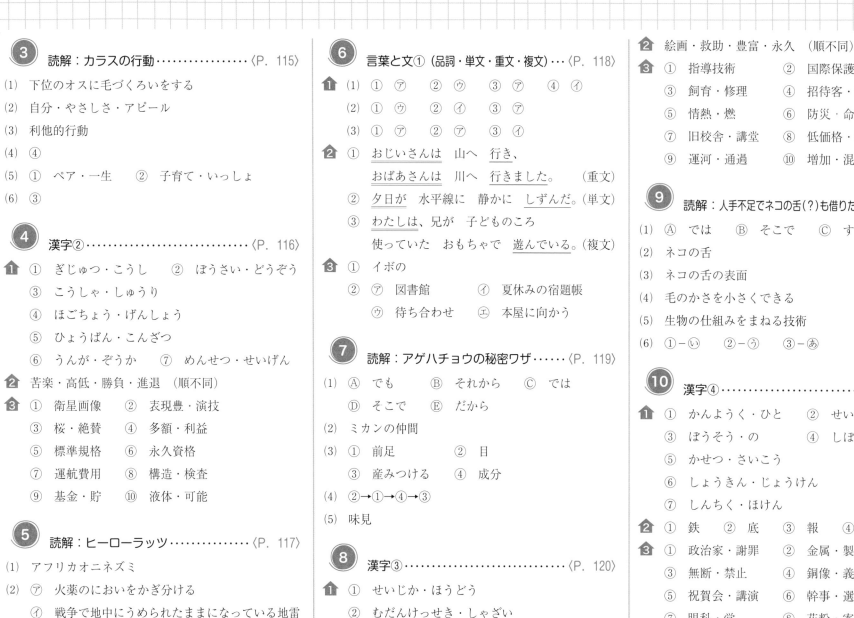

11 読解：地熱発電のこれから……………〈P. 123〉

(1) 地熱発電

(2) マグマだまり

(3) ① 熱水　② 水じょう気　③ タービン

(4) ① 熱源　② 温暖化・放射能　③ 二四時間

(5) ① 適地が国立公園内にあって、開発しにくいから。

② 温泉が出なくなるなどの不安が地元にあるから。

12 言葉と文② (文図と敬語)……………〈P. 124〉

1 ① ㋐ 名　㋑ 動

② ㋐ 形　㋑ 動　㋒ 名

2 ①

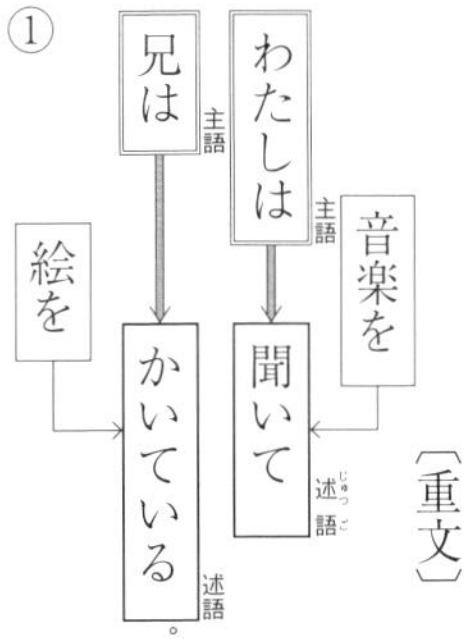

②

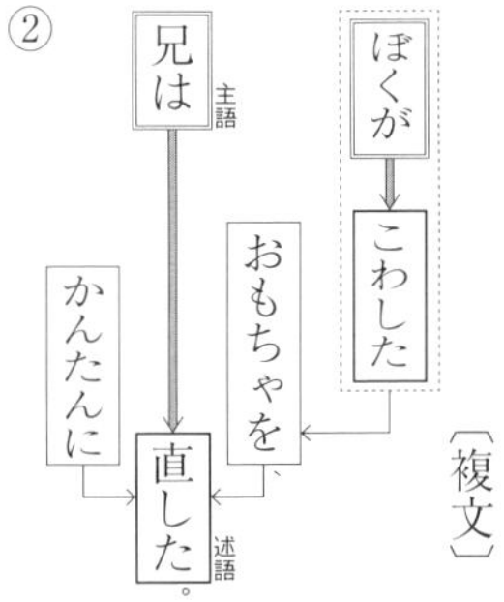

3 ① ㋐　② ㋐　③ ㋑

④ ㋒　⑤ ㋑　⑥ ㋒

13 読解：おいしい米づくり……………〈P. 125〉

(1) 新潟・東北

(2) ① ゆめぴりか　② 元気つくし

③ ヒノヒカリ

(3) ① ななつぼし　② 森のくまさん

③ つやひめ

(4) コシヒカリ

(5) 品種改良が進み、米の品質が米どころ以外でも良くなってきているため。

14 漢字⑤……………………………〈P. 126〉

1 ① だいとうりょう・さいてき

② さいけつ・ひじょうしき

③ はそん・ふじん　④ さんせいう・こうさく

⑤ そざい・さんび　⑥ せいせき・くら

⑦ ぼうえき・しょくむ

2 ① 院　② 預　③ 乗　④ 毒

3 ① 慣用句・述　② 国際・条件

③ 在校生・志望　④ 仮設・建物

⑤ 財産・保険　⑥ 復興準備

⑦ 暴走・経過　⑧ 清潔・布

⑨ 脈・測定　⑩ 枝・仏像

15 読解：レンコンの穴は何のため……〈P. 127〉

(1) 将来の見通しがよいということから

(2) では、その穴は何のために開いているのだろうか。

(3) ハス（蓮）の根

(4) 地下にあるくき

(5) 水深いどろの中

(6) ㋐ レンコン　㋑ 空気の通り道

㋒ レンコンとレンコンをつないだところ

(7) 空気の通り道として開いている。

16 漢字⑥……………………………〈P. 128〉

1 ① ぶきこ・そくりょう　② そぼ・つま

③ きそく・はんざいてき

④ しゅっぱんしゃ・へんしゅう

⑤ ほうふ・めんおりもの

⑥ ちょうめん・かしかり

⑦ ゆうこう・まよ

2 ① 科学・かがく　② 学力・がくりょく

3 ① 大統領・賛美　② 最適・序説

③ 酸性雨・比　④ 貿易・独立

⑤ 確・素材　⑥ 重責・職務

⑦ 非常識・団体　⑧ 成績・採点

⑨ 厚着・耕　⑩ 金券・破損

17 読解：つばめの話…………………〈P. 129〉

(1) つばめが巣をつくり、出たり入ったりするところ

(2) 太郎が、つばめが巣をつくれるような場所をつくってほしいこと

(3) 太郎のお父さん

店先のはりへ箱のように板をつけた

(4) ちがいない

(5) ㋑

(6) ㋐ 2　㋑ 1　㋒ 3

18 言葉と文③ (文図と和語・漢語・外来語)…〈P. 130〉

1 ①

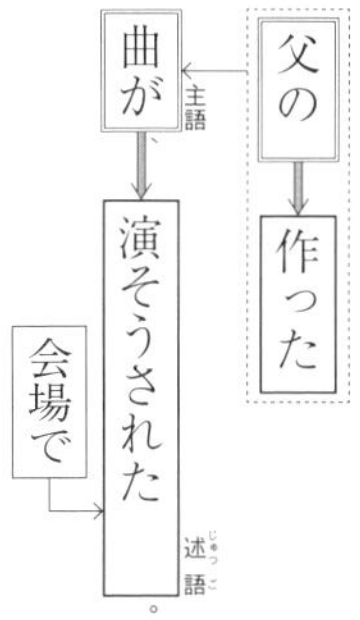

②

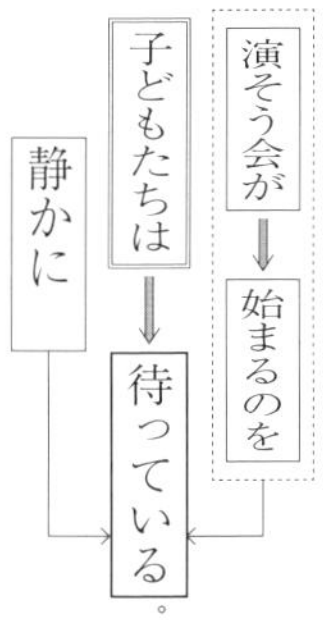

2 ① カブトムシは・動いた

② カブトムシが・登った

3 ① だから　② しかし
③ それとも　④ そのうえ

4 ① ランチ　② 果物　③ フルーツ
④ 規則　⑤ 始まり　⑥ 開始

⑲ 読解：おじいさんのランプ…………〈P. 131〉

(1) ガラス（の）ランプ
(2) あかりなし
(3) あんどん
(4) ㋒
(5) ① 少し明るくなるくらい
② りゅう宮城か何か
(6) 人間はだれでも明るい所から暗い所に帰るのを好まないから。

⑳ 漢字⑦……………………………〈P. 132〉

1 ① ふくざつ・ほりゅう
② じょうたい・ていじ
③ こせい・きょうし
④ どうとく・さんかん　⑤ こ・たがや
⑥ べんごし・きょかしょう
⑦ ぶんしょう・こうせい

2 ① 絶体絶命・ぜったいぜつめい
② 油断大敵・ゆだんたいてき

3 ① 大型・武器庫　② 祖母・似・妻
③ 規則・建築　④ 犯罪的・輸出
⑤ 貸・借・倍率　⑥ 再編集・喜
⑦ 豊富・綿織物　⑧ 余・有効
⑨ 直接・測量　⑩ 出版・夢

㉑ 読解：本番で自分の力を出すために…〈P. 133〉

(1) 心（と）脳
(2) Ⓐ なぜなら　Ⓑ すると
Ⓒ ですから　Ⓓ こうして
(3) 自分はできないと思うこと。
(4) 自分を守るために、できない理由をさがし始めるから。
(5) 自分のできそうな
(6) ① プラス　② ふく式　③ 集中力

㉒ 漢字⑧……………………………〈P. 134〉

1 ① じさ・な　② ぎゃっきょう・しゅうだん
③ ようい・いどう
④ せいりょく・しょうりゃく
⑤ せんぞ・はかまい
⑥ じょうしき・しつもん
⑦ しんかんせん・ていしゃえき

2 ① 退　② 答　③ 有　④ 弱

3 ① 複雑・提案　② 鉱山・銅
③ 高得点・得　④ 道徳・授業
⑤ 肥・耕作　⑥ 個性豊
⑦ 医師・感謝　⑧ 許可証・作成
⑨ 容易・判断　⑩ 弁護士・資格

㉓ 読解：一房の葡萄…………………〈P. 135〉

(1) 絵をかくこと
(2) 海岸通り
(3) 軍かん・商船
(4) 眼がいたいように
(5) Ⓐ そして　Ⓑ けれども
(6) 覚えているだけをできるだけ美しく絵にかいてみようとした。
(7) あい色・洋こう色

㉔ 言葉と文④（要点と指示語）………〈P. 136〉

1 ① ミツバチは・花粉だんごを・作る
② 蚊は・血液型を・判別しているらしい

2 ① 絵はがき　② グローブ
③ 明君と沖縄に行ったこと
④ 中央に三つならんでいる星

3 ① ㋒　② ㋑　③ ㋐　④ ㋑　⑤ ㋒

㉕ 総合：ド根性大根の秘密……………〈P. 137〉

1 (1) ㋐ 道路のすき間
㋑ （ほかの植物との）日光のうばい合い
(2) （まわりに競争相手がいないので、）日光をひとりじめにできる。
（アスファルトが土中の）水分のじょう発を防いでくれる。
(3) ③

2 ③

3 ① 真っ赤　② 八百屋　③ 七夕　④ 今朝

㉖ 総合：いのちを守る森………………〈P. 138〉

1 (1) Ⓐ そこで　Ⓑ また　Ⓒ こうして
(2) 残された大量のがれきをどうするか
(3) いのちを守る森
(4) (あ) 養分　(い) ささえ
(5) ゴミ・資げん

2 ① ㋐ 破れる　㋑ 敗れる
② ㋐ 現す　㋑ 表す

27 総合：和食の基本「だし」…………〈P. 139〉

1 (1) ㋐ 和食 ㋑ だし
(2) うま味
(3) コンブ・かつお節・ニボシ・ほしシイタケ
(4) 食べやすくするために、だしの力で味付けしている。
(5) 命をもっているものをいただくから。

2 ① 野原・近道
② 調査・近所 （ともに順不同）

3 ① 筆箱　② 昼休み
③ 総合問題　④ 遠洋漁業 （③、④順不同）

28 総合：人口減少する社会に必要なものは？…〈P. 140〉

1 (1) 七五〇〇万人
(2) ②
(3) こわす
(4) ㋐ かん境配りょ型　㋑ 共に助け合う
(5) 共助の社会

2 ㋐ 不　㋑ 未　㋒ 非　㋓ 無　㋔ 不

3 ㋐ 週間　㋑ 週刊　㋒ 習慣

29 総合：ひがたからのエール…………〈P. 141〉

1 (1) ㋐ 栄養分　㋑ 貝やカニ
㋒ 仙台にあるひがた
(2) ひがたは多くの生き物にとって大切な場所だ
(3) 小さな体全部を使ってハサミをふり上げているようす。
(4) 「がんばれ、がんばれ」と私たちにエールを送っているように見えた。

2 (1) なまもの（いきもの）・せいぶつ
(2) いろがみ・しきし
(3) いちば・しじょう
(4) かざぐるま・ふうしゃ

3 ① 加熱　② 静養

30 総合：アンパンマンはどうして生まれたか…〈P. 142〉

1 (1) アンパンマン
(2) おなかをすかせた人
(3) ① 親がいない　② うえ
(4) 自分をぎせいにしても、うえた人にひとかけらのパンを差し出すこと。
(5) 太陽

2 ① 足　② 手　③ 鼻

3 ① ㋒　② ㋓　③ ㋐　④ ㋑　⑤ ㋔

31 総合：マララさんのスピーチ………〈P. 143〉

1 (1) マララさん
(2) ① サハロフ賞　② ノーベル平和賞
(3) 人権や表現の自由を守る活動
(4) 教育を受けられないでいる（五七〇〇万人の）子ども
(5) 一さつの本と一本のペン
(6) 女子教育

2 ① くまは・知っていた
② カタツムリは・はい回った

3 ① 男　② 貧

32 総合：マンデラさんの考え方………〈P. 144〉

1 (1) Ⓐ そして　Ⓑ しかし　Ⓒ なぜなら
(2) 白人と黒人が、いっしょに生活してはいけない
(3) 転ぶたびに起き上がり続けること。
(4) にじのように調和して生きる（共同体）
(5) 神が世界につかわした人

2 ① 馬　② へび　③ つる
④ さる　⑤ 犬

英語

1 アルファベット大文字・小文字①‥‥〈P. 145〉

(答えは省略)

2 アルファベット大文字・小文字②‥‥〈P. 146〉

1 ①－㋖　②－㋕　③－㋔　④－㋐
⑤－㋒　⑥－㋑　⑦－㋓

2 ①－㋑　②－㋒　③－㋔　④－㋖
⑤－㋐　⑥－㋕　⑦－㋓

3 初対面のあいさつをしよう！‥‥‥‥〈P. 147〉

1、2、3、4
(答えは省略。自分の名前のつづりを最初の字は大文字で書き、その後を小文字で正しく書けていれば正解)

5 (答えは省略。先ほど書いた自分の名前のつづりを－《ハイフン》でつなげていれば正解)

4 好きなものを話そう！‥‥‥‥‥‥‥‥〈P. 148〉

1、2、3、4
(答えは省略)

5 持ちもの、ほしいものを話そう！‥‥〈P. 149〉

1 (答えは省略)

2 No, I don`t.
I have a ball.

3 (答えは省略)

4 (答えは省略)

6 時間わりについて話そう！‥‥‥‥‥〈P. 150〉

1 (答えは省略)

2 Yes, I do.

3 (答えは省略)

4 When do you have English.

7 どんなものが好きかたずねよう！‥‥〈P. 151〉

1、2、3、4
(答えは省略)

8 たん生日について話そう！‥‥‥‥‥〈P. 152〉

1、2、3
(答えは省略)

9 できることを話そう！‥‥‥‥‥‥‥〈P. 153〉

1 (答えは省略)

2 (答えは省略)

3

4 (答えは省略)

5 ① He can jump high.
② He can swim fast.

10 何がどこにあるかを話そう！‥‥‥‥〈P. 154〉

1 (答えは省略)

2 ①－㋑　②－㋒　③－㋐

3 ㋐

11 道案内をしよう！‥‥‥‥‥‥‥‥‥〈P. 155〉

1 (答えは省略)

2 (答えは省略)

3
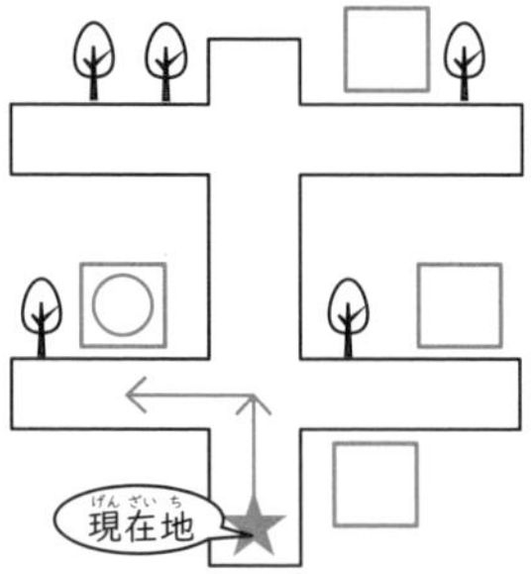

4 right (右側にあるので)

12 お店で話そう！‥‥‥‥‥‥‥‥‥‥〈P. 156〉

1 (答えは省略)

2 (答えは省略)

3 (答えは省略)

4 nine hundred yen. (900円なので)

要点チェック! 全科ノート　小学5年生

2015年12月20日　初版発行
2021年 1 月20日　改訂版発行

著　者　宮《みや》崎《ざき》　彰《しょう》嗣《じ》
　　　　馬《ば》場《ば》田《た》　裕《ひろ》康《やす》

発行者　面屋　洋

企　画　清風堂書店

発行所　フォーラム・A

〒530-0056　大阪市北区兎我野町15-13
TEL 06（6365）5606
FAX 06（6365）5607
振替 00970-3-127184
http://www.foruma.co.jp/

制作編集担当・田邉光喜　☆☆

表紙デザイン・ウエナカデザイン事務所　1032
印刷・㈱関西共同印刷所／製本・㈱高廣製本